치료는 의사에게, 치유는 맨땅지도사에게

온갖 병이 저절로 치유되는 맨땅요법!

맨땅지도사 자격증
출제 예상 문제집 마스터급·코치급

사단법인 **유나이티드 헥사곤** 지음
United Hexagon

문제은행 200문항 수록!

육각시대

맨땅지도사 자격증 취득안내

사단법인 유나이티드헥사곤 United Hexagon 발급

맨땅지도사란?

〈맨땅요법 Menddang Therapy〉은, 몸을 대지와 접촉시켜 몸속의 정전기를 빼내고 대지가 갖고 있는 음이온, 즉 〈자연전자〉를 몸속에 유입시켜 〈활성산소〉를 제거하며 우리 몸의 자연면역 기능을 증강시키는 최고의 건강법입니다.

병의 종류는 수없이 많지만 병의 원인은 90%가 활성산소 때문입니다. 이 활성산소를 제거해주는 것이 바로 땅속의 자연전자입니다. 항산화식품이나 동물 등도 결국은 땅으로부터 유입된 자연전자를 통해서 활성산소를 제거하는 것입니다. 그래서 우리가 항산화식품을 먹으면 그 속의 자연전자가 그대로 우리 몸에 유입되어 건강해지는 것입니다.

맨땅지도사는 바로 이렇게 맨발로 맨땅을 밟아 건강해지는 맨땅요법, 마음에 병이 없으면 몸의 병이 저절로 사라지는 파동요법, 기감氣感 능력을 향상시키는 송과체 활성법, 정전기잡념의 원인 제거로 인한 집중력 강화로 학습능력 향상, 원하는 꿈을 현실로 만드는 『싸이파워』 등 맨땅요법 치유 프로그램을 실행, 지도, 교육할 수 있는, 문화체육관광부에 등록된 사단법인 유나이티드 헥사곤United Hexagon의 전문지도사입니다.

맨땅지도사는 크게 두 가지 종류의 자격증이 있습니다. 대지와 자연으로부터 음이온과 자연전자를 유입 받아 몸속의 활성산소를 줄이고 지구고유주파수와 동조되어 편안하고 안락한 행복감을 느끼며 심신을 건강하게 만드는 〈코치급〉과, 보다 더 전문적으로 무의식적 마음인 〈영혼〉이 건강하도록 건강한 영혼을 만들기 위한 〈마스터급〉이 있습니다.

결국 병으로 인해 죽느냐 사느냐 하는 문제는, 영혼무의식에 병이 각인되어 있느냐 없느냐에 따라 나타나는 현상입니다. 그리고 영혼에 각인된 병을 없애는 방법이 곧 파동요법입니다. 이렇게 마스터급은 보다 더 전문적인 〈파동요법〉을 구사하여 건강한 마음을 통해 건강한 몸을 만들기 위한 전문가 코스입니다.

취지 및 전망

현대과학은 대체로 이로움과 동시에 그 이면에 해로움도 가지고 있습니다. 때문에 과학과 의학은 발달했지만 질병은 오히려 늘어나고 있습니다. 한편, 미래의 파동문명 시대는 기감직감, 육감, 영감, 예감 능력이 뛰어난 인재를 요구하고 있습니다.

맨땅요법치유센타는 맨땅요법, 파동요법, 헥사곤의 스칼라파워본래의 건강상태로 되돌리는 원상회복의 힘 등을 통해 많은 사람이 건강상의 실질적 효과를 거두는 것을 보아왔습니다. 또 맨땅요법을 통해 집중력이 강화되며 기감능력이 향상되는 송과체활성법도 보급해왔습니다.

맨땅지도사는 건강과 치유, 기감 능력을 요구하는 시대에 부응하기 위해 만들어진 자격으로, 체계적인 지식과 실전 경험을 갖춘 전문가입니다. 또한 맨땅지도사는 국내뿐 아니라 해외에서도 통용되는 국제적인 유망직종이 될 것입니다.

※ 맨땅지도사는 병을 치료하는 의료사업 종사자가 아닙니다.

활동 분야

- 어린이 및 청소년 교육 지도
  - 집중력 향상체내 정전기 제거로 잡념 제거, 학습능력 증진, 천재적 능력 향상
- 문화센터, 각종 평생교육기관, 기업체 연수교육 강사
  - 질병예방과 치유, 학습능력 증진
- 경로당, 노인회관, 노인 복지시설 교육 지도
  - 치매 예방, 노화 방지, 활력 증진

혜택

육각나라 대리점 및 맨땅용품 판매 사업 동참

맨땅지도사 자격증 취득 절차

맨땅지도사 신청 → 서류전형 → 합격자 통보 → 교육수료 → 검정시험 → 합격자 발표 → 자격증 발급 → 지도사 활동

맨땅지도사 교육 안내

자격명	교육료	교육 기간	응시 자격	교육기관 / 교재	정원
맨땅지도사 코치	120만 원	3개월 과정 월, 화, 목, 금 오후 6 ~ 8시 이론 교육 24시간, 실기 50시간	서류전형 후에 합당한 자	맨땅요법 치유센타 교재 : 『맨땅요법』, 『맨땅지도사 출제 예상문제집』 ※별도 구매	30명
맨땅지도사 마스터	140만 원	(준비중)	코치 자격증 취득자로서 1년 이상 활동한 경력이 있거나, 개별적으로 2년 이상 활동한 경력이 인정될 때	맨땅요법 치유센타 교재 : 『맨땅요법』, 『싸이파워』, 『맨땅지도사 출제 예상문제집』 ※별도 구매	30명

※ 위 내용은 변경될 수 있습니다.

코치 과정

교육 분야	주요 내용
파동요법과 맨땅요법의 기초 과정	파동요법과 헥사곤 / 무리와 건강의 안전지대 / 건강과 온도 정전기와 전자파 / 자유전자와 자연전자 / 활성산소와 항산화 작용 맨땅요법 효과와 자연면역 기능
파동요법과 맨땅요법의 심화 과정	맨땅요법의 종류와 특징 밝은 마음 헥사곤이 신체에 미치는 영향 / 생명에너지와 생체에너지 송과체와 기감 능력 / 호흡과 생명에너지의 상관관계
실습	맨발로 바닷가 및 평지와 산지 걷기 미토콘드리아 활성법 / 송과체 활성법 / 싸이파워 체조 / 단전호흡 유산소 운동과 독소 해소법 / 맨땅용품 사용법

 마스터 과정

교육 분야	주요 내용
싸이파워 기초 과정	입자 문명과 파동 문명 아프락사스의 원리 우주의 본능과 6대 원칙
싸이파워 심화 과정	마음과 현실 / 인생 창조 메커니즘 망하지 않는 우주의 경영비법 싸이파워 – 비즈니스 싸이파워, 메디칼 싸이파워, 이미지 트레이닝
실습	단전호흡 심화 과정 싸이파워 실습 / 단체 싸이파워 실습 / 싸이파워 용품 사용법 맨발로 바닷가 및 평지와 산지 걷기

※ 강사 및 교육기관의 사정에 따라 이론 및 실습 시간 변경이 있을 수 있습니다.
※ 바닷가 걷기, 황톳길 걷기를 위해 장거리 여행시 소요경비가 추가될 수 있습니다.
※ 수업료 감면은 불가함.

● **교육 기관** : 맨땅요법 치유센타(육각나라 부설기관)
● **주요 강사진** : 素空慈 (『맨땅요법』 저자)
　　　　　　　　김용수 (기능의학 전문의, 연세대 의대 졸업)
　　　　　　　　송원철 (카이스트 박사, 서울대 전자공학과 졸업)
● **교육 장소** : 골든타워II 5층(약도 안내 참조)
● **준비물** : 주민등록등본 1통, 반명함판 사진(3×4cm) 2매, 필기도구, 노트
　　　　　　맨땅 신발 G슈즈, 맨땅 유니폼, 교재

- ◆ 합격자 기준 : 이론, 실기 시험 70점 이상
- ◆ 의사, 한의사 및 의료 관련업 경력 2년 이상자 시험점수 혜택 부여
- ◆ 교육비 환불규정 : 개강일 이전 환불 요청 → 수강료 전액 환불
  강의 수강 한달 이내 요청 → 수강료 2/3 환불
  강의 수강 한달 이후 → 환불 안 됨

※ 카드 결제 수수료가 있을 시, 반환 금액에서 공제 후 지급
※ 수강료에는 교재비, 실습재료비, 자격증 발급비 등은 포함되어 있지 않습니다.

자격 제한

● 다음 각 호의 어느 하나 이상에 해당하는 자는 맨땅지도사가 될 수 없습니다.
  1. 피성년후견인 또는 피한정후견인
  2. 금고 이상의 형을 선고받고 그 집행이 종료되거나 집행을 받지 아니하기로 확정된 후 2년이 경과되지 아니한 자
  3. 금고 이상의 형의 집행유예를 선고받고 그 유예기간 중에 있는 자
  4. 법원의 판결 또는 법률에 따라 자격이 상실되거나 정지된 자

※ 자격이 부여된 자가 아니면 맨땅지도사 명칭이나 이와 유사한 명칭을 사용할 수 없습니다.

자격증 발급 안내

● 발급 기관: 사단법인 유나이티드 헥사곤 United Hexagon
● 맨땅지도사 자격증 비용: 연회비 100,000원
  자격증 발급비 70,000원
  입금계좌 : 국민은행 767401-01-324913
  예금주 : (사) 유나이티드헥사곤

교육장 및 시험장

서울 서초구 효령로33길 27(방배동 908-23) 골든타워Ⅱ 5층
사단법인 유나이티드 헥사곤 강의실

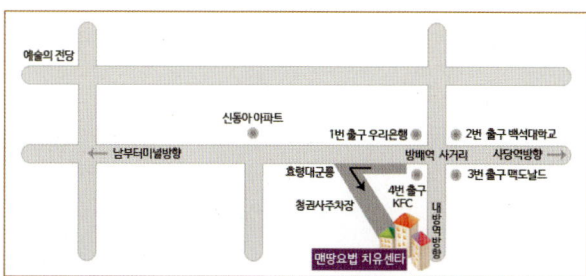

🚍 **대중교통 이용**
지하철 2호선 방배역 4번 출구로 나온 다음, 출구 반대 방향으로 30m 직진,
청권사에서 좌회전하여 100m 정도 직진 후 좌측 건물

🚗 **승용차 이용**
방배역 4거리에서 남부터미널 방향으로 200m 직진 후 U턴,
청권사를 끼고 골목길로 우회전하여 100m 정도 직진 후 좌측 건물

문 의

맨땅요법 치유센타

☎ 1899-4285
✉ help@6gaknara.com

머리말

01 세상에는 정말 많은 건강법이 존재한다. 그 모든 건강법들은 특별히 무리만 하지 않는다면 각각 그 나름대로 건강에 도움이 된다고 생각한다. 그렇다면 그 많은 건강법들 중에서 어떤 건강법이 가장 좋다고 말할 수 있을까? 그것은 바로 우리 몸의 〈자연 면역력〉을 최고로 증강시키는 방법일 것이다.

같은 암에 걸렸어도 누구는 살고 누구는 죽는다. 그 이유를 두 가지만 말한다면, 하나는 '그 사람의 영혼무의식에 병이 있느냐 없느냐' 하는 것이고, 또 하나는, 그 사람의 '면역력이 얼마나 강하냐 약하냐' 하는 것이다. 영혼무의식에 병이 없으면 그 병은 곧 사라진다. 이것을 파동요법이라고 한다. 또 면역력이 강하면 병이 생겨도 그 병에 영향을 별로 받지 않는다. 파동요법과 면역력 증강, 이 중 면역력 증강에 있어 최고라고 할 수 있는 건강법이 바로 맨땅요법이다.

그렇다면 맨땅요법이란 과연 무엇인가?
우리 몸속의 정전기는 체지방에 주로 쌓여 있다. 그래서 정전기를 빼주면 혈관 속에 뭉쳐 있던 독소나 체지방이 분해되어 우리 몸을 건강한 상태로 되돌려 놓는다. 지구의 표면은 제로 볼트다. 때문에 몸속의 정전기를 빼내기 위해선 몸을 땅과 접촉시켜야 한다. 이렇게 대지와 몸을 접촉시키는 방법을 〈맨땅요법〉이라고 한다. 〈맨땅요법 Menddang-Therapy〉은 당연히 몸속의 정전기를 빼내기도 하지만 동시에 대지가 갖고 있는 음이온, 즉 〈자연전자〉를 몸속에 유입시켜 〈활성산소〉를 제거하기도 한다.

우리 몸의 질병은 90%가 〈활성산소〉 때문이라고 전문가들은 말한다. 그렇다면 〈활성산소〉란 과연 무엇인가? 〈활성산소〉는 우리 몸 세포 속의 미토콘드리아라는 곳에서 에너지를 만들 때 잘못 만들어진 배기가스와 같은 것이다. 우리 몸은 스트레스나 과격한 운동, 혹은 전자파 등으로 인해 미토콘드리아가 잘못 배합을 하면 〈활성산소〉가 만들어진다. 그리고 그 〈활성산소〉가 우리를 죽게 만드는 것이다. 맨땅요법은 바로 이러한 활성산소를 제거하는 〈자연전자〉를 유입하는 최상의 방법이다.

또 맨땅요법은 우리 몸의 자연면역 기능을 증강시키는 최고의 건강법이다. 〈자연면역 기능〉이라 함은 아무리 과하게 많이 한다 하더라도 우리 몸에 꼭 필요한 만큼만 받아들여 몸에는 아무런 해가 없는 순수한 자연의 힘을 갖춘 면역력이란 뜻이다. 맨땅요법은 바로 이와 같은 자연면역 기능을 갖춘 우수한 건강법이다.

지금까지는 〈어스 earth〉라고 하면 전자제품 등에만 필요한 것으로 알고 있었다. 세탁기나 냉장고 그리고 TV나 오디오 등의 노이즈 현상을 어스를 통해 해결한 것이다. 텔레비전 화면에 나타나는 얼룩진 점선이나, 라디오나 오디오의 잡음을 어스를 통해 땅으로 흘려보내 제거한 것이다. 어스는 불필요한 전자 알맹이를 땅처럼 제로 상태로 만들어 기계에 무리가 없도록 해준다. 우리의 잡념과 번민 또한 불필요한 전자 알맹이라고 생각하면 된다. 또 하늘에서 천둥과 번개가 칠 때면 피뢰침을 통해 마이너스 전자를 땅 속으로 흘려보내 건물을 보호해 주기도 한다.

이와 마찬가지로 〈맨땅요법〉은 우리 몸의 정전기를 제로 상태로 만들고, 숲에서 〈음이온〉을 섭취하여 활성산소를 중화시키며 대지로부터 〈자연전자〉를 유입하여 몸속의 지방질에 쌓인 정전기를 제거하여 우리 몸을 건강하게 지켜준다. 또 발바닥에는 온몸과 연결된 7800여 개의 경혈이 있어 맨발로 땅을 밟으며 자극을 주면 혈액순환 및 자연치유 효과까지 있어 심신이 모두 건강해진다. 그리고 이렇게 맨발로 걸으면 주의력이 집중되어 운동량 또한 30% 이상 증가하고, 몸속의 〈미토콘드리아〉를 증식시켜 보다 활기차고 왕성한 생활력을 갖게 해준다. 일을 하거나 운동을 할 때 헉헉거리며 숨이 찬 이유는 미토콘드리아가 부족하기 때문이다. 그러나 맨땅요법을 꾸준히 하면 미토콘드리아가 증가하여 활동에 아무 지장이 없는 것이다.

밖에서 맨발로 서 있는 것과 신발을 신고 서 있는 것이 큰 차이가 있듯이, 지표면으로부터 〈얼마나 높은 곳에서 생활하느냐〉도 매우 중요한 차이가 있다. 대지로부터 높으면 높을수록 전압은 올라간다. 그래서 높은 층에 살게 되면 우리 몸은 대지와 전위차가 심해진다. 그렇게 되면 우리 몸은 안에서 번개가 치듯이 활성산소가 증가한다. 하지만 〈맨땅요법〉을 하면 전위차가 줄어들어 갑작스런 심장마비와 같은 위험에서 벗어날 수 있다.

이외에도 〈맨땅요법〉은 우리의 몸과 마음을 조화롭고 안정되게 편안한 상태로 만들어준다. 우리 몸과 마음이 편안하기 위해서는 지구와 같은 주파수 상태로 있어야 한다. 지구와 같은 파장이 되기 위한 가장 좋은 방법이 곧 〈맨땅요법〉이다. 지구와 우리 몸은 같은 도체이기 때문에 우리 몸을 지구와 접촉하는 것만으로 서로의 파장은 같아지기 때문이다.

요컨대, 〈맨땅요법〉은 〈자연면역 기능〉을 갖춘 최고의 보약이고, 항산화 식품보다 한 단계 앞선 순수한 오리지널 에너지이며, 또 질병이 나타나기 이전에 병을 예방하는 〈예방의학〉의 최고봉이다. 그래서 계속해서 꾸준히 맨땅요법을 하다보면 부조화된 몸의 상태나 자기도 모르게 생긴 암 등이 〈병〉이 되지 못하고 사라지는 것이다.

그러면 맨땅지도사란 무엇인가?

맨땅지도사는 맨발로 맨땅을 밟아 건강해지는 맨땅요법, 마음에 병이 없으면 몸의 병도 저절로 없어지는 파동요법, 기감 능력을 향상시키는 송과체 활성법, 정전기 제거로 인한 집중력 강화로 학습능력 향상, 원하는 꿈을 현실로 만드는 『싸이파워』 등 맨땅요법 치유 프로그램을 실행, 지도, 교육을 할 수 있는, 문화체육관광부에 등록된 사단법인 유나이티드 헥사곤의 전문지도사이다.

아무리 몸에 좋은 것도 무리를 하여 과하면 그것이 도리어 병을 일으키는 원인이 된다. 유나이티드 헥사곤에서는 무리하지 않는 안전 범위를 〈아프락사스의 공〉이라 하는데, 이와 같은 안전지대를 살펴주는 것이 바로 맨땅지도사의 크나큰 역할이다.

오늘날 과학과 의학이 발달했다고 하지만 오히려 질병은 늘어나고 있다. 또 미래 파동문명 시대는 기감직감, 육감, 영감, 예감 능력이 뛰어난 인재를 요구하고 있다. 이러한 시대적 요구에 의해 유나이티드 헥사곤은 맨땅요법, 파동요법, 육각 스칼라파워본래의 건강상태로 되돌리는 원상회복의 힘를 세상에 알려왔다. 또 기감능력을 크게 만드는 송과체 활성법과 학습능력 향상을 위한 집중력 강화법을 보급해 왔다. 그리고 맨땅지도사는 건강과 치유, 기감 능력을 요구하는 시대에 부응하기 위한 〈자격〉으로 체계적인 지식과 실전 경험을 갖춘 전문가인 것이다.

맨땅지도사는 크게 두 가지 종류의 자격증이 있다. 대지와 자연으로부터 음이온과 자연전자를 유입 받아 몸속의 활성산소를 줄이고 지구 고유 주파수와 동조되어 편안하고 안락한 행복감을 느끼며 심신을 건강하게 만드는 〈코치 급〉과, 보다 더 전문적으로 무의식적 마음인 〈영혼〉이 건강하도록 건강한 영혼을 만들기 위한 〈마스터 급〉이 있다. 마스터 급은 보다 더 전문적인 〈파동요법〉을 구사하여 건강한 마음을 통해 건강한 몸을 만들기 위한 전문가이다.

이렇게 맨땅지도사는 전문가로서 많은 사람들의 삶을 건강으로 이끌어주는 100세 시대 최고의 건강관리 유망직종이기도 하지만, 그보다 먼저 자신의 건강을 지키고 맨땅지도사로서의 역할을 통해 가족과 친지, 나아가 이웃과 동료 모두의 삶을 건강하게 한다면 그것만으로도 건강한 사회를 만드는 데 크나큰 기여를 하게 된다. 또 청소년들에게는 집중력 강화를 통해 학습 능력을 향상시킬 것이며, 이러한 효과로 인해 앞으로 각광 받는 훌륭한 직업이 될 것이다.

2016년 7월
사단법인 유나이티드 헥사곤
United Hexagon

www.uh.or.kr

차례

머리말 • 7

1부 • 생명의 비밀

01 생명력의 세계, 제로지대 • 17
02 자의식과 우주심 • 19
03 영혼의 일곱 가지 기능, 칠성좌 • 23
04 싸이파워Psy-Power • 31
1부 문제 • 42

2부 • 건강의 황금률

01 메디칼 싸이파워Medical Psy-Power • 53
02 건강의 황금률 • 59
03 우주의 6대 원칙 • 61
04 영혼의 집, 송과체 • 71
05 송과체의 적, 〈불소〉 • 75
2부 문제 • 78

3부 • 죽고 사는 이유

01 대지는 건강의 어머니 • 87
02 우리 몸을 지켜주는 생체 에너지 • 93
03 미토콘드리아와 활성산소 • 95
04 활성산소가 주로 생길 때 • 101
3부 문제 • 104

4부 · 활성산소와 정전기

01 활성산소와 항산화 작용 • 115
02 우리 몸을 지켜주는 숲과 땅의 비밀 • 123
03 체내 정전기의 발생과 작용 • 127
4부 문제 • 130

5부 · 맨땅요법

01 예방의학의 최고봉, 맨땅요법 • 141
02 영원한 보약, 땅기운 • 149
03 실내에서 하는 맨땅요법 • 153
04 맨땅요법의 종류 • 157
05 황토 헥사곤 • 161
06 맨땅요법의 효과 • 179
5부 문제 • 182

6부 · 반드시 해야 할 접지공사

01 미토콘드리아 활성법 • 203
02 에코힐링 • 205
03 맨땅요법 하는 법 • 209
04 최고의 맨땅효과, 접지공사 • 219
05 싸이파워 Psy-Power 체조 • 223
06 맨땅요법의 효능 • 239
07 맨땅요법을 시작해야 할 때 • 245
6부 문제 • 250

7부 · 건강한 몸이 되기 위한 명현 반응

01 질병이 호전되는 디톡스 Detox 명현반응 • 259
02 건강의 안전지대 • 267
03 영혼을 움직이는 5대로 • 273
7부 문제 • 282

1부
생명의 비밀

우리 마음의 〈제로지대〉가 끌어오는 힘을 통해 육체의 5관으로부터 정보를
수집하면, 우리의 〈자의식〉은 그 정보를 통해 생각하고 판단한다.
이렇게 자의식의 판단은 그때, 그 순간, 그 현실이 아니라
과거의 자료를 통한 판단이기 때문에 사실 정확하다고 말할 수가 없다.
한편 〈제로지대〉로부터 뻗어나가는 〈우주심〉은 그 중심축이 우주이기 때문에
우주의 작용이라고 말할 수 있다.
그런데 우주의 작용은 〈자의식〉과 달라서 생각할 자료나 판단할 근거가 없다.
단지 우주와 똑같은 〈보존본능〉을 통해
〈제로지대〉가 들어 있는 우리 몸을 지킬 뿐이다.
이렇게 우주의 보존본능을 통해 우리 몸을 지키는 힘을 면역력이라고 한다.
그리고 우주심은 생각이 없는 대신
육체를 지킬 수 있는 일곱 가지 기능을 갖고 있다.
그 일곱 가지 기능을 〈칠성좌〉라고 하며, 칠성좌의 핵심을 〈영혼〉이라고 한다.
결국 영혼은, 생각하는 것이 아니라 칠성좌의 기능을 통해 반응하는 것이다.
즉 우리 몸은 생각하거나 판단하는 〈자의식〉과,
반응하거나 작용하는 〈영혼〉을 갖고 있다.
그리고 이 두 가지 모두를 마음이라고 한다. 생각하는 마음과 움직이는 마음인 것이다.
중요한 것은, 〈자의식〉 속에 내재되어 있는 인식이 〈영혼〉 속에 들어가면,
영혼은 그 인식한 내용을 우리의 인생에 창조한다는 것이다.
자의식에 병이 있다고 믿으면 영혼은 병을 만들고,
자의식 속에 풍요가 있으면 영혼은 〈부〉를 만든다.
이렇게 영혼을 통해 건강한 몸을 만드는 것을 〈파동요법〉이라 하고,
영혼을 통해 원하는 인생을 창조하는 것을 『싸이파워』라고 한다.

생명의 비밀

01 생명력의 세계, 제로지대

02 자의식과 우주심

03 영혼의 일곱 가지 기능, 칠성좌

04 싸이파워Psy-Power

1부 문제

01
생명력의 세계, 제로지대

눈앞에 있는 물체를 쪼개고 쪼개서 더 이상 쪼갤 수 없는 상태가 되면, 그것을 소립자라고 한다. 물론 소립자의 세계는 우리 눈에 보이지 않기 때문에 우리는 이 세계를, 없는 것 같다 하여 〈제로지대zero zone〉라고 부른다. 그리고 이 상태의 에너지를 아인슈타인은 〈제로 포인트 에너지zero point energy〉라고 명명했다. 이른바 생명력이다.

이 세상에는 이와 같은 〈제로지대〉가 세 곳에 있다. 하나는 우리 〈마음ether〉에 있고, 또 하나는 〈공간〉에 있으며, 나머지 하나는 〈온도〉에 있다.

이 제로지대의 제로 포인트 에너지는 스스로 작용을 일으켜 창조를 하는데, 문제는 서로 다른 성질을 동시에 갖고 작용을 한다는 것이다. 여기서 스스로 하는 작용을 〈자慈〉라고 하는데, 그래서 사랑을 다른 말로 〈자비〉라고도 한다. 이 세상이 뭐가 뭔지 모르게 어렵고 난해하게 느껴지는 이유는, 바로 〈제로 포인트 에너지〉가 서로 다른 성질을 동시에 갖고 작용하기 때문이다. 동양에서는 이 〈제로 포인트 에너지〉를 옛날부터

〈기氣Qi〉 혹은 〈프라나prana〉라고 불러왔다.

〈제로 포인트 에너지〉의 서로 다른 작용은 〈끌어당기는 힘〉과 〈뻗어나가는 힘〉이다. 끌어당기는 힘이 〈제로 포인트 에너지〉를 서로 당겨서 뭉쳐놓으면 눈앞에 보이는 물체가 되고, 그 물체의 끌어당기는 힘이 약해지면 반대로 뻗어나가는 힘이 강해져 만물은 부서져 없어진다. 이렇게 서로 다른 성질의 작용이 동시에 함께 있는 것을 〈아프락사스abraxas의 원리〉라고 한다. 아프락사스는 〈베푸는 선〉과 〈빼앗는 악〉의 힘이 균등해지면 사라진다고 하는 〈무극의 신〉이다. 동양에서는 이것을 〈음양의 태극과 무극〉이라고 표현한다.

02
자의식과 우주심

우리의 마음도 역시 〈아프락사스〉에 의해 움직인다. 〈끌어당기는 힘〉과 〈뻗어나가는 힘〉이 동시에 있는 것이다. 마음의 근원인 〈제로지대〉로부터 끌어당기는 힘이 육체의 5관을 통해 현실에 있는 것을 끌어오면 그것이 바로 우리가 알고 있는 현실세계다. 쉽게 말하면 눈앞에 있는 것이 보이고, 나는 소리가 들리며, 풍기는 냄새를 맡고, 혀 위에 놓인 맛을 느끼며, 피부에 닿는 감촉을 느끼는 것이 바로 끌어당기는 힘이 작용한 결과이다. 밖에서 떠드는 소리는 내가 듣고 싶어서 듣는 것이 아니다. 눈앞에 보이는 전경도 내가 보고자 해서 보는 것이 아니다. 있기 때문에 보고, 들리기 때문에 듣는 것이다. 이 말은 바꿔 말하면 〈무엇인가〉가 보이는 것을 가져오고 들리는 것을 끌어왔다는 뜻이다. 그 〈무엇인가〉가 곧 〈제로지대〉로부터 끌어당기는 힘이다. 사람들은 이렇게 끌어당기는 힘이 끌어온 세상을 마치 진실인 양 생각하며, 그 자료를 통해 생각하고 판단한다. 바꿔 말하면 눈앞에 보이는 것을 제대로 보았든, 다르게 보았든, 보이는 대로 믿고 받아들인다는 뜻이다. 나머지 4가지 감각기능 역시 마찬가지다. 마음의 〈제로지대〉는 이렇게 끌어당기는 힘과 뻗어나가는 힘이 〈아프락사스〉적으로 함께 있다.

그런데 끌어당기는 힘 속에는 또다시 〈아프락사스〉에 의해 뻗어나가는 기운이 있다. 물론 이 뻗어나가는 기운은 처음 〈제로지대〉로부터 뻗어나가는 힘보다는 매우 미약하다. 그러나 어쨌든 끌어들여 온 에너지 속에도 움직이며 활동하는 또 하나의 에너지가 있는 것이다. 이 에너지가, 끌어온 자료 속에서 작용하면 그것이 바로 〈의식〉이다. 생각은 이렇게 끌어온 자료들 속에서 일어나는 것이다. 현실과 맞든 안 맞든 상관없이 자신이 인식한 자료들 속에서 생각하는 것이다. 그래서 같이 보고도 서로 다른 이야기를 하는 것이다. 그리고 이 세상에 존재하는 모든 것들은 그 크기의 중심에 반드시 전체를 관장하는 핵심이 있다. 이렇게 끌어온 에너지 속의 핵심을 〈자의식〉이라고 한다. 지금 여러분이 〈나〉라고 알고 있는 그 〈나〉가 바로 〈자의식〉인 것이다.

어디선가 아기 우는 소리 같은 것이 들리면, 어떤 사람은 〈아기가 운다〉고 말하고, 또 어떤 사람은 〈고양이가 운다〉고 말한다. 누구의 말이 맞는지는 직접 가서 확인해 보아야만 알 수가 있다. 왜냐하면 아기 우는 소리라고 말한 사람은 과거에 아기 우는 소리를 직접 들었기 때문에 그렇게 말한 것이고, 고양이 우는 소리라고 말한 사람은 역시 마찬가지로 과거에 고양이 우는 소리를 직접 들었기 때문에 그렇게 말한 것이다. 그래서 우리는 같은 장소에 함께 있어도 〈조금 전에 무슨 일이 일어났냐〉고 물으면 서로 다른 이야기를 하는 것이다. 왜냐하면 그것은 지금 있는 현실을 말한 것이 아니고 자신의 과거에 축적된 자료 속에서 말하기 때문이다. 각자 자기 〈자의식〉 속에 있는 자료를 통해 생각하고 판단하기 때문에 서로 다른 이야기를 하는 것이다. 그래서 〈자의식〉의 판단은 틀리면 당연히 틀린 것이고, 또 맞아도 사실은 맞은 것이 아닌 것이다.

마음의 〈제로지대〉에는 뻗어나가는 에너지도 있다. 끌어당기는 에너지가 〈나〉를 만들었다면, 이 에너지는 〈제로지대〉로부터 나를 통해 세상을 향해 뻗어나가는 에너지이다. 그래서 이 에너지의 중심축은 〈나〉에 있지 않고 〈우주〉에 있다. 활동 무대가 우주이기 때문에 우주의 중심축에 의해 활동을 할 뿐 〈자의식〉인 나와는 크게 상관이 없다. 이 에너지를 〈우주심〉이라고 한다. 자의식이 나의 마음이라면, 우주심은 〈우주〉의 마음인 것이다. 그래서 우주심은 나를 움직이고 〈내〉 마음을 쓸 뿐 자의식처럼 들어 있는 자료가 없기 때문에 뭐라고 말을 할 수가 없다. 그러나 우주는 〈보존본능〉을 기본적으로 갖고 있기 때문에 〈우주심〉 역시 그 진원지인 나의 몸을 기본적으로 지키고자 한다. 이 뻗어나가는 우주심이 내 몸을 지키기 위해 나를 감싸고 있는 에너지체를 〈아스트랄 보디Astral Body〉라고 한다. 〈아스트랄 보디〉는 에너지체이기 때문에 우리 눈에 보이지는 않지만, 어떤 사람은 그 에너지의 광채를 볼 수 있다고 한다. 이 광채를 〈오라Aura〉라고 한다.

02 자의식과 우주심

03 영혼의 일곱 가지 기능, 칠성좌

〈자의식〉은 끌어오는 힘에 의해 구성된 자료를 통해 생각하기 때문에 맞든 틀리든 〈어떻다〉고 말을 할 수가 있지만, 〈우주심〉은 뻗어나가는 힘에 의해 움직이는 작용이기 때문에 활동만 있을 뿐 말할 수 있는 자료가 없다. 그래서 심리학은 〈우주심〉을 무의식이라고 한다. 그러나 〈우주심〉은 본능적으로 육체를 보호해야 하기 때문에 보호하기 위한 〈기능〉을 갖추고 있다. 〈아스트랄 보디〉는 이렇게 일곱 가지 〈기능〉을 통해 육체를 지키는 것이다. 그리고 〈아스트랄 보디〉의 일곱 가지 기능은, 내자의식가 아닌 우주가 나를 지키려는 배려이기 때문에 우주를 대신하는 자리라는 뜻에서 〈성좌聖座〉라고 한다. 성좌는, 〈하늘의 임무를 수행하는 거룩한 자리〉라는 뜻이다. 또 성좌 역시 〈존재〉이기 때문에 그 중심에 〈핵〉이 있다. 이 〈아스트랄 보디〉의 핵심을 〈영혼〉이라고 한다. 영혼은 이른바 일곱 가지 기능의 핵심인 것이다. 〈아스트랄 보디〉란 결국 일곱 가지 기능을 갖춘 〈칠성좌〉이며, 칠성좌의 핵심이 곧 영혼이고, 영혼은 이렇게 일곱 가지 기능에 의해 나타난 또 다른 〈나〉인 것이다. 바꿔 말하면 자의식이 생각하고 존재하는 〈나〉라면, 영혼은 움직이는 〈나〉, 행동하는 〈나〉인 것이다.

〈자의식〉은 생각을 통해 말을 하고, 또 하고자 하는 것은 생각을 통해 미리 준비한다. 그러나 〈영혼〉은 우주심의 에너지를 통해 느낄 수는 있지만 말할 수 있는 자료가 없다. 여기서 〈영혼〉이 느끼는 느낌을 〈기감〉이라고 한다. 칠성좌의 기능을 통해 느끼는 것이다. 이른바 〈촉觸〉이 섰다는 촉이나 〈필feel〉 받았다는 〈필〉이 모두 기감인 것이다. 그리고 〈촉〉에 의해 감지된 것을 〈직감〉 혹은 〈육감〉이라 하고, 〈필〉 받았다는 우주심의 기능을 〈영감〉이라고 한다. 또 우주의 변화를 미리 감지하는 느낌을 〈예감〉이라고 한다.

살며시 눈을 감고 눈앞에 손을 놓고 흔들어보라. 그러면 틀림없이 무엇이 흔들린다는 것을 느낄 것이다. 영혼이 현실이라는 공간에 무엇이 있다는 것은 느끼지만 그렇다고 무어라고 생각하거나 말을 할 수는 없는 것이다. 단지 영혼은 〈칠성좌〉의 기능을 통해 감지하면 지체 없이 몸을 움직여 즉시 행동한다. 마치 칼이 날아오는 순간 몸이 저절로 피하듯이 말이다. 그래서 갑자기 어딜 가야 한다는 생각이 드는 순간 아무런 준비도 없이 뛰쳐나가기도 하는 것이다. 영혼은 〈촉〉과 〈필〉에 의해 움직일 뿐, 생각의 근거가 없기 때문에 가야 한다는 느낌이 드는 순간, 반응을 하듯 열쇠도 안 갖고 지갑도 없이 벌떡 튀어나가는 것이다. 열쇠나 지갑은 당연히 자의식이 챙겼어야 하는 것이다. 반면에 〈자의식〉은 생각만 하고 끝내는 〈~때문에 안 된다〉고 말하는 경우가 대부분이다. 있는 자료를 통해 생각은 하지만 〈자의식〉 자체가 뻗어나가는 에너지가 아니기 때문에 몸을 움직일 생각을 안 하는 것이다.

그래서 가장 이상적인 〈생활〉을 하기 위해서는 자의식이 계획하고 영혼이 행동해야 한다. 이렇게 하는 행위를 흔히 〈긍정적 사고〉라고 한다. 영혼과 자의식은 이렇게 서로 조화를 이루며 공존해야 하는 것이다. 이 공존이 깨어지면 자의식이 영혼을 컨트롤하지 못해 미친 짓을 하거나 아니면 영혼의 작용을 자의식이 거부해 무능한 사람이 되는 것이다. 이렇게 순간적으로 일어나는 모든 행동은 〈영혼〉이 저지르는 행위인 것이다.

자의식이 〈존재〉하는 〈나〉라면 영혼은 〈작용〉하는 〈나〉이다. 그리고 그 작용은 일곱 가지 기능에 의해 이루어진다. 일곱 가지 기능을 통해 느끼고 일곱 가지 기능을 통해 반응한다. 성좌가 바로 그 느낌의 주체인 것이다.

제1성좌는 머리 맨 윗부분에 있는 〈에너지 샘〉으로 한의학에서는 〈백회〉라고 한다. 이곳은 잠을 통해 우주로부터 생명 에너지를 충전 받는 일과 기본적인 생명 활동을 담당한다. 예를 들면, 심장을 뛰게 하고 땀을 흐르게 하며 대소변 문제를 해결하는 등의 생리작용을 하는 곳이다. 때문에 이곳은 영원한 우주와 함께 있는 곳이라 하여 〈영원의 샘〉이라 한다. 생각하지도 않았는데 갑자기 오줌이 마렵거나 물이 먹고 싶은 것은 제1성좌가 영혼을 움직였기 때문이다.

자의식이 이 성좌에 깊이 빠져 에너지가 막혀버리면 살고 싶은 생각이 없어져 자살을 하거나 아니면 무기력해진다. 여기서 에너지가 막히는 현상을 〈기가 막힌다〉라고 한다.

제2성좌는 이마의 중심 부위에 있는 에너지 샘으로, 생각한 일이 현실이 되도록 정신을 집중하는 일과, 벌어질 작용을 미리 느껴 대피하는 등 움직이는 파동현상을 포착할 수 있는 안목을 갖춘 곳이다. 또 무턱대고 일러준 길을 찾아가는 것이 아니라 영혼이 현실을 자각하듯 나름대로 확인하며 살펴가는 〈현시안現視眼〉을 갖춘 곳이기도 하다. 특히 영혼의 기감을 극대화하여 자기도 모르게 알아차리거나 송과체를 통해 자신의 뜻을 세상에 펼치기도 하는 곳이다. 이곳의 주역은 바로 송과체다. 송과체는 보이지 않는 파동의 세계와 보이는 입자의 세계를 동시에 컨트롤하는 아주 중요한 기관이다. 이렇게 기감을 통해 알아차리는 총기를 갖춘 곳이 바로 제2성좌이며, 제5성좌로부터 감성이 작용하면 영혼을 움직일 수 있는 작용을 하는 곳이기도 하다. 예감, 영감, 염력, 텔레파시 따위가 모두 제2성좌의 기능인 것이다. 때문에 이곳을 염원 혹은 창조의 샘이라고 한다. 생각 없이 상대방의 의중을 눈치 챈다든지 간절하게 보고 싶은 사람이 갑자기 눈앞에 나타나는 경우가 바로 이 제2성좌가 작용했기 때문이다. 가르쳐주지 않았는데 어린아이가 젖을 빠는 것도 바로 이 송과체의 작용이다.

이 에너지 샘에 자의식이 깊이 빠져 기가 막히면 생각이 안 나거나 아니면 심한 갈등이나 고민에 사로잡혀 어찌할 수 없는 무능력한 상태가 되고 만다.

제3성좌는 목 부위에 있으며, 차원과 레벨 등 〈격〉을 느끼거나 향상할 수 있는 기능을 갖춘 곳이다. 상대편 수준을 느끼거나 처음 보고 그 값어치를 알 수 있는 안목 또한 제3성좌의 기능이다. 제3성좌는 향상을 위한 에너지 샘인 것이다. 제3성좌의 〈격〉이 높은 사람은 제5성좌의 강한 자신감이나 자부심을 통해 우주를 움직일 수 있는 기능이 있다. 이 기능은 우주를 움직이는 데 매우 중요한 역할을 담당하므로 꼭 기억해 두자. 자신감은 안 될 것 같은 불안감을 무시한다. 때문에 불가능한 것도 우주를 움직이면 가능해지는 것이 바로 이곳 성좌의 기능이다. 도약은 제3성좌를 통해 이루어진다.

〈격〉이 높은 사람은 이곳의 에너지가 순조롭게 잘 흘러 세상 모든 곳에 영향을 미치지만 〈격〉이 낮은 사람은 이곳의 에너지 또한 막혀 인색하게 되고 세상에 대한 불만이 커지게 된다. 때문에 〈격〉이 높으면 감사할 일이 많고 〈격〉이 낮으면 원망할 일이 많아지게 된다.

제4성좌는 양쪽 젖꼭지가 있는 중심 부위로서 사랑을 느끼거나 베풀 수 있는 기능을 갖춘 곳이다. 다른 사람의 처지나 심정을 이해하고 사랑을 베풀 수 있는 것이 바로 제4성좌의 기능이다. 모르는 사람의 처지를 듣고 눈물을 흘릴 수 있는 것 또한 제4성좌가 있기 때문이며, 그들을 위해 도울 수 있는 것 또한 이 성좌의 기능이다. 그래서 제4성좌는 사랑을 위한 에너지 샘이다. 일곱 가지 성좌 중 유일하게 에너지를 몸 밖의 세계에 보내거나 받아들일 수 있는 곳이 바로 이 제4성좌이다. 때문에 사람을 자기편으로 끌어들이기 위해서는 이곳 기능을 작동시켜야 한다.

사랑의 에너지가 많은 사람은 생김새와 관계없이 인자해 보여 경계심을 없애지만, 이 에너지가 막혀 있는 사람은 몰골이 흉악하고 어딘가 싸늘한 느낌을 주어 경계심을 갖게 한다.

제5성좌 밥을 먹을 때 좋지 않은 소식을 들으면 명치끝이 갑자기 〈욱~!〉하며 통증이 오는데, 그곳이 바로 제5성좌다. 이곳은 감정을 주관하며 제2성좌와 연계하여 영혼의 작용을 불러일으키는 곳이다. 때문에 대부분의 연예인들이 이 기능을 통해 사람들에게 감동을 주며 또 자신의 인생도 이 기능을 통해 선택하게 된다. 슬픈 노래를 부르는 가수가 일찍 죽거나 가사대로 살게 되는 것은 바로 이 성좌의 기능 때문이다. 그리고 책임감, 의무감, 사명감, 경쟁심 또한 이 성좌의 기능이기 때문에 이와 같은 감성이 작용하면 제2성좌를 통해 그 뜻을 관철시킨다. 또한 제3성좌에 의해 자신감이 발휘되는 것도 바로 이 성좌의 기능이다. 그리고 이곳은 『싸이파워』가 잘 이루어지는지를 점검하는 기능도 있다. 왠지 기분이 편안하고 좋으면 원했던 일이 지금 잘되고 있는 것이다. 그러나 왠지 모르게 불안하고 초조하면 무언가 또 다른 문제가 발생하여 자꾸 일이 꼬이게 된다. 이곳은 이렇게 파동의 세계를 감지하는 기능이 있다. 그래서 이곳을 〈감정의 샘〉이라고 한다.

감정은 이성보다 가깝게 느껴지며, 또 이성이 섬세하고 분별력이 있다면 감정은 전체적이고 무조건적인 특성을 갖고 있다. 물론 감정에 못 이겨 스스로 괴롭거나 현실을 망각하기도 하지만 수양을 통해 이와 같은 감정을 잘 조절하면 이곳은 제2성좌와 연결이 되어 있어 〈영혼〉을 움직여 끌어당기거나 밀어내는 힘을 갖게 된다. 때문에 감정을 움직이는 연예인의 영혼을 대중은 환호성을 지르며 열광하는 것이다. 예술은 이렇게 제5성좌가 제2성좌를 통해 창조하는 것이다.

이곳의 에너지는 특히 자의식의 영향을 많이 받아 순조롭게 잘 흐르면 만사가 즐겁고 몸 또한 건강하지만, 자의식의 영향으로 막혀버리면 불길한 생각이 자꾸 나고 불안해져 좋지 않은 상황을 불러들인다.

제6성좌는 단전이라고 하는 곳으로, 원기와 용맹 그리고 활력에 관여하는 건강의 보고이다. 이른바 배짱이라고 하는 마음의 힘이 곧 제6성좌의 기능인 것이다. 제3성좌와 함께 마음을 〈수양〉하면 제6성좌는 천하무적이 된다. 힘이 강해 보이는 사람이 약해 보이는 사람 앞에서 절절매는 이유는 제3성좌에 제압당했기 때문이다. 겁을 먹고 피해 다니는 이유는 제6성좌가 부실하기 때문이며, 약해 보여도 끝까지 하여 성취하는 사람은 제6성좌가 강건한 사람이다. 그래서 이 성좌를 〈원기의 샘〉이라고 한다.

건강한 몸에 건전한 정신이 깃든다고 하는 건강한 상태가 바로 이곳 에너지가 충만하여 잘 흐른다는 뜻이다. 반대로 이곳 에너지가 막히면 마음 또한 나약해져 질병이 찾아온다.

제7성좌는 항문과 생식기 중간에 있는 곳으로 생명 에너지를 통해 자식을 만들거나 위의 여섯 가지 〈에너지 샘〉을 활성화시키는 기능을 갖고 있다. 제7성좌만의 특별한 기능이지만, 제7성좌는 위의 여섯 성좌 모두의 에너지를 한꺼번에 돌릴 수 있는 기능이 있다. 생명 에너지는 잠을 잘 때 두 차례에 걸쳐 제1성좌가 우주로부터 충전을 받는다. 잠이 든 뒤 조금 후에 제1성좌가 충전을 받아 각 성좌마다 생명 에너지를 가득 채워 놓으면 각 성좌는 그날 많이 썼던 신체 부분들에 에너지를 보낸다. 그리고 잠에서 깨어나기 전에 다시 한 번 제1성좌가 우주로부터 에너지를 충전 받아 또다시 각 성좌를 가득 채워 놓는다. 그러나 잠에서 깨어나기 직전에 마지막 충전을 받지 못하고 깨어나면 어딘가 푹 잔 것 같지가 않고 떨떠름한 것이 기분이 좋지 않다. 이것은 마지막 충전을 받지 못해 각 성좌를 가득 채워놓지 못했기 때문이다. 그리고 각 성좌는 이렇게 충전 받은 에너지만을 사용한다. 그런데 제7성좌만이 성행위를 통해 위의 모든 에너지를 움직일 수 있다. 그것을 환정보뇌還精補腦라고 한다.

이곳의 에너지는 순조롭게 잘 유통되면 몸도 가볍고 정신적 스트레스도 없이 건강한 삶을 살 수 있지만 막히거나 해소가 되지 못하면 남자는 성범죄를 일으키거나 머리가 엉키는 듯 심한 스트레스를 받고 여자 또한 짜증이 나거나 심한 우울증에 시달리게 된다.

이렇게 일곱 가지 에너지 샘의 기능을 합쳐 〈칠성좌〉라고 하며, 그 핵심이 바로 〈영혼〉이다.

이성을 보고 사랑을 느끼는 것은 제4성좌가 일으키는 것이다. 불쌍한 사람을 보고 측은해하는 것도 제4성좌의 기능이다. 화를 내거나 기분 좋게 느끼는 반응은 제5성좌의 기능이다. 또 성적 흥분을 일으키는 것은 제7성좌의 기능이고, 우습게보거나 부럽게 느끼는 것은 제3성좌의 기능이다. 또 보이지 않는 길도 찾아갈 것 같은 자신감은 제2성좌가 일으키는 것이며, 쓰러지지 않고 해낼 것 같은 자신감은 제6성좌가 일으키는 작용이다. 이와 같은 것들이 자의식과 다른 또 하나의 〈나〉인 영혼의 작용이며 곧 칠성좌의 기능이다.

기감은 이렇게 〈칠성좌〉가 우리 몸을 지키기 위해 위의 일곱 가지 기능을 통해 느끼는 작용이다. 사람의 수준이 느껴지는 것은 〈제3성좌〉가 있기 때문이며, 〈저 정도면 싸워서 이길 것 같다〉고 느끼는 것은 〈제6성좌〉가 있기 때문이다. 이렇게 생각 없이 직접 느끼는 모든 반응은 곧 〈영혼〉의 작용인 것이다.

칠성좌의 기능을 다시 한 번 정리하면 제1성좌는 〈영원의 샘〉, 제2성좌는 〈창조의 샘〉, 제3성좌는 〈향상의 샘〉, 제4성좌는 〈사랑의 샘〉, 제5성좌는 〈감정의 샘〉, 제6성좌는 〈원기의 샘〉 그리고 제7성좌는 〈생명의 샘〉이다.

04
싸이파워Psy-Power

〈제로지대〉로부터 끌어당기는 힘 속의 또 다른 뻗어나가는 에너지가 〈의식〉 작용을 일으킨다면, 뻗어나가는 〈우주심〉 역시 그 속에 끌어당기는 에너지를 갖고 있다. 이 에너지가 우주로부터 현실 세계에 끌어오는 힘을 『싸이파워Psy-Power』라고 한다. 여러분이 간절하게 원했던 것이 현실로 이루어졌다면 그것이 바로 『싸이파워』에 의해 이루어진 것이다. 만약 원하기는 했지만 이루어지지 않았다면 그것은 무엇인가 〈되는 길〉을 모르고 원했기 때문이다.

다시 한 번 말하지만 현실이라는 공간에 원하는 것이 나타나기 위해서는 〈영혼〉이 작용을 해야 한다. 〈자의식〉은 열심히 공부할 수는 있다. 그러나 좋은 학교에 가는 것은 〈영혼〉이 하는 것이다. 이 점을 잘 이해하기 바란다.

좋은 건강법이나 좋은 음식은 너무나 많다. 그러나 병이 낫고 안 낫는 까닭과 죽고 사는 문제는 영혼과 관계가 있는 것이다. 문제는 영혼은 자의식이 아니기 때문에 이해를 하거나 가르쳐서 되는 것이 아니라는 점이다. 그리고 영혼의 작용이 곧 『싸이파워』다. 누군가를 간절하게 보고 싶을 때 갑자기 눈앞에 지나가는 모습이 보였다면 그것이 바로 영혼이 끌어온 것이다. 생각이 입자적 마음이라면, 『싸이파워』는 파동적 마음인 것이다.

자의식은 입자적 세계만을 인지한다. 눈에 보이는 것을 보고 귀에 들리는 것을 들을 뿐 보이지 않거나 들리지 않으면 아무리 움직여도 알지 못한다. 그래서 이렇게 보이고 들리는 세계만을 있다고 믿는다. 그리고 보이지 않고 들리지 않으면 있다고 믿지 않는다. 이렇게 자의식은 보이는 상태에서 변하는 과정을 보아야만 그 상황을 인식하기 때문에 항상 〈어떻게?〉라는 의구심을 일으킨다. 그리고 이 의구심이 영혼의 작용에 부정적 파동을 일으킨다. 영혼이 작용할 수 없도록 가로막는 것이다. 이렇게 자의식이 보고 인식하여 만든 문명을 〈입자문명〉이라고 한다.

영혼의 작용은, 우주심을 통해 자의식이 원하는 이미지를 전 우주에 전달을 하거나 우주의 흐름을 바꿀 수 있다. 그러면 오던 비도 멈출 수 있다. 그러나 이것은 파동적 작용이기 때문에 자의식은 전혀 알지를 못한다. 자의식이 〈어떻게〉를 말할 때 영혼은 〈해낼 것〉을 성취하는 것이다. 그래서 자의식은 이렇게 영혼이 이루어낸 성과를 〈기적〉이라고 말한다.

사람들은 우주라고 말하면 눈에 보이는 달과 별, 그리고 천체를 생각한다. 그것은 우리 몸이 태어나서 존재하듯이 3차원 세계에 만들어진 것일 뿐 그리 중요한 것이 아니다. 오히려 눈에 보이지 않는 수직적 작용이 진짜 우주의 본 모습이다. 우주를 알고 싶다면 차라리 눈을 감고 우주를 느껴라. 그렇게 〈영혼〉이 느끼는 우주, 그것이 진짜 우주이다.

사실 우주 최초의 상태인 제로지대와 눈에 보이는 천체의 세계는 함께 있는 것이지만, 제로지대를 우주 최초의 상태라고 한다면 제로지대의 제로포인트 에너지는 뻗어나가는 힘과 끌어당기는 힘을 동시에 갖고 있다. 그리고 끌어당기는 힘에 의해 뭉쳐진 세계가 지금 우리 눈에 보이는 현실세계다. 영어는 이렇게 눈에 보이는 우주를 유니버스universe라고 한다. 그리고 끌어당기는 힘에 의해 나타난 세계를 〈수평적 세계〉라고 말한다.

반면 뻗어나가는 에너지의 세계는 〈수직적 세계〉라고 하며 우주심이 곧 뻗어나가는 에너지이다. 그리고 우리의 자의식이 이미지를 강하게 그리면 뻗어나가는 우주심이 그 이미지를 우주에 보내고 거기에 맞는 입자들이 공명을 일으켜 모이면 『싸이파워』가 그것을 현실세계에 끌어온다. 이때 이미지가 공명을 일으키는 과정을 입자물리학자들은 힉스입자 Higgs Boson이라고 말한다. 이렇게 수직세계로부터 현실세계에 나타나는 우주를 영어로 코스모스cosmos라고 한다.

눈에 보이는 수평적 세계의 현실은 단지 우주cosmos의 작용에 의해서 나타난 것일 뿐 영원한 것이 아니다. 그리고 『싸이파워』는 눈에 보이는 우주universe를 움직일 수도 있다. 이렇게 우주를 움직이는 문명을 〈파동문명〉이라고 하며, 『싸이파워』는 곧 파동문명의 시작인 것이다.

여기서 『싸이파워』의 메커니즘을 확실하게 이해할 필요가 있다. 자의식이 원하는 이미지를 필름이라고 한다면, 제로지대의 뻗어나가는 우주심은 그 필름을 우주라고 하는 수직적 세계의 스크린에 쏘아 보낸다. 이때 그 이미지와 같은 형태가 공명을 일으키거나 아니면 힉스입자라고 하는 질량에너지가 그 이미지와 같은 형태를 물질화시킨다. 이 과정을 『싸이파워』라고 하며, 『싸이파워』가 그 형상을 현실세계에 끌어온다.

우주의 구조

그러면 그것이 우리 인생에 나타나는 것이다. 예를 들면 보고 싶은 사람을 생각할 때 갑자기 눈앞에 보고 싶은 사람이 지나가는 것 따위가 바로 그것이다. 물론 우주에는 여러 가지 형태의 여러 가지 종류의 삶이 모두 다 있다. 나의 삶 외에도 별별 삶이 다 있는 것이다. 그러나 나의 『싸이파워』와 관계없는 것은 설사 주변에 널리 깔려 있다 하더라도 나와는 아무런 상관이 없다. 이 말은 쉽게 말하면 수많은 병명과 수많은 환자, 그리고 수많은 병원이 있다 하더라도 건강을 위한 『싸이파워』를 한 사람은 그것들과 아무런 상관이 없다는 뜻이다.

『싸이파워』가 어렵다면, 그것은 자의식으로 하는 것이 아니라 영혼으로 하는 것이기 때문이다. 그러나 한번 알게 되면, 그래서 영혼이 작동하는 법을 터득하게 되면 그 다음부터는 아주 쉽게 할 수 있다. 단지 자의식으로 하는 것이 아니기 때문에 이 글을 읽고 이해하였다 하더라도 쉽게 되지 않는 것이 문제라면 문제다.

먼저 자의식이 원하는 것을 강하게 생각해 보라. 그리고 영혼이 어떻게 받아들이는지 느껴보라. 만약 지금 〈암〉에 걸려 있다면 〈나는 기필코 건강하게 살 것이다〉라고 생각해 보라. 이때 영혼이 거부 반응을 보이지 않고 〈당연히 그래야지!〉 하며 수긍한다면 그 암은 나을 수 있다. 그러나 〈정말 나을 수 있을까?〉 〈암이 얼마나 독한데!〉 하며 거부 반응을 보이면 그 암은 낫기 힘든 것이다. 결국 낫고 안 낫는 것은 〈암〉 때문이 아니라 〈마음가짐〉 때문에 나타나는 결과인 것이다. 그래서 같은 암이라도 누구는 죽고, 누구는 사는 것이다.

『싸이파워』가 되기 위해서는 강력한 집중력을 쏟아 붓든지 아니면 지대한 관심을 갖고 있든지, 그것도 아니면 계속해서 꾸준히 반복하여 습관적으로 영혼에 각인을 시켜야 한다. 물론 이와 같은 설명도 충분히 읽고 이해를 해야만 한다. 왜냐하면 자의식이 이해를 해야만 〈어떻게?〉라는 부정적 견해로 영혼을 방해하지 않기 때문이다.

사실 강력한 집중과 지대한 관심을 통한 〈기대〉는 영혼이 하는 것이다. 그래서 이와 같은 상황은 비교적 잘 이루어진다. 그러나 꾸준히 반복하여 영혼 속에 각인시키는 방법은 자의식이 필요해서 일으키는 것이다. 때문에 자의식이 중간에 나름대로 만족하거나 귀찮으면 때려치우게 된다.

　열심히 공부하는 학생의 영혼은 왜 그 학생이 열심히 공부하는지 처음에는 그 까닭을 알지 못한다. 공부가 좋아서 하는 줄 안다. 그런데 좋은 성적을 받았어도 계속해서 열심히 공부하면 그때서야 영혼은 〈좋은 학교에 가기 위해 열심히 하는군!〉 하며 좋은 학교를 끌어온다. 이렇게 꾸준히 계속해야 어느 순간 영혼에 원하는 것이 각인되는 것이다. 아들을 낳게 해달라고 100일 동안 같은 장소에 매일 가서 기도하는 것은 그렇게 쉬운 일이 아니다. 처음 2~3일은 쉬울 수 있어도 일주일이 지나면 서서히 가기 싫은 핑계거리가 나타난다. 눈이 많이 와서 못 가겠다느니, 장마 때문에 갈 수가 없다느니 하면서 말이다. 그러면 결국 기도하는 목적을 영혼은 알지 못한다. 하지만 꼭 아들을 원한다면 비가 오나 눈이 오나 일상생활에 문제가 생겼거나 큰일이 있다 하더라도 꼭 가야만 한다. 또 갈 수 없는 상황이 벌어지지 않도록 몸가짐 또한 조심해야 한다. 이렇게 어떤 상황에서라도 끊임없이 계속해야 영혼이 무엇을 바라는지 그 이유를 알게 되는 것이다. 그래서 〈절〉에 가면 3천배를 하라고 스님들이 말하는 것이다. 고통과 어려움을 통해 영혼이 무엇을 원하는지 그 까닭을 인식하는 것이다. 결국 모든 어려움 속에서 군건히 하는 것이 영혼에 원하는 것을 알려주기 위한 노력인 것이다.

　영혼이 작용하여 〈내 자의식이 원하는 것〉을 우주에 내보내면, 나의 소망은 이미 우주에 존재하는 것이다. 여기서 문제는 우주에 존재하는 나의 소망을 〈어떻게 나의 인생에 끌어들이는가〉 하는 것이다. 우주에는 존재하는데 내 영혼이 그것을 받아들이지 않는다면 그것은 아무 소용이 없는 것이다. 자의식이 〈어떻게?〉 하며 끼어들어와 영혼의 작용을 훼방 놓는다면 그것은 나와 무관한 것이 되고 만다. 때문에 원하는 것이 나의 인생에 나타나기 위해서는 영혼이 그것을 받아들이는 〈수신 주파수대〉에 있어야 한다. 그러면 『싸이파워』가 그것을 현실세계에 끌어온다. 이때 영혼이 〈수신 주파수대〉에 있는지 아닌지를 자의식에 알려주는 것 또한 영혼의 작용인 칠성좌의 기능이다. 제5성좌가 느끼는 것이다. 아무런 의구심이 없으면 지금 잘 되고 있는 것이다.

100일 기도처럼 아들을 낳기 위한 〈기대〉를 영혼이 품고, 비가 오나 눈이 오나 꾸준히 해야만 어느 날 영혼이 그 소망을 인식하여 덥석 받아들인다. 처음에는 자의식이 필요해서 시작했다 하더라도 비가 오나 눈이 오나 아랑곳 하지 않고 굳건히 하면 이미 영혼이 하고 있는 것이다. 그러면 결국 그 자의식의 소망을 영혼이 인식한 것이다. 그리고 이렇게 영혼이 알아야 비로소 현실세계에 그 기대가 실현되는 것이다.

그렇다고 아픈 몸을 낫게 해달라고 기도를 하면 안 된다. 이때는 자의식이 갖고 있는 이미지가 〈아픈 몸〉이기 때문이다. 그러면 영혼에는 계속하여 〈아픈 몸〉이 각인된다. 이렇게 영혼이 아프면 육체에는 반드시 병이 생긴다. 차라리 이때는 건강하게 여행을 하는 이미지나 활기차게 뛰어노는 모습을 생각해야 한다. 이렇게 뛰어노는 이미지를 그려야 영혼에서 〈병〉이 지워지는 것이다. 그렇게 영혼에 병이 없으면 육체의 병은 저절로 사라진다. 이것이 곧 병이 낫기 위한 『싸이파워』이며 파동요법이다.

현실로 이루어지는지 아닌지는 미리 칠성좌를 통해 알 수가 있다. 영혼이 〈수신 주파수대〉에 있는지 아닌지는 제5성좌에 의해 알 수 있는 것이다. 이른바 칠성좌가 받아들이는 상태를 느끼는 것이다. 이렇게 제5성좌가 느끼는 느낌을 〈기분〉이라고 한다. 기분이 좋으면 지금 잘되고 있는 중이고, 어딘지 모르게 불안하거나 초조하면 잘되던 일도 꼬여서 생뚱맞은 결과를 불러오게 된다.

어쩌면 이것이 『싸이파워』의 어려운 기술이지만, 이 〈수신 주파수〉만 분명하게 맞추면 그 다음 실현은 당연히 되는 것이다. 이때 수신 주파수를 맞추는 길은 다섯 가지가 있는데, 이것을 〈5대로〉라고 한다. 5대로의 설명은 뒤에 하기로 하고, 그 중에서도 비결이라 하면 그것은 바로 〈믿음〉이다. 당연히 이루어진다고 믿는 믿음이 바로 수신 주파수의 주체인 것이다. 그리고 이렇게 믿음이 쉽게 이루어질 수 있는 것은 제3성좌가 있기 때문이다. 제3성좌에 걸림이 없으면 그것이 바로 〈믿음〉인 것이다. 때문에 아무리 심한 병도 〈건강하게 활동할 수 있다는 것을 믿고 영혼이 그 수신 상태에 있으면〉 그 병은 나을 수 있는 것이다. 그리고 이때 필요한 것이 바로 맨땅요법이다. 맨땅요법은 확실하게 그 낫는 상태를 불러 들이거나 유지시켜 주기 때문이다.

원하는 것이 이루어지기 위해서는 원하는 최종 목표가 분명해야 한다. 그러나 사람들은 자기 사정에 급급하여 원하는 목표보다 처해진 상황에 매달리게 된다. 우주의 입장에서 우주가 할 일을 목표로 해야 하는데, 자기의 입장에서 자기 사정에만 매달려 있는 것이다. 때문에 아픈 사람이 스스로 낫게 해달라고 하거나 아니면 아픈 사람을 낫게 해달라고 기도하면 그 병은 낫지 않는다. 왜냐하면 마음속에 병이라고 하는 분명한 이미지를 갖고 있기 때문이다. 차라리 건강한 모습으로 활동하는 모습을 이미지로 그려야 한다. 일어나서 뛰어놀게 해달라고 기도해야 하는 것이다. 그리고 즐겁게 뛰어노는 모습을 그려야 한다. 즐겁다는 기분이 곧 영혼이 원하는 것이기 때문이다.

이렇게 〈될〉 이미지가 분명하면 그 이미지를 우주심이 우주에 내보내고 그것이 공명현상을 통해 그와 같은 에너지를 만나면 『싸이파워』가 그 세계를 현실 속에 끌어온다. 그런데 여기서 아주 중요한 사실은, 위에서도 말했지만 여러분의 〈자의식〉 속에 병이 있다고 인식되는 순간, 그것은 영혼에 전달되고 영혼은 제2성좌를 통해 송과체를 움직여 그 병을 현실세계에 끌어들인다. 그러면 여러분은 환자가 되는 것이다. 이 또한 『싸이파워』에 의한 것이다. 이와 같은 과정으로 『싸이파워』가 여러분의 인생에 현실을 창조하는 것이다. 자의식의 생각은 〈마음〉에, 영혼의 뜻은 〈인생〉에 나타난다.

〈자의식〉과 〈우주심〉의 힘이 비슷한 상태를 〈제로보드〉라고 한다. 이 제로보드는 〈제로지대〉 상태에서 뻗어나가는 힘과 끌어당기는 힘이 균등한 상태를 말한다. 〈자의식〉 안에 오랫동안 인식되어 있던 〈병〉이나 〈소원〉이 잠을 잘 때라든지 아니면 숨을 쉴 때 자기도 모르게 〈우주심〉에 흘러 들어갈 수가 있다. 그러면 우주심은 그 인식되어 있는 〈병〉이나 〈소원〉을 〈공간〉과 〈온도〉 제로지대를 통해 전 우주에 내보낸다. 그러면 우주에서 그와 같은 〈파장〉의 입자와 만나게 된다. 이것을 〈공명현상〉이라고 한다. 그러면 『싸이파워』가 그 입자를 현실 세계에 끌어오는 것이다. 그러면 〈소원〉은 이루어지고, 〈병〉은 몸에 나타난다. 이것이 〈인생〉이 만들어지는 원리이다. 여기서 의도적으로 〈제로보드〉 상태에 원하는 이미지를 각인시켜 영혼 속에 밀어 넣는 기술이 있다. 『싸이파워』 능력가는 바로 그와 같은 기술을 사용할 줄 아는 사람이다.

〈제로보드〉는 곧 자의식과 우주심의 힘이 비슷한 상태를 말한다. 중요한 것은 자의식 안에 들어 있는 인식이 우주심 쪽으로 흘러 들어가게 하는 방법이다. 그래야만 우리의 인생에 자의식이 인식한 내용이 나타나기 때문이다. 여기서 제로보드란 곧 자의식과 우주심이 서로 거부하거나 방해하지 않는 상태를 말한다. 힘이 비슷하기 때문에 서로에게 영향력을 행사할 수 없는 것이다. 계속해서 꾸준히 해야 하는 이유도 여기에 있다. 자꾸 하고 또 하다보면 자기도 모르게 자의식의 소망이 영혼 속에 흘러 들어가는 것이다. 또는 평상시에 자기도 모르게 영혼 속으로 흘러 들어갈 때도 있다. 이것을 〈5대로〉라고 한다.

그런데 여기서 매우 중요한 것은 어떻게 〈제로보드〉 상태를 임의로 만들 수 있는가 하는 것이다. 제로보드 상태는 쉽게 말하면 뇌파가 제로 상태에 있을 때를 말한다. 물론 『싸이파워』 능력가는 임의로 그 상태를 만들 수 있지만, 그렇지 않은 사람은 두 가지 방법으로 원하는 이미지를 우주심 쪽으로 넘길 수가 있다.

그 첫 번째 방법은 잠을 잘 때이다. 잠이 들고 얼마 후면 뇌파는 곧 〈세타파〉 상태가 된다. 세타파는 곧 뇌파의 제로상태를 말한다. 이때 간절히 바라는 이미지가 영혼 속으로 들어가는 것이다. 그래서 잠이 들기 전에는 항상 좋은 생각만 하는 습관을 들여야 한다. 누구를 저주하거나 벌 받는 생각을 하면 그것이 자신의 인생에 나타난다. 또 아침에 잠에서 깨어나면 항상 〈오늘 하루를 행복하게 원했던 일이 모두 잘 이루어졌다〉고 하는 〈감사상태〉로 일어나야 한다. 미리 고맙다고 하고 〈감사상태〉에 머무르면 그렇게 받기 때문이다.

두 번째 방법은 숨을 쉴 때이다. 우리는 호흡을 할 때 마시는 숨과 뱉는 숨 사이에 잠깐 호흡이 정지되는 상태가 있다. 이때도 뇌파는 거의 〈세타파〉에 가깝다. 그래서 이때 바라는 이미지가 슬쩍 영혼 쪽으로 넘어가는 것이다. 문제는, 넘어갈 수 있는 정확한 이미지를 갖추는 것이다. 병을 낫게 해달라고 하면 〈병〉이 넘어간다는 사실을 잊지 말라. 즐겁게 활동하는 모습을 원해야 〈건강〉이 영혼에 주입된다는 사실도 기억하라. 결코 억지로 웃는 모습을 만들어서도 안 된다. 마음이 편하게 웃고 있어야 한다. 이 점을 곰곰이 생각해보라. 그래서 〈죽을 때 죽더라도〉라는 심정으로, 생사는 하늘에 맡긴다는 기분으로 즐겁게 살아야 하는 것이다.

다시 한 번 요점을 정리하면, 우리 마음의 〈제로지대〉가 끌어오는 힘을 통해 육체의 5관으로부터 정보를 수집하면, 우리의 〈자의식〉은 그 정보를 통해 생각하고 판단한다. 이렇게 자의식의 판단은 그때, 그 순간, 그 현실이 아니라 과거의 자료를 통한 판단이기 때문에 사실 정확하다고 말할 수가 없다. 한편 〈제로지대〉로부터 뻗어나가는 〈우주심〉은 그 중심축이 우주이기 때문에 우주의 작용이라고 말할 수 있다. 그런데 우주의 작용은 〈자의식〉과 달라서 생각할 자료나 판단할 근거가 없다. 단지 우주와 똑같은 〈보존본능〉을 통해 〈제로지대〉가 들어 있는 우리 몸을 지킬 뿐이다. 이렇게 우주의 보존본능을 통해 우리 몸을 지키는 힘을 면역력이라 한다. 그리고 우주심은 생각이 없는 대신 육체를 지킬 수 있는 일곱 가지 기능을 갖고 있다. 그 일곱 가지 기능을 〈칠성좌〉라고 하며, 칠성좌의 핵심을 〈영혼〉이라고 한다. 결국 영혼은 생각하는 것이 아니라 칠성좌의 기능을 통해 반응하는 것이다. 즉 우리 몸은 생각하거나 판단하는 〈자의식〉과 반응하거나 작용하는 〈영혼〉을 갖고 있다. 그리고 이 두 가지 모두를 마음이라고 한다. 생각하는 마음과 움직이는 마음이다. 중요한 것은, 〈자의식〉 속에 내재되어 있는 인식이 〈영혼〉 속에 들어가면, 영혼은 그 인식한 내용을 우리의 인생에 창조한다. 이것을 『싸이파워』라고 한다.

1부 문제

01 소립자의 세계는 우리 눈에 보이지 않기 때문에 이 세계를 제로지대라고 부른다. 이 세상에는 이와 같은 제로지대가 세 곳에 있다. 다음 중 <u>아닌</u> 것은?
① 마음　　② 온도　　③ 공간　　④ 시간

02 제로 포인트 에너지의 서로 다른 작용은 '끌어당기는 힘'과 '뻗어나가는 힘'이다. 이렇게 서로 다른 성질의 작용이 함께 있는 것을 무엇이라 하는가?
① 아프락사스의 원리　　② 통일장의 원리
③ 불확정성 원리　　④ 베르누이의 원리

03 우리 몸과 마음의 건강을 위해서는 어디에도 치우침이 없는 균형 잡힌 상태를 유지해야 한다. 이와 같은 상태를 무엇이라 하는가?
① 아프락사스의 공　　② 아프락사스의 힘
③ 아프락사스의 저울　　④ 아프락사스의 장

04 다음 중에서 자의식을 바르게 설명한 것은?
① 육체의 5관을 통해 현실에 있는 것을 끌어당겨온 경험의 세계의 핵심
② 아프락사스의 뻗어나가는 힘에 의해 형성된 세계의 핵심
③ 뻗어나가는 에너지인 영혼의 또 다른 이름
④ 직감, 육감, 영감, 예감의 주체

05 다음 설명 중에서 <u>틀린</u> 것은?
① 자의식은 과거의 자료를 통해 생각하고 판단한다.
② 우주심은 생각하는 것이 아니라 반응하거나 작용을 한다.
③ 마음이란 곧 자의식을 말한다.
④ 우주심은 육체를 지킬 수 있는 일곱 가지 기능을 갖고 있다.

06 다음 설명 중에서 <u>틀린</u> 것은?
① 우주를 움직이는 문명을 파동문명이라고 한다.
② 자의식이 생각과 존재라면, 영혼은 느낌과 작용이다.
③ 생각이 파동적 마음이라면, 싸이파워는 입자적 마음이다.
④ 자의식이 보고 인식하여 만든 문명을 입자문명이라고 한다.

07 다음 설명 중에서 <u>틀린</u> 것은?
① 심리학에서는 우주심을 무의식이라고 한다.
② 아스트랄 보디의 핵심을 영혼이라고 한다.
③ 영혼이 느끼는 느낌을 기감이라고 한다.
④ 가장 이상적인 생활을 하기 위해서는 영혼이 계획하고 자의식이 행동해야 한다.

08 다음 설명 중에서 <u>틀린</u> 것은?
① 영혼과 자의식은 아프락사스의 한 몸이다.
② 자의식은 영혼이 컨트롤하지 않으면 충동적으로 행동하기 때문에 항상 조심해야 한다.
③ 감동은 영혼의 감응이다.
④ 자의식이 생각하고 존재하는 '나'라면, 영혼은 움직이고 행동하는 '나'이다.

09 마음의 제로지대에서 뻗어나가는 에너지를 우주심이라고 한다. 심리학에서는 이 우주심을 무엇이라 하는가?

① 의식　　② 자의식　　③ 무의식　　④ 현재의식

10 다음 중에서 제1성좌의 기능이 아닌 것은?

① 우주로부터 생명에너지를 충전 받는 일
② 기본적인 생명활동
③ 생리작용
④ 원기와 용맹, 활력에 관여

11 다음 중에서 제2성좌의 기능이 아닌 것은?

① 생각한 일이 현실이 되도록 집중하는 일
② 기감을 통해 알아차리는 일
③ 예감, 영감, 염력, 텔레파시, 투시
④ 격차를 느끼거나 향상할 수 있는 기능

12 다음 각 성좌에 대한 설명 중에서 틀린 것은?

① 제7성좌는 생명에너지를 통해 자식을 만들거나 다른 여섯 가지 성좌를 활성화시키는 기능을 갖고 있다.
② 제5성좌는 감정을 주관하며 제2성좌와 연계하여 영혼의 작용을 불러일으키는 곳이다.
③ 제3성좌는 다른 사람의 처지나 심정을 이해하고 사랑을 베푸는 곳이다.
④ 제6성좌를 원기의 샘이라고도 한다.

13 기감을 통해 알아차리는 총기를 갖춘 성좌이며, 제5성좌로부터 감성이 작용하면 영혼을 움직일 수 있는 작용을 하는 성좌는?

① 제1성좌 ② 제2성좌 ③ 제4성좌 ④ 제6성좌

14 다음 설명 중 틀린 것은

① 자의식이 '존재'하는 '나'라면, 영혼은 작용하는 '나'이다.
② 제2성좌는 영혼의 기감을 극대화하여 자기도 모르게 알아차리거나 송과체를 통해 자신의 뜻을 세상에 펼치기도 한다.
③ 생명에너지는, 잠을 잘 때 두 차례에 걸쳐 제7성좌가 우주로부터 충전 받는다.
④ 불쌍한 사람을 보고 측은해하는 것은 제4성좌의 기능이다.

15 다음 설명 중에서 틀린 것은?

① 사랑을 느끼는 것은 제4성좌이다.
② 성욕을 느끼는 것은 제6성좌이다.
③ 도약은 제3성좌에 의해 이루어진다.
④ 좋은 기분은 제5성좌에 의해 나타난다.

16 다음은 각 성좌의 특징을 표현한 것들이다. 틀린 것은?

① 제2성좌 - 창조의 샘 ② 제3성좌 - 향상의 샘
③ 제5성좌 - 원기의 샘 ④ 제7성좌 - 생명의 샘

17 슬프거나 기분 좋게 느끼는 반응은 어떤 성좌의 기능인가?

① 제3성좌 ② 제5성좌 ③ 제6성좌 ④ 제7성좌

18 이성을 보고 사랑을 느끼는 것은 어떤 성좌의 기능인가?

① 제1성좌　② 제3성좌　③ 제4성좌　④ 제5성좌

19 다음 설명 중에서 <u>틀린</u> 것은?

① 이성을 보고 성욕을 느끼는 것은 제5성좌의 기능이다.
② 잠을 잘 때 우주로부터 생명 에너지를 충전 받는 것은 제1성좌의 기능이다.
③ 사람의 수준을 느끼는 것은 제3성좌의 기능이다.
④ 저 정도면 싸워서 이길 것 같다고 느끼는 것은 제6성좌의 기능이다.

20 다음 중에서, 간절히 바라는 이미지가 영혼 속으로 들어가는 뇌파의 상태를 무엇이라고 하는가?

① 세타파　② 알파파　③ 델타파　④ 베타파

21 다음 중에서 싸이파워가 되기 위한 방법과 관계가 <u>먼</u> 것은?

① 강력한 집중력을 쏟아 붓는다.
② 지대한 관심을 갖는다.
③ 계속해서 꾸준히 반복하여 영혼에 각인시킨다.
④ 열심히 기도한다.

22 〈제로지대〉로부터 끌어당기는 힘 속의 또 다른 뻗어나가는 에너지가 〈의식〉 작용을 일으킨다면, 뻗어나가는 〈우주심〉 역시 그 속에 끌어당기는 에너지를 가지고 있다. 이 에너지가 우주로부터 현실 세계에 끌어오는 힘을 무엇이라고 하는가?

① 싸이파워　　　　② 제로포인트 에너지
③ 스칼라 파장　　　④ 아프락사스

1부　생명의 비밀

23 다음 중 〈싸이파워〉의 메커니즘 중 <u>틀린</u> 것은?

① 자의식이 원하는 이미지를 필름이라 하면 제로지대의 뻗어나가는 우주심은 그 필름의 이미지를 우주라고 하는 스크린에 쏘아 보낸다. 그러면 그 이미지와 같은 형태거나 같은 파장의 것이 형상으로 나타난다.

② 원하는 것이 인생에 나타나기 위해서는 영혼이 그것을 받아들이는 수신주파수대에 있어야 한다. 그러면 〈싸이파워〉가 그것을 현실세계에 끌어온다.

③ 〈싸이파워〉가 되기 위해서는 강력한 집중력을 쏟아 붓든지 아니면 지대한 관심을 갖고 있든지, 그것도 아니면 계속해서 꾸준히 반복하여 습관적으로 영혼에 각인을 시켜야 한다.

④ 〈싸이파워〉를 쉽게 하기 위해서는 반드시 종교가 있어야 한다.

24 다음 중 싸이파워와 관련하여 <u>틀린</u> 것은?

① 원하는 것이 이루어지기 위해서는 원하는 최종목표가 분명해야 한다.

② 아픈 사람은 병이 빨리 낫게 해달라고 꾸준히 염원해야 한다.

③ 제로보드란 자의식과 우주심이 서로 거부하거나 방해하지 않는 상태를 말한다.

④ 〈자의식〉 속에 내재되어 있는 인식이 〈영혼〉 속에 들어가면, 영혼은 그 인식한 내용을 우리의 인생에 창조 한다. 이것을 〈싸이파워〉라고 한다.

25 싸이파워에 대한 설명 중 <u>틀린</u> 것은?

① 싸이파워를 능란하게 구사하기 위해서는 자의식의 상식을 고집하지 말아야 한다.

② 싸이파워는 강력한 자의식에 의해 이루어지는 것이다.

③ 싸이파워는 현실에 필요한 것을 우주로부터 끌어오는 힘이다.

④ 자의식의 방해를 받지 않고 영혼이 직접 싸이파워를 하는 것을 〈믿음〉이라고 한다.

1부 정답 및 해설

01 ④ 우주에는 현재만 있을 뿐 시간이 없다.

02 ①

03 ①

04 ①

05 ③ 마음은 우주심과 자의식을 포함한 뜻임.

06 ③ 생각은 입자적 마음이고, 싸이파워는 파동적 마음이다.

07 ④ 가장 이상적인 생활을 하기 위해서는 자의식이 계획하고 영혼이 행동해야 한다.

08 ② 영혼은 자의식이 컨트롤하지 않으면 충동적으로 행동하기 때문에 항상 조심해야 한다.

09 ③

10 ④ 원기와 용맹, 활력에 관여하는 성좌는 제6성좌이다.

11 ④ 격차를 느끼거나 향상할 수 있는 기능은 제3성좌의 기능이다.

12 ③ 다른 사람의 처지나 심정을 이해하고 사랑을 베푸는 곳은 제4성좌이다.

13 ②

14 ③ 생명에너지는, 잠을 잘 때 두 차례에 걸쳐 제1성좌가 우주로부터 충전 받는다.

15 ② 성욕을 느끼는 것은 제7성좌이다.

16 ③ 제5성좌 – 감정의 샘, 제6성좌 – 원기의 샘

17 ② 감정의 샘

18 ③

19 ① 이성을 보고 성욕을 느끼는 것은 제7성좌의 기능이다.

20 ①

21 ④

22 ①

23 ④ 〈싸이파워〉는 종교와는 관계가 없다.

24 ② 병을 빨리 낫게 해달라고 염원하면 제로보드에 병이 각인되어 오히려 병을 불러들인다.

25 ② 싸이파워는 강력한 우주심에 의해 이루어지는 것이다.

2부
건강의 황금률

〈병〉은 크게 나누어 두 가지가 있다. 하나는 〈몸〉의 병이고,
또 하나는 〈인생〉의 병이다. 여기서 말하는 〈인생〉의 병은 〈마음〉에서 온다.
그리고 몸의 병은 그것이 아무리 심한 경우라도 반드시 고칠 수가 있다.
문제는 인생의 병이다.
인생의 병은 그것이 아무리 미약하더라도 마음에서 사라지지 않는 한
죽을 때까지 계속된다. 이른바 〈불치병〉이다.
그리고 〈몸〉과 〈인생〉 모두는 사실 병명과는 크게 상관이 없다.
몸의 병은 환경이나 그 밖의 여러 가지 조건에 의해 생겼다 하더라도
일찍 병원에 가서 치료를 받으면 대부분 낫는다.
그러나 인생의 병은 그것이 〈마음〉에 각인된 것이기 때문에
병원에 가도 고칠 수가 없다.
그래서 〈싸이파워 건강법〉은 간단하게 말하면 〈제로보드〉를 통해
영혼 속에 각인된 병을 없애는 방법이다.
자의식을 통해 인식한 병을 저장하고 있는 곳이 〈제로보드〉이다.
이렇게 〈제로보드〉에 각인된 병은
자연스럽게 〈영혼〉으로 넘어가 인생에 나타난다.
〈싸이파워 건강법〉은 결국 〈제로보드〉에 각인된 병을 지워버리는 방법이다.
이른바 파동요법이다.
그래서 〈병은 마음으로 고쳐라〉라고 말하는 것이다.

건강의 황금률

01 메디칼 싸이파워 Medical Psy-Power

02 건강의 황금률

03 우주의 6대 원칙

04 영혼의 집, 송과체

05 송과체의 적, 〈불소〉

2부 문제

01
메디칼 싸이파워 Medical Psy-Power

『싸이파워』로 원하는 인생을 창조하듯이 『싸이파워』는 원하는 건강도 누릴 수 있다. 〈파동요법〉을 통해 건강을 누리는 것이다. 병이 마음에서 뭉쳐 만들어진 입자라면, 파동을 통해 뭉쳐 있는 마음을 없애면 병이라는 존재도 자연스럽게 사라진다. 이렇게 뭉쳐진 마음이 없어지면 병 또한 자연스럽게 사라지는 것을 〈파동요법〉이라고 한다.

〈병〉은 크게 나누어 두 가지가 있다. 하나는 〈몸〉의 병이고, 또 하나는 〈인생〉의 병이다. 여기서 말하는 〈인생〉의 병은 〈마음〉에서 온다. 그리고 몸의 병은 그것이 아무리 심한 경우라도 병원에 가면 반드시 고칠 수가 있다. 문제는 인생의 병이다. 인생의 병은 그것이 아무리 미약하다 하더라도 마음에서 없어지지 않는 한 죽을 때까지 계속된다. 이른바 〈불치병〉이다. 그리고 〈몸〉과 〈인생〉 모두는 사실 병명과는 크게 상관이 없다. 몸의 병은 환경이나 그 밖의 여러 가지 조건에 의해 생겼다 하더라도 일찍 병원에 가서 치료를 받으면 대부분 낫는다. 그러나 인생의 병은 그것이 〈마음〉에 각인된 것이기 때문에 병원에 가도 고칠 수가 없다. 그래서 〈싸이파워 건강법〉은 간단하게 말하면 〈제로보드〉를 통해 영혼 속에 각인된 병을 없애는 방법이다. 자의식을 통해 인식한 병을 저장하고 있는 곳이 〈제로보드〉이다. 이렇게 〈제로보드〉에 각인된 병은 자연스럽게 〈영혼〉으로 넘어가 인생에 나타난다. 〈싸이파워 건강법〉은 결국 〈제로보드〉에 각인된 병을 지워버리는 방법이다. 이른바 파동요법이다. 그래서 〈병은 마음으로 고쳐라〉라고 말하는 것이다.

흔히 말하는 마음 이전의 〈제로보드〉에 〈병〉이 없으면 몸은 아플지언정 그 사람의 인생에 병은 없다. 다시 말하면 〈고질병〉이나 〈난치병〉 등 〈성인병〉이 발생하지 않는 것이다. 설사 고치기 힘들다는 〈암〉 같은 병에 걸렸어도 〈제로보드〉에 병이 없는 사람은 결국 낫는다. 이렇게 죽을 병과 나을 병은 서로 다른 것이다. 병이 다른 것이 아니라 마음가짐이 다른 것이다.

우리는 어렸을 때부터 병에 걸린 사람을 보고 자란다. 그리고 자기 자신도 병에 걸려본 적이 있다. 물론 병은 나을 수 있는 것과 낫기 힘든 것이 있는데 우리의 자의식은 그것을 구별할 줄 모른다. 다 같은 병인 줄 안다. 단, 대수롭지 않게 생각하는 사람과 염려스럽게 생각하는 사람이 있을 뿐이다. 병에 대한 염려는 곧 〈제로보드〉에 서서히 병을 각인시킨다. 그러면 영혼은 〈제로보드〉에 각인된 병을 서서히 불러들인다. 그러다 어느 날 생각했던 병과 비슷한 증세가 나타나면 자의식은 얼른 자신이 난치병에 걸렸다고 인정해버린다. 그러면 그때부터 그 병을 앓는 환자가 되는 것이다. 그런데 병이 아니라 건강을 위해서 운동을 하거나 식이요법을 했는데도 병에 걸리는 사람이 있다. 그 이유는 무엇일까?

제일 먼저, 건강에 대한 〈염려〉 때문이다. 우리는 흔히 건강을 위한다는 말을 많이 하지만 진짜 건강한 사람은 굳이 건강을 위할 필요가 없다. 아니 사실 건강이란 이 우주에는 없는 것이다. 지금까지 알고 있던 지식을 모두 버리고 생각해 보자. 건강이란 무엇인가를.

사실 우주에 건강은 없다. 질병이 없는 상태가 곧 건강이다. 건강이란 말은 질병의 관점에서 생긴 말이지 원래는 없는 것이다. 그래서 건강을 원한다는 것은 그 이면에 질병이 있다는 뜻이다. 보이지 않는 영혼에 질병이 있기 때문에 자의식이 건강을 원하는 것이다. 이것은 마치 〈돈〉을 바라는 마음이 〈빈곤〉인 것과 같다. 영혼이 풍요로우면 부자가 될 수 있지만 빈곤한 영혼은 부자가 될 수 없다. 이것을 〈빈익빈貧益貧, 부익부富益富〉라고 한다. 마음은 돈을 원하는데 〈영혼〉 속에는 자꾸 빈곤이 각인되는 것이다. 그러면 가난한 영혼은 자꾸 돈의 노예가 되어 간다. 그러니 곰곰이 생각해 보라. 건강을 위한다는 자신의 생각 이면에는 건강에 대한 염려가 자리 잡고 있다는 것을 본인 스스로가 더 잘 알 것이다. 그러면 영혼은 서서히 병들기 시작한다.

그러므로 진짜 건강하기 위해서는 건강조차 위하지 않는 마음을 가져야 한다. 그것을 〈즐거움〉이라고 한다. 즐거운 마음으로 하면 활력이 넘치고 그러면 건강한 것이다. 그래서 운동을 할 때도 운동을 즐기기 위해서만 하라. 결코 건강을 위해 운동을 하지 말라. 자의식이 운동에 대한 〈즐거움〉을 끌어당기면 뻗어나가는 에너지는 즐거움을 지키기 위한 〈건강〉을 〈제로보드〉에 각인시킨다. 그래서 즐겁게 사는 사람은 모두 건강하다는 것을 주변에서 볼 수 있다. 그러니 음식도 먹고 싶은 것을 즐겁게 먹고, 운동도 하고 싶은 것을 즐겁게 하라. 단, 〈아프락사스의 공〉을 지켜 무리하게 하지는 말라. 즐겁게 먹되 포만감이 오기 전에 숟가락을 내려놓고 운동 또한 피곤하지 않게 적당한 선에서 멈추어야 한다. 그러면 자의식은 즐거움을 끌어안고 〈영혼〉에는 건강이 각인되는 것이다. 영혼이 건강하면 인생은 저절로 건강해진다.

두 번째는, 〈무리〉 때문이다. 어쩌면 이 또한 염려가 저지르는 과욕일 수도 있다. 무리한 욕심이 〈아프락사스의 공〉을 넘어가는 것이다. 뱁새가 황새를 쫓아가면 가랑이가 찢어진다. 멀쩡하던 몸이 망가지는 것이다. 그러면 뱁새는 병원에 가야 한다. 우리 몸의 질병은 90%가 활성산소에 의해 생겨난다. 무리하면 활성산소가 증가하는 것이다. 그래서 열심히 운동하는 사람은 근육은 건강해 보여도 얼굴은 쭈그러져 늙어 보인다. 그리고 무리한 운동은 단명의 원인이 되기도 한다. 이렇게 늙고 죽는 것도 무리가 빚어낸 활성산소 때문이다. 그러니 건강하게 살기 위해서는 결단코 〈아프락사스의 공〉을 지켜야만 한다. 문제는 자신의 〈아프락사스의 공〉을 유지하는 정도를 찾아내는 것이다. 그 해답은 황금률에 있다.

세 번째는, 역시 식습관이나 운동부족 때문이다. 입자문명의 입장에서 보면 〈고기가 좋다〉든지 〈야채가 좋다〉는 등 여러 가지 연구 결과가 있는데 그 결과는 병이 생겼을 때는 모두 맞지만 그렇지 않은 경우에는 결코 맞는 말이 아니다. 아무리 몸에 해로운 독약이라도 그것을 많이 먹으면 죽지만 아주 적은 양을 먹었을 때는 죽어가는 사람도 살릴 수 있다. 마찬가지로 고기나 야채도 많이 먹으면 독이 될 수 있지만 적당히 알맞게 먹으면 비상약처럼 아주 요긴한 것이다.

살아 있는 우리 몸은 항상 피가 흐른다. 이때 혈관 벽과 혈류 사이에는 정전기가 발생한다. 만약 고기를 계속 먹게 되면 혈관 벽에는 〈양전하〉가 쌓인다. 그러면 혈액 중에 〈음전하〉를 가진 적혈구 등이 달라붙게 된다. 이렇게 계속되면 결국 혈관이 막히는 현상이 발생한다. 반대로 채식만 계속하면 혈관 벽에는 〈음전하〉가 쌓인다. 그러면 혈류 속의 양전하를 가진 적혈구 등이 달라붙어 고기를 먹었을 때와 똑같은 현상이 발생한다. 그러므로 이와 같은 현상이 벌어지지 않기 위해서는 고기와 채소를 번갈아 가며 먹어야 한다. 그러면 혈관 벽에 뭉쳐 있던 적혈구 등이 분리되어 혈액순환이 잘 되는 것이다.

〈입자문명〉에만 익숙해져 있는 요즘 사람들은 객관적인 신체 구조에는 별 관심이 없고 〈보약〉이나 〈영양제〉 같은, 몸에 좋다는 것만 찾는 경향이 있다. 우리 몸은 갓 태어났을 때는 물이 80~90% 정도 되며, 가장 왕성한 청년기에는 물과 살의 비율이 7:3쯤 된다. 지구 역시 물과 땅의 비율이 7:3쯤 된다. 그래서 7:3은 〈건강의 황금률〉인 것이다. 그러다 점점 몸이 늙어 가면 피부도 쭈그러지고 결국은 이 세상을 하직하고 만다. 이렇게 몸이 쭈그러져 죽는 이유는 영양이 부족해서가 아니라 바로 〈물〉이 부족하기 때문이다. 여기서 주의해야 할 점은, 차나 음료수는 〈물〉이 아니라는 점이다. 차나 음료수 속에는 〈이뇨제〉가 들어 있어서 오히려 몸속의 물을 빼앗아간다. 결론적으로 말하면 우리 몸에 필요한 영양제 중 가장 좋은 으뜸은 바로 〈물〉이다. 때문에 〈어떤 음식이 우리 몸에 좋을까〉는 그다지 중요하지 않다. 단 먹고 싶은 것은 모두 다 먹되 포만감을 100%라고 했을 때 70%만 먹는 것이 가장 중요하다. 이 또한 〈건강의 황금률〉인 것이다. 그리고 이것은 많은 사람들이 〈소식小食이 건강에 좋다〉고 말하는 것과 같은 이치이다. 그리고 몸이 건강하기 위해서는 몸속에 6각 구조의 물이 많아야 한다. 왜냐하면 생명력은 육각 속에 존재하기 때문이다. 이 물을 〈육각수〉라고 한다. 엄마 몸속의 양수가 육각수인 것은 이 때문이다. 육각수는 암세포도 물리칠 수 있다. 암세포는 오각형 구조를 하고 있기 때문이다.

02
건강의 황금률

2부

01 세상에 존재하는 모든 에너지는 〈아프락사스〉의 원리에 의해 끌어당기는 힘과 뻗어나가는 힘을 동시에 갖고 있다. 그래서 지금 우리 눈앞에 보이는 모든 물체들도 사실은 가만히 정지해 있는 것 같지만, 나름대로 그 분자 알맹이들은 바쁘게 움직이고 있다. 단지 그 움직임이 우리 눈에 보이지 않을 뿐이다. 그러다가 뻗어나가는 힘이 점점 더 강해지면서 끌어당기는 힘이 약해지면 그때부터는 서서히 부서지기 시작한다. 그래서 이 세상에 존재하기 위해서는 끌어당기는 에너지 70%와 뻗어나가는 에너지 30%를 지켜야 한다. 이때가 가장 이상적이다. 그리고 이와 같은 배분율을 〈황금률〉이라고 한다.

안전지대라고 할 수 있는 〈아프락사스의 공〉 또한 황금률에 준해서 생각하면 된다. 70%를 넘어서면 무리라고 생각하고 30% 이하가 되면 이 또한 존재가치가 없다고 생각하면 된다. 먹을 때도 항상 위장의 70%까지만 채우면 무엇을 먹더라도 아무 문제가 없다. 어차피 이 세상의 모든 것은 〈아프락사스〉이기 때문에 황금률을 넘어가면 〈득〉이 〈해〉로 바뀌기 때문이다. 건강한 우리 몸속의 물은 〈육각수〉가 65% 이상, 〈오각수〉가 25% 이하 그리고 나머지는 나선형 구조로 되어 있다.

03
우주의 6대 원칙

우주가 영원할 수 있는 것은 단 하나의 본능과 서로 상반된 성질의 작용, 그리고 그 본능을 지키기 위한 여섯 가지 원칙이 있기 때문이다. 단 하나의 본능은 바로 우주가 스스로 자신을 지키고자 하는 〈보존본능〉이다. 또 아프락사스의 작용은 그 보존본능을 지키기 위한 작용이다. 그래서 우주는 〈존재〉와 〈작용〉을 동시에 갖고 있는 것이다. 주변에 있는 모든 것들이 어제도 있었고 오늘도 있고 또 내일도 있을 수 있는 것은 이와 같은 우주의 보존본능이 지켜주고 있기 때문이다. 그리고 수많은 물체가 허물어져 사라지는 것 또한 우주가 스스로를 보존하기 위한 조치이다. 그래서 우주는 영원히 존재하는 것이다.

우주가 스스로 영원히 존재할 수 있는 것은 6대원칙이 있기 때문이다. 이 6대원칙을 통해 소멸하는 피조물을 바라보고 우주는 스스로의 존재를 소중하게 간직하는 것이다. 피조물의 작용이 자기도 모르게 우주의 6대원칙과 부합하면 〈행운〉이 따른다. 그리고 6대원칙을 어기면 〈재앙〉을 받는다. 재앙은 소멸을 예고하는 우주의 경고다. 그래서 재앙은 반드시 고통을 수반한다. 우리는 고통을 벗어나는 순간 행복을 느끼지만, 항상 행복 속에 있게 되면 그 행복의 존재를 모른다. 그래서 고통은 빨리 〈행복으로 돌아가라〉는 경고인 것이다. 질병을 통한 고통 또한 이와 같다. 아픔을 통해 건강으로 돌아가라는 메시지인 것이다. 우주가 스스로를 보존하듯이 경고를 통해 행복과 건강의 세계를 소중하게 간직하라는 배려인 것이다. 그래도 행복과 건강의 고마움을 모르면 우주는 가차 없이 그 존재를 소멸시켜 버린다. 그리고 존재 자체를 소중하게 지키면 우주는 〈복〉을 통해 〈보존본능〉을 장려하는 것이다.

1. 존재의 원칙

우리가 어제도 살았고, 지금도 살며, 내일도 살 수 있는 것은 이 우주에 존재의 원칙이 있기 때문이다. 또 수많은 것들이 계속 바뀌거나 변할 수 있는 것도 이 우주에 존재의 원칙이 있기 때문이다. 존재는 눈앞에 보이는 〈입자〉와 계속해서 움직이는 〈작용파동〉 두 가지가 있다. 그리고 계속해서 움직이는 〈작용〉에 의해 〈입자〉는 변하게 된다. 결국 작용 없는 입자는 〈멸滅〉하게 되고 입자 없는 작용은 있을 수 없다.

이 세상에 존재하기 위해서는 반드시 갖추어야 할 세 가지 조건이 있다. 그것은 〈핵核〉과 〈축軸〉 그리고 〈울타리境界〉이다.

이 세상에 존재하는 모든 것들은 반드시 그 중심에 〈핵〉이 있다. 〈핵〉이 중심이 되어 이 세상에 안주하는 것이다. 우리의 의식도 그 중심에 〈핵〉이 있어 〈자의식〉이 되고, 아스트랄 보디도 그 중심에 〈핵〉이 있어 〈영혼〉이 된다. 이렇게 〈핵〉은 모든 존재의 중심이다.

〈입자와 파동은 아프락사스의 하나〉이기 때문에 모든 〈존재〉는 반드시 그 이면에 〈작용〉도 함께 있다. 이 작용의 중심을 〈축〉이라고 한다. 지구는 하나의 존재이지만 역시 〈축〉을 통해 일정하게 돌고 있다. 덕분에 우리는 낮에는 일을 하고, 밤에는 잠을 잘 수가 있는 것이다. 만약 지구가 축이 없이 제멋대로 돈다면 우리는 살 수도 없을뿐더러 지구 또한 파괴되어 사라져버릴 것이다. 이렇게 〈축〉은 작용의 중심인 것이다. 〈핵〉과 〈축〉은 결국 입자와 작용의 중심인 것이다.

넓은 의미에서 우주는 하나지만 그 안에 존재하는 수많은 피조물들은 반드시 자신의 존재를 구별 짓는 〈경계〉를 갖고 있다. 그 경계를 〈울타리〉라고 한다. 같은 동네에서 내 집과 남의 집을 구별할 수 있는 것도 〈울타리〉가 있기 때문이며, 너와 나를 구별할 수 있는 것도 몸과 몸의 경계가 분명하기 때문이다. 이렇게 〈울타리〉는 존재와 존재를 분명하게 알 수 있는 뚜렷한 경계인 것이다. 결국 이 세상에 존재하기 위해서는 반드시 그 중심에 〈핵〉이 있어야 하며, 또 〈축〉을 통해 일정하게 움직여야 하며, 그 존재 자체는 반드시 〈울타리〉를 통해 형태를 갖추어야 한다. 그리고 이와 같은 세 가지 조건이 갖추어지면 비로소 이 세상에 존재할 수 있는 자격이 주어진다. 이것을 〈존재의 원칙〉이라고 한다.

2. 락樂의 원칙

우주와 피조물이 다른 점은, 우주는 영원하지만 피조물은 언젠가 〈멸滅〉한다는 것이다. 그래서 우리 피조물의 세계에는 〈슬픔〉이 있지만 우주는 슬픔이 없다. 우주는 단지 즐겁고 기쁜 〈락〉의 파장만 있는 것이다. 이것은 매우 중요한 사실로 우리가 건강하게 잘살기 위해서는 반드시 〈기쁜 마음으로 즐겁게 살아야 한다〉. 왜냐하면 우주와 같은 패턴의 사이클로 살아야 건강하게 잘살 수 있기 때문이다. 반면에 피조물의 세계는 소멸하기 때문에 슬픔이 있고, 또 슬픔이 있기 때문에 소멸할 수 있는 것이다. 슬픈 마음은 마음에 응어리를 만들고, 그 응어리가 뭉치면 그것이 몸에 병을 만든다. 그래서 슬픔의 대가는 〈죽음〉, 즐거움의 대가는 〈건강〉인 것이다. 흔히 긍정적인 생각을 해야 정신 건강에 좋다느니, 긍정적인 마음으로 살아야 건강하게 살 수 있다는 이유가 바로 이 때문이다. 우주는 언제나 즐거운 파장으로 움직이는데 우리가 슬픈 파장을 내보내면 우주는 어떻게 하겠는가? 아무리 듣기 좋은 노래라도 슬픈 노래를 부르는 가수가 일찍 죽는 이유는 바로 여기에 있다.

3. 대가의 원칙

우리 인생에서 가장 현명한 삶을 살기 위한 길은 무엇일까? 그것은 바로 〈대가의 원칙〉을 분명히 아는 것이다. 〈성공했다, 실패했다, 사고가 났다, 1등을 했다, 행복하다, 불행하다〉 하는 것들이 모두 어떤 생각과 행동에 대한 〈대가〉이기 때문이다. 특히 본인은 잘살아보려고 옳은 생각과 바른 행동을 했는데 그 대가가 〈화禍〉를 불러들이는 것이라면 얼마나 끔찍하겠는가? 예를 들면, 잘살기 위해 고생고생하며 살았는데 그 결과가 〈빈곤〉이라면 얼마나 억울하겠는가?

노력과 성과는 정비례하는 것이 아니다. 그 이유는 〈자의식〉적 노력이기 때문이다. 성과는 영혼의 작용이다. 어쩌면 자의식의 노력과 아무런 상관이 없을 수도 있다. 그러나 우리는 일곱 살 이후부터 자의식으로 주로 살아왔기 때문에 그 관계를 잘 모르고 착각할 수가 있다.

풍족한 영혼의 대가는 〈부富〉다. 그리고 결핍의 대가는 〈빈곤〉이다. 궁상의 대가는 〈고생〉이고, 염려의 대가는 〈질병〉이나 〈사고〉, 즐거움의 대가는 〈건강〉이다. 그러니까 〈부富〉나 〈건강〉이 나타나려면 영혼 속에 〈풍족함〉이나 〈즐거움〉이 들어 있어야 한다. 그러나 대체로 자의식은 이와 반대되는 작용을 한다. 영혼에 없으니까 가지려고 하는 것이다. 영혼이 가난한 사람은 돈에 인색하고, 영혼이 병든 사람은 보약을 찾는다. 그래서 본인은 잘되기 위해 노력했는데 결과가 반대로 나타나면 〈왜 나한테 이런 일이 일어날까?〉 하며 신세를 한탄한다.

동양 철학 가운데 〈역易〉이라는 원리가 있다. 역은 변한다는 뜻이다. 그리고 역에는 두 가지가 있다. 하나는 〈세상이 변하면 내가 변하는 수동역〉이고, 또 하나는 〈내가 변하면 세상이 변하는 능동역〉이다. 제3성좌가 발달된 사람은 자기 힘으로 모두를 먹여 살릴 생각을 한다. 그러나 마음이 인색한 사람은 세상 속에서 어떻게라도 자기 먹을 것만 챙긴다. 그렇게 시간이 흐르면 두 사람의 현실은 엄청나게 차이가 난다. 수동역으로 산 사람은 여전히 초라하게 살지만 능동역으로 산 사람은 엄청난 부자가 되어 있는 것이다.

그것은 세상으로부터 얻고자 하는 사람과 세상을 움직여 원하는 것을 만들어 내려고 하는 사람의 차이일 뿐이다. 그래서 풍요의 대가는 〈부〉, 인색의 대가는 〈궁핍〉인 것이다. 그리고 능동역으로 사는 사람은 해야 할 활동을 생각할 뿐 병에 집착하지 않는다. 그래서 설사 몸의 어느 한 부분이 아프다 할지라도 아픈 몸을 걱정하거나 염려하지 않고 빨리 일어나 활동할 미래만 생각한다. 마음은 이미 건강상태인 것이다. 그러면 자기도 모르게 병이 사라져 모두가 건강한 사람이라고 말하는 것이다. 사실 우리 몸은 매일같이 하루에도 수백, 수천 가지 암세포가 생겨난다. 그러나 면역력이 강한 사람은 다음날 그 모든 암세포를 물리치는 것이다. 즐겁고 건강하게 활동하면 체온 또한 상승하여 면역력이 한층 업up 된다. 우리 몸은 체온이 1도만 상승해도 면역력은 30% 이상 높아진다. 그러나 자기 염려가 많은 사람은 그 암세포를 몸에 품고 자라도록 숙성을 시킨다. 그러면 먼 훗날 암 환자가 되어 있는 것이다. 이렇게 자의식의 노력과는 상관없이 영혼에 무엇이 들어 있느냐가 중요한 것이다. 그리고 영혼에 들어 있는 그 무엇에 따라 나타나는 현실을 〈대가의 원칙〉이라 한다.

건강은 즐거움의 대가이다. 때문에 먹고 싶은 것은 무엇이든 가리지 말고 즐겁게 먹고, 일도 하고 싶은 것을 즐겁게 하고, 운동도 무리하지 않게 즐겁게 하라. 단, 모든 활동은 곧 작용이므로 일정한 〈축〉을 통해 무리하지 않게 해야만 한다. 그러면 항상 건강할 것이다. 단, 아무리 즐겁더라도 결코 〈아프락사스의 공〉은 넘지 말라. 왜냐하면 무리는 결코 즐거움이 아니기 때문이다.

4. 이득의 원칙

보도블록을 걷다 보면 보도블록 사이의 틈새에 꽃이 피어 있는 것을 볼 수 있다. 만약 여러분에게 그곳에 꽃밭을 만들라고 하면 여러분은 절대로 그 틈새에 꽃씨를 뿌리지 않을 것이다. 여러분 눈에는 보도블록만 보이지 그 틈새의 흙이 보이지 않기 때문이다. 그러나 우주는 그 보이지 않는 틈새 속의 흙에도 꽃씨를 심는다. 이것을 이득의 눈 혹은 〈이득의 원칙〉이라 한다.

보도블록의 꽃

갈림길에서 어찌해야 할지 모를 때 우주는 항상 이득이 되는 쪽을 선택한다. 손해조차 이득으로 바꿔 생각하는 것이다. 천둥번개가 치고 지진이 일어나면 지구가 손해 보는 것 아닌가 생각되겠지만, 사실은 우주가 지구를 보호하기 위해 일으키는 작용이다. 이런 일이 벌어지지 않으면 지구는 아마 폭발할지도 모른다. 때문에 만약 소중한 것을 잃었다면 그보다 더 좋은 것을 갖도록 노력하라. 그러면 손해가 이득이 될 것이다. 몸이 아플 때는 〈현재 이곳에 이상이 있으니 빨리 고쳐라〉라는 우주의 신호다. 과거의 잘못으로 존재에 이상이 생겼으니 어서 해결하라는 뜻인 것이다. 왜냐하면 해결이 이득이기 때문이다. 꼭 가치를 돈으로 계산할 수는 없지만, 예를 들어 천 원짜리 물건을 잃어버렸다면 이 기회에 만 원짜리를 구입할 것을 계획하라. 우주는 이렇게 〈득〉이 되는 쪽을 선택하고, 또 〈득〉을 베풀어 더 많은 〈득〉이 되도록 노력한다. 물론 우주는 그 득이 〈아프락사스의 공〉을 넘지 않는 범위에서 만족한다. 〈아프락사스의 공〉 또한 우주의 〈득〉을 지키기 위한 조치인 것이다.

영혼은 움직이는 〈나〉이다. 반면에 자의식은 머무르는 〈나〉이다. 영혼으로 사는 사람은 하고자 하는 목표가 정해지면 영혼이 〈예스!〉 하며 그리로 간다. 이렇게 정해진 목표로 이동하는 상태를 〈긍정적 주파수대〉라고 한다. 그리고 목표지점에서 현실 세계에 그 목표가 실현되도록 〈생각〉을 한다. 끝에서 시작하는 것이다. 그러나 자의식으로 사는 사람은 목표를 향해 가질 않는다. 오히려 목표를 저울질하며 〈될까, 안 될까〉를 걱정한다. 그리고 걱정하는 마음은 〈안 될 것이다〉라고 결정짓는다. 이른바 〈부정적 주파수대〉이다.

좋지 않은 상념이 떠오르면 얼른 〈손털기〉로 털어버려라. 그런데 〈부정적 주파수대〉에 있는 사람은 〈손털기〉로 아무리 털어도 나쁜 상념이 없어지지 않는다. 〈손털기〉는 나쁜 생각이 나쁜 현실을 불러오는 것을 막기 위한 이미지 제거법이다. 영혼이 움직이는 사람은 매사 모든 것을 〈긍정적〉으로 생각한다. 그리고 그렇게 되기 위해 영혼이 그 목표로 간다. 〈맨땅요법〉이 좋다고 하면 그 이치를 살펴보고 〈그렇군!〉 하며 그렇게 따른다. 물론 그로 인한 좋은 결과를 〈기대〉하면서 말이다. 그러면 좋은 결과가 나타나기 시작한다. 부정적 주파수대에 있는 사람은 영혼이 움직이질 않는다. 때문에 결과 역시 모두 부정적이다. 결국 되고 안 되는 것은 목표 그 자체의 설정이 아니라 영혼이 성취하기 위해 그 목표에 갔느냐, 아니냐에 달린 것이다. 영혼이 정해진 목표를 향해 이동하면 이루

손털기

어지는 것, 그것은 우주에 〈이득의 원칙〉이 있기 때문이다.

이득의 원리는 영혼이 움직여야 한다. 현재가 좋지 않더라도 영혼이 좋은 쪽을 택해 가면 〈이득〉이 되는 것이다. 그러나 자의식은 앉아서 이득만 바랄 뿐 움직이질 않는다. 그러면 결과는 매번 〈손해〉로 나타난다. 영혼은 항상 긍정, 자의식은 대체로 부정을 하는 것이다. 때문에 인생을 건강하고 풍요롭게 살기 위해서는 원하는 것을 항상 긍정적으로 택해야 한다.

5. 계산의 원칙

계산은 크게 나누어서 두 가지가 있다. 하나는 〈입자적 계산〉이고 또 하나는 〈파동적 계산〉이다. 대부분 여러분이 사용하는 계산은 입자적 계산이다. 있는 것 하나에다 또 다른 것 두 개를 합하면 세 개가 된다는 것이 입자적 계산이다. 파동적 계산은 눈에 보이지 않는다. 왜냐하면 〈작용〉이기 때문이다. 계란 10개를 갖고 가면서 〈닭 10마리를 만들어 또 다시 알을 낳으면…〉 하는 입자적 계산에 몰두하다가 달려오는 자전거를 보지 못하고 부딪쳐 계란이 모두 깨졌다면 그것은 〈파동적 계산〉을 몰랐기 때문이다.

대부분 뜻대로 안 되는 이유는, 그 〈뜻〉이 입자적 계산에 의한 것이기 때문이다. 또, 적당한 선에서 멈출 수 없는 이유도 바로 입자적 계산에 의해 했기 때문이다. 무리를 할 수 있는 이유도 입자적 계산에 의한 욕심 때문이다. 입자적 계산은 자의식이 한다. 반면에 파동적 계산은 〈자의식〉이 아니라 〈영혼〉에 의한 〈기감氣感〉으로 하는 계산이다. 때문에 상황이나 벌어질 일 등을 미리 감지해서 대처하는 것이다. 무사는 파동적 계산으로 살아야 한다. 파동적 기감을 모르면 자신을 지킬 수가 없다. 적을 느끼고 적의 행동을 느껴야 적을 제압할 수 있는 것이다. 이렇게 느껴서 아는 계산을 파동적 계산이라 한다. 입자의 세계는 크고 작은 대소大小와, 많고 적은 다소多少가 있지만, 파동의 세계는 강하고 약한 강약强弱과 길고 짧은 장단長短이 있다. 이와 같은 특성을 잘 혼합하여 존재할 수 있도록 사용하는 것이 곧 계산의 원칙이다.

6. 귀소의 원칙

이 세상에 존재하는 모든 것들은 언젠가 만들어지기 이전의 상태로 되돌아가야만 한다. 이것을 〈귀소歸素의 원칙〉이라 한다. 끌어당기는 에너지에 의해 뭉쳐 있던 것들이, 뻗어나가는 에너지가 강해지면서 끌어당기는 힘이 약해지면 처음 소립자의 상태로 되돌아가는 것이다. 그러나 〈아프락사스〉에 의해 끌어당기는 힘이 뻗어나가는 쪽으로 바뀌었을 뿐 그 양이 줄어든 것은 결코 아니다. 그래서 이것을 〈에너지 불변의 법칙〉이라고 한다.

이렇게 우주는 6대 원칙을 통해 작용하며, 원칙에 부합하면 존재하고 원칙에 어긋나면 소멸시켜 세상을 다스리는 것이다.

04
영혼의 집, 송과체

사람은 처음 정자와 난자가 만나면 6각 구조를 이루며 시작한다. 6각 구조는 공간의 〈제로지대〉가 존재하는 곳으로 그 안에 생명력이 있기 때문이다. 피라미드 안의 시체가 썩지 않는 이유도 피라미드가 제로지대를 갖고 있기 때문이다. 육각 구조를 영어로 헥사곤Hexagon이라고 부른다. 이 6각 구조를 3차원으로 변환하면 피라미드 모양이 된다. 그리고 〈제로지대〉는 그 꼭짓점 아래 1/3 되는 지점에 있다. 이와 같은 공간 제로지대를 다시 2차원으로 환원하면 〈정육각형Hexagon〉이 되는 것이다. 그래서 〈정육각형〉 안에는 〈생명 에너지〉가 들어 있다. 벌집은 6각 구조로 되어 있기 때문에 부화율이 100%이며, 활동력 역시 매우 강하다. 거북이는 등에 6각 무늬를 짊어지고 다니며 그 안에서 살고 있기 때문에 몇 백 년을 살 수 있는 것이다. 건강한 우리 몸속의 물도 〈6각수〉로 되어 있으며, 엄마 뱃속의 양수 또한 〈6각수〉로 되어 있다. 그리고 〈암〉에 걸렸을 때 효과가 좋다고 하는 게르마늄도 그 분자 구조가 6각형이며, 순금 또한 분자 구조가 6각형이다. 그리고 황토 역시 결정 구조가 6각형인 것이다. 거기에 반해 〈암〉의 분자 구조는 5각형으로 되어 있다.

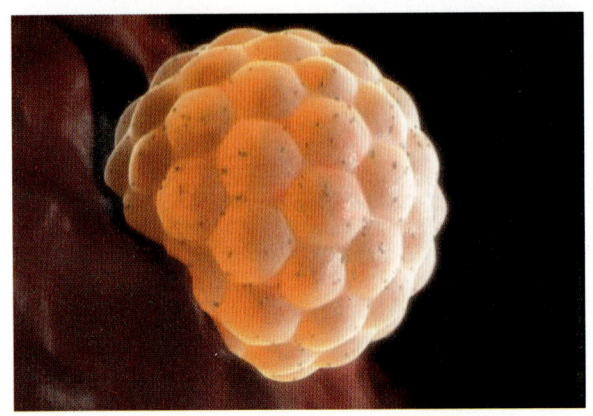
정자와 난자가 만난 직후

  6각 구조 상태에서 우리 몸은 생명 에너지를 통해 49일 만에 〈송과체〉를 만들어낸다. 그리고 송과체에 의해 머리, 팔, 다리 등 몸이 만들어진다고 한다. 송과체는 그 모양이 솔방울 같다 하여 그렇게 붙여진 것이다. 그리고 송과체는 〈제3의 눈〉이라 하여 끌어당기는 힘에 의해 보는 육체의 눈이 아니라, 우주심을 통해 직접 대상을 느낄 수 있는 〈현시안現視眼〉을 작동시킨다.

  눈을 감고 눈앞의 손이 움직이는 모습을 느끼는 것이 곧 현시안이다. 이렇게 〈현시안〉은 있는 현실을 바로 볼 수 있는 눈이다. 그리고 이처럼 에너지의 흐름을 느낄 수 있기 때문에 미래를 예측하는 파동적 계산을 할 수 있다. 그것을 〈예감〉이라고 한다. 송과체는 이렇게 육체의 5감 외의, 〈필feel〉을 받는다고 하는 육감이나 직감 그리고 영감 따위를 느끼는 것이다. 흔히 말하는 〈촉觸〉이 곧 송과체의 시선인 것이다.

  송과체는 3층 구조로 되어 있다. 그 중 맨 아래 부분은 속이 텅 빈 진공 상태로 되어 있다. 그리고 그 안에는 무수히 많은 작은 알맹이들이 쉬지 않고 끊임없이 움직이고 있다. 이것이 바로 〈영혼〉이 원하는 세계를 세상에 내보낼 때 그 파장을 증폭시켜 〈공간과 온도〉 제로지대에 파동을 일으키는 작용이다. 그리고 이렇게 내보낸 파장은 〈공명현상〉을 통해 원하는 이미지와 만나고, 『싸이파워』가 그렇게 만난 입자를 현실세계에 끌어오면 그것이 바로 원하는 것을 성취하는 길이다. 그런 의미에서 송과체는 〈영혼의 집〉이라고 할 수 있다.

송과체 3층구조

송과체는 이렇게 〈우주심〉이 직접 활동을 하는 기관이다. 그리고 일곱 살이 될 때까지는 그 크기도 매우 크고 작용 또한 많다가 일곱 살 무렵부터는 차츰 그 크기가 줄어들기 시작한다. 그러면서 반대로 〈제로지대〉의 끌어오는 힘이 강하게 작용하면서 이때부터는 〈기감 능력〉보다는 5감과 기억에 의지하는 〈자의식〉적 삶으로 변하게 된다. 아기가 가르쳐주지 않아도 젖을 빨고, 원하는 것을 엄마에게 알려주는 텔레파시 현상 따위가 모두 송과체의 작용인 것이다. 이 송과체의 작용이 둔화되면 사람은 총기聰氣를 잃고 끝내는 바보처럼 아무것도 못 느끼며 미련하게 살게 된다.

송과체는 두 가지 호르몬을 만들어낸다. 하나는 〈멜라토닌melatonin〉이라고 하는 호르몬인데, 이것은 우리가 밤에 깊은 잠을 잘 때 만들어진

04 영혼의 집, 송과체

다. 그리고 이것은 우리 몸의 피부를 하얗게 만들고, 사춘기 이후에는 뼈의 생성을 촉진하는 등 우리 몸의 면역력을 증가시킨다. 더불어 성적 욕구를 억제시키는 기능도 갖고 있다. 또 하나는 〈세로토닌serotonin〉인데, 이 호르몬은 낮에 만들어진다. 세로토닌이 분비되면 기분도 좋아지고 매사 긍정적이고 적극적인 활동을 하게 된다. 그래서 세로토닌을 〈행복 호르몬〉이라고도 부른다. 반대로 세로토닌이 부족하면 우울증, 불안증, 죄책감, 무력증 따위가 나타난다.

송과체는 이렇게 〈기감 생활〉을 하는 데 매우 중요한 기관이다. 자의식이 보고 배우는 기능이라면, 기감 능력은 가르쳐 주지 않아도 스스로 찾아가는 파동적 계산의 주인공이다. 인류 역사에서 위대한 공헌은 모두 기감 능력에 의해 이루어졌다 해도 과언이 아니다. 그리고 이와 같은 기감 능력을 담당하고 있는 신체기관이 바로 〈송과체〉인 것이다. 그런데 송과체는 나이를 먹으면서 그 크기가 점점 줄어든다. 21세 정도가 되면 쌀알만 하게 작아진다. 그러면서 멜라토닌도 점점 더 줄어들어 성 억제력이 약해진다. 이렇게 성 억제력이 줄어들기 시작할 무렵을 사춘기라고 한다. 그리고 21세부터는 〈송과체〉 주변에 지방 변성이 일어난다. 지방 변성은, 정상조직이 위축되면서 지방이 축적되거나 아니면 지방으로 바뀌는 현상인데, 21세가 넘으면 그때부터 송과체 주변에는 지방이 서서히 쌓이기 시작하는 것이다. 그리고 송과체 주변에 지방이 점점 더 많이 쌓이면 송과체는 지방에 눌려 압박을 당하고, 그러면 진공 상태 속의 알맹이들은 그 진동 속도가 점점 느려진다. 이것이 곧 늙는다는 현상이다. 그리고 이렇게 알맹이들끼리 달라붙어 움직임이 멈추면 그때가 바로 죽음인 것이다. 이렇게 송과체는 우리 인생에 매우 중요한 기관이다. 그리고 우리 인생은 송과체의 작용이 멈추면 그와 동시에 끝나는 것이다. 이것을 〈귀소의 원칙〉이라고 한다.

05 송과체의 적, 〈불소〉

송과체는 우주심과 현실 세계가 상호 작용을 하기 위한 매우 중요한 기관이다. 또 센스가 빠르고 두뇌가 명석한 〈총기聰氣〉를 내보이는 곳 역시 송과체이다. 만약 이 송과체에 문제가 생기면 그때는 지능 저하, 기억력 감퇴, 알츠하이머, 불임, 동맥경화, 당뇨병, 암, 기형아 출산 등을 일으키게 된다. 또 현실 문제를 파악할 수 있는 〈기감 능력〉이 저조해 어려움을 겪게 되며, 분별력이 제대로 작동하지 않아 인격을 형성하는 데 큰 장애가 된다.

1990년대 말, 제니퍼루크는 불화나트륨 sodium fluoride이 송과체에 어떤 영향을 미치는지를 연구하던 중 뜻밖의 결과를 발견하였다. 불화나트륨을 우리는 흔히 〈불소〉라고 부른다. 우리 몸의 어떤 장기 조직도 〈불소〉의 영향을 받지 않는데 유독 송과체만은 마치 자석이 끌어당기듯 불소가 빨려 들어가는 것을 입증한 것이다. 불소화합물은 내분비선을 단단하게 경화시키는데 그 중 송과체가 불소에 가장 취약하다. 이렇게 경화를 거친 딱딱한 송과체는 인체의 호르몬 분비 대사를 더 이상 하지 못한다. 결국 불소는 송과체의 〈적〉인 것이다.

불소에 부식된 송과체

　요즘은 치약 등 여기저기에 불소가 들어가 있다. 음료수는 물론 어떤 지역은 먹는 수돗물에까지 불소를 넣는다. 이유는 불소가 우리 치아를 썩지 않게 해 준다는 것이다. 그러나 불소는 엄연히 〈독극물〉이다. 1945년 미국의 뉴욕 주와 미시간 주에서는 〈아동의 치아 건강을 증진시킨다〉는 명분으로 수돗물에 불소를 넣기 시작하였다. 그러나 불소는 〈독극물〉에 속하기 때문에 아이들이 치약 튜브에 들어 있는 치약을 모두 먹으면 필경 목숨을 잃게 될 것이다. 특히 입 점막에 불소가 닿게 되면 우리 몸에 흡수되므로 불소가 함유되어 있지 않은 치약이나 소금으로 닦는 것이 좋다. 또 불소는 갑상선 저하증을 일으키거나 뼈를 삭게 만드는 특징이 있다. 그리고 미국의 국립암연구소의 수석 화학자인 딘버크 박사는 〈불소가 암 환자를 늘리고 있으며 다른 어떤 화학 물질보다 빠르게 암으로 사망하게 만든다〉고 발표하였다. 그래서 양치를 할 때는 반드시 10회 이상 헹구어 입 속의 불소와 계면활성제를 말끔히 씻어주어야 한다.

　불소는 처음에 독일 나치 당국이 집단 수용소에 수용된 포로의 지각 능력을 저하시켜 반항하지 못하게 하기 위해 음식에 타 넣으면서 사용되기 시작했다. 그 후 소련의 집단 수용소에서도 사용되었고 그 효능이 입증되자 미국에서는 수돗물에 넣기 시작한 것이다.

불소는 한번 물에 들어가면 증발하는 법이 없다. 끓여도 안 되고 얼려도 소용이 없다. 브리타 같은 필터도 불소를 제거하지 못한다. 다만 역삼투압 정수기만 제거할 수 있다. 그리고 천연 샘물은 대체로 불소를 함유하고 있지 않다. 현재 수많은 음료수나 생수 속에는 거의 모두 불소가 들어 있다. 그래서 반드시 상품 라벨에 쓰여 있는 함유량을 잘 살펴보고 〈불소〉로부터 〈송과체〉를 지켜야 한다. 가능하면 불소가 함유되어 있지 않은 치약을 사용하고, 그렇지 않으면 이빨을 닦은 후에도 10회 이상 입을 헹구어 잔여분을 말끔히 씻어주어야 한다. 불소는 송과체에 문제를 일으키는 주범이기 때문이다. 우리는 이렇게 불소로부터 송과체를 지켜야 하며, 〈맨땅요법〉을 통해 송과체 주변의 지방질을 분해시켜 송과체가 활동하는 데 무리가 없도록 해주어야 한다. 또 〈송과체 활성법〉이라는 파동수련을 통해 항상 송과체가 건강하게 활동할 수 있도록 노력해야 한다.

05 송과체의 적, 〈불소〉

2부 문제

01 다음 중 늙고 병들며 일찍 죽을 수 있는 원인이 <u>아닌</u> 것은?
① 과식　　② 무리　　③ 고층 주거　　④ 접지

02 마음에 병이 없어야 건강한 몸으로 장수한다는 원리는?
① 건강요법　　② 파동요법　　③ 경혈요법　　④ 식이요법

03 병든 마음을 없애고 즐겁게 살아야 건강해질 수 있다는 마음의 원칙은?
① 웃음요법　　② 파동요법　　③ 운동요법　　④ 오락요법

04 아무리 맨땅요법을 꾸준히 하고, 항산화 물질을 많이 섭취해도 질병에 걸리는 사람이 있다. 그것은 그 사람의 영혼에 병이 들어 있기 때문이다. 이런 경우에는 먼저 마음의 병부터 떨쳐내야 한다. 이와 같은 요법을 무엇이라 하는가?
① 맨땅요법　　② 파동요법　　③ 면역요법　　④ 동종요법

05 병이 낫는 데 있어 가장 중요한 것은?
① 긍정적 주파수대의 파동요법
② 적절한 운동
③ 항산화 성분 섭취
④ 절식

06 다음 설명 중에서 틀린 것은?

① 혈액순환이 잘되려면 야채만 먹는 것이 좋다.
② 건강의 황금률은 7 : 3이다.
③ 몸이 건강하기 위해서는 몸속에 6각 구조의 물이 많아야 한다.
④ 암세포는 5각형 구조를 하고 있다.

07 건강한 몸이 되기 위한 몸속의 육각수는 몇 % 정도 되어야 하나?

① 20~30%   ② 40~50%
③ 60~70%   ④ 80~90%

08 건강의 황금률인 〈아프락사스의 공〉을 어기는 원인이 아닌 것은?

① 무리   ② 과욕   ③ 포기   ④ 정열

09 우주는 여섯 가지 원칙을 통해 세상을 창조하고 자신을 지킨다.
다음 중 우주의 6대원칙이 아닌 것은?

① 이득의 원칙   ② 락樂의 원칙
③ 대가의 원칙   ④ 손해의 원칙

10 머리에 들어 있지 않던 단어도 자꾸 보고 외우면 머릿속에 남게 되는 것, 처마에서 똑똑 떨어지는 물방울이 바닥의 돌을 뚫을 수 있는 것은 우주의 6대원칙 중에 어떤 원칙이 있기 때문인가?

① 손해의 원칙   ② 존재의 원칙
③ 귀소의 원칙   ④ 락樂의 원칙

11 우주가 스스로 영원히 존재할 수 있는 것은 6대원칙이 있기 때문이다. 다음 중 우주의 6대원칙이 아닌 것은?

① 대가의 원칙　　　　② 락樂의 원칙
③ 존재의 원칙　　　　④ 조화의 원칙

12 하나의 존재로서 이 세상에 존재하려면 세 가지 조건을 갖추어야 한다. 다음 중 세 가지 조건이 아닌 것은?

① 격　　② 울타리　　③ 핵　　④ 축

13 다음 중 아프락사스의 관계가 아닌 것은?

① 존재와 작용　　　　② 선과 악
③ 입자와 파동　　　　④ 남성과 여성

14 우주의 6대원칙 중에서 건강과 가장 밀접한 관계가 있는 것은?

① 계산의 원칙　　　　② 락樂의 원칙
③ 대가의 원칙　　　　④ 귀소의 원칙

15 우주는 아프락사스의 원리에 의해 대가의 원칙이 있다. 다음 중 건강해지기 위한 대가에 해당되는 것은?

① 운동　　② 호흡　　③ 즐거움　　④ 숙면

16 지구가 일정한 〈축〉을 통해 안전하게 활동하듯 우주는 무엇을 〈축〉으로 삼아 작용하는가?

① 황금률　　② 싸이파워　　③ 6대원칙　　④ 아프락사스

17 송과체에 대한 설명 중 타당하지 <u>않은</u> 것은?

① 송과체는 자의식과 현실세계가 상호작용을 하기 위한 중요한 기관이다.

② 송과체는 센스가 빠르고 두뇌가 명석한 총기聰氣를 내보이는 곳이다.

③ 송과체에 문제가 생기면 지능저하, 기억력 감퇴, 알츠하이머, 기형아 출산 등을 일으킨다.

④ 송과체에 문제가 생기면 분별력이 제대로 작동하지 않게 된다.

18 불소에 대한 설명 중 옳지 <u>않은</u> 것은?

① 불소는 곧 불화나트륨이다.

② 1990년대 말 제니퍼 루크는 불소가 송과체에 미치는 영향을 연구했다.

③ 송과체는 불소에 취약하다.

④ 불소화합물은 내분비선을 연화軟化시킨다.

19 불소에 대한 설명 중 옳지 <u>않은</u> 것은?

① 불소는 갑상선 저하증을 일으키고, 뼈를 삭게 만든다.

② 물속에 들어 있는 불소는 끓이면 증발한다.

③ 불소가 들어간 치약으로 양치할 때는 말끔히 헹궈주어야 한다.

④ 딘 버크 박사는 불소가 암환자를 늘린다고 발표했다.

20 송과체에 지방질이 쌓이기 시작하는 시점은 언제인가?

① 10대초 ② 20대초 ③ 30대초 ④ 40대초

21 다음 설명 중에서 <u>틀린</u> 것은?

① 송과체 주변에 쌓인 정전기를 제거해주면 지방 또한 제거되어 송과체의 활동이 활발해질 수 있다.

② 송과체는 자의식과 현실세계가 상호작용을 하기 위한 매우 중요한 기관이다.

③ 송과체에 문제가 생기면 지능저하, 기억력 감퇴, 불임, 당뇨병, 암, 기형아 출산 등을 일으키게 된다.

④ 불소는 송과체를 경화시키는 독극물이다.

22 송과체에 관한 설명 중 <u>틀린</u> 것은?

① 송과체는 〈제3의 눈〉이라 하여 우주심을 통해 직접 대상을 느낄 수 있는 〈현시안〉을 말한다.

② 멜라토닌은 우리가 밤에 깊은 잠을 잘 때 만들어지는데 이것은 우리 몸의 피부를 하얗게 만들고, 사춘기 이후에는 뼈의 생성을 촉진하는 등 우리 몸의 면역력을 증진시킨다.

③ 송과체는 2층 구조로 되어 있는데 그 중 아래 부분은 속이 텅 빈 진공상태로 되어 있다.

④ 〈세로토닌〉 호르몬은 낮에 만들어진다. 세로토닌이 분비되면 기분도 좋아지고 매사 긍정적이며 적극적인 활동을 하게 된다. 그래서 〈행복호르몬〉이라고도 부른다.

2부 정답 및 해설

---

01 ④
02 ②
03 ②
04 ② 보이지 않는 〈마음의 세계〉의 결실이 몸에 나타나기 때문이다.
05 ①
06 ① 혈액순환이 잘되려면 야채와 육류를 번갈아가며 먹는 것이 좋다.
07 ③
08 ④
09 ④ 존재의 원칙, 이득의 원칙. 락의 원칙, 계산의 원칙, 대가의 원칙, 귀소의 원칙.
10 ②
11 ④
12 ①
13 ② 선과 악은 관념상의 반대말일 뿐, 아프락사스의 한 몸이 아니다.
14 ② 즐거움의 대가가 건강이기 때문이다.
15 ③ 즐거움의 대가가 곧 건강이다.
16 ③
17 ① 송과체는 우주심영혼과 현실세계가 상호작용을 하기 위한 중요한 기관이다.
18 ④ 불소화합물은 내분비선을 경화硬化시킨다.
19 ② 물속에 들어 있는 불소는 끓여도 증발하지 않는다.
20 ②

21 ② 송과체는 우주심영혼과 현실세계가 상호작용을 하기 위한 기관이다.

22 ③ 송과체는 3층 구조로 되어 있다.

3부
죽고 사는 이유

활성산소는
몸속에 많으면 많을수록
노화를 앞당기고 질병을 유발하며 수명을 단축시킨다.
그래서 활성산소를 발생하게 하는 과한 행동,
즉 과식과 과도한 운동을 삼가고,
스트레스, 과음, 흡연 등의 습관은 버려야 한다.
대신 소식과 적당한 운동,
원하는 바를 추구하는 긍정적 사고,
금연, 절주 하는 생활태도는
활성산소를 낮춰
젊고 건강하게 오래 살게 해준다.

죽고 사는 이유

01 대지는 건강의 어머니

02 우리 몸을 지켜주는 생체 에너지

03 미토콘드리아와 활성산소

04 활성산소가 주로 생길 때

3부 문제

01
대지는 건강의 어머니

3부

우주에 존재하는 모든 것은 그 자체가 물질이자 에너지이다. 단지 우리 눈에 보이면 〈물체〉라고 하고 우리 눈에 보이지 않으면 〈파동체〉라고 한다. 또 이 에너지는 상반된 성질을 동시에 갖고 있어서 밀거나 당기는 작용을 끊임없이 한다. 이렇게 당겨진 것들이 서로 뭉치면 우리 눈에 보이는 물체가 되고, 그 물체는 또다시 서로 밀어내는 작용을 끊임없이 계속한다. 우리 몸도 우주의 입장에서 보면 그렇게 생겨난 것이고, 우리가 살고 있는 지구 역시 그렇게 만들어진 것이다.

그렇다면 우리가 살고 있는 이 땅에서 우리에게 가장 큰 영향력을 행사하고 있는 것은 무엇일까? 물론 넓게는 태양도 있고 달도 있지만 그러나 직접적으로 가장 큰 영향을 주는 것은 바로 다름 아닌 이 〈지구〉다. 에너지 측면에서 보더라도 사람보다 지구가 월등히 크게 작용하고 있으며, 지구의 크나큰 에너지의 혜택을 받지 못하면 사람은 지구로부터 버림받아 사라져버리게 된다. 지구는 우주의 〈존재의 원칙〉을 지키고자 자신의 에너지를 통해 지구 안의 모든 것을 감싸 안고 지키는 것이다. 때문에 지구 밖으로 나가면 우리는 죽게 된다. 우주인들이 다른 별에 갔다

올 수 있는 것은 우주선 안에 지구와 똑같은 고유 주파수를 장착했기 때문이다. 지금 우리가 편하게 앉거나 걸을 수 있는 것도 지구가 우리를 끌어당기는 〈만유인력〉이 있기 때문이다. 이렇게 지구는 가장 가까운 거리에서 우리를 지켜주며 우리의 생명에 절대적인 영향을 끼치고 있는 것이다. 그리고 그 지구는 간단하게 설명하면, 바로 지금 우리 발아래 있는 〈땅〉인 것이다.

물론 땅이라 해서 모두 좋은 것은 아니다. 피톤치드가 사람한테는 좋지만 벌레들한테는 살충제인 것처럼, 지구도 우리 몸에 좋은 〈자연전자〉를 제공함과 동시에 땅 속에는 〈지전류〉도 존재하기 때문이다. 독일인 구스타프는 1932년에 펴낸 〈지전류〉라는 책에서, 암으로 사망한 사람들이 살던 집은 지전류가 유달리 강하다는 것을 확인했다고 주장했다. 지전류란, 지표면에 평행한 방향으로 지표면 위아래로 흐르는 자연 전류로, 수면 중 사람의 세포활동 능력을 저하시킬 뿐만 아니라 기형아를 유발하는 원인이 될 수도 있다고 하였다. 같은 맥락에서 〈수맥〉 또한 우리 몸에 〈해〉가 되는 작용을 일으킨다. 지전류와 수맥의 공통점은 위아래로만 작용한다는 것이며, 강하기는 지전류가 수맥보다 훨씬 더 강하게 작용하여 그 〈해〉가 더 크다. 이와 같이 〈지전류〉나 〈수맥〉이 흐르는 곳은 〈땅기운〉이 좋지 않아 이런 곳에 오래 살면 여러 가지 질병에 시달려 장수하지 못한다고 한다.

어쨌든, 지구는 우리가 살 수 있도록 오존층을 통해 뜨거운 태양광선을 막아주며, 또 맑은 공기를 제공하기 위해 폭포로부터는 〈음이온〉을, 식물로부터는 〈피톤치드〉를 발생시키는 등 여러 가지 혜택을 제공하고 있다. 그러나 21세기 전자 시대에 살고 있는 우리는 이와 같은 지구의 고마움을 잊은 채 〈문명〉이라는 이름하에 커다란 실수를 저지르고 있다. 그것은 바로 다름 아닌 〈구두〉를 신고 땅의 특혜를 차단하며 사는 것이다.

옛날부터 인도에서는 사람이 죽을병에 걸리면 땅 속에 구덩이를 파서 목 아래까지 묻은 후 하루에 1시간 이상씩 며칠을 계속하면 병이 씻은 듯이 낫는 치료법이 있었다. 또 인도네시아 사람들은 기차 철로에 드러누워 땅에 몸을 대고 누워 있으면 몸이 낫는다고 하면서 지금도 그렇게 하고 있다. 일본에서는 수많은 노천탕이 고혈압, 암, 당뇨, 치매 등 온갖 병이 낫는다고 하면서 광고를 하고 있다. 우리나라에서도 암에 걸려 살 가망이 없다고 병원에서 진단을 받으면 시골에 내려가 황토 집을 짓고 채소를 키우며 발효식품을 먹으면서 건강해졌다는 사람들의 이야기가 최근 TV에 무척 많이 방영되고 있다. 도대체 땅 속에는 무엇이 있기에 그와 같은 기적이 일어날까?

인도네시아 사람들

시골은 도시보다 배기가스 등으로 인한 공기오염이 적다. 또 농약이나 비료 등 인공제품을 쓰지 않고 재배한 채소는 항산화제가 많이 들어 있어 질병이 생길 수 있는 요인들을 제거해 준다. 물이 흐르는 폭포수는 음이온을 다량 방출하고, 아스팔트나 시멘트로 포장되어 있지 않은 맨땅은 자연전자를 충분히 우리 몸에 공급해 준다. 기적은 이렇게 숲에서 내뿜는 〈음이온〉과 아스팔트가 아닌 〈맨땅〉이 만들어내는 것이다. 땅은 도체다. 도체란, 전기가 흐를 수 있는 물체라는 뜻이다. 우리 몸도 도체다. 그

01 대지는 건강의 어머니

래서 맨발로 맨땅을 밟으면 몸속의 정전기가 〈땅〉으로 흘러가 〈정전기〉가 제거되고, 또 땅 속의 자연전자가 우리 몸에 유입되어 활성산소와 지방에 쌓인 정전기를 제거해 준다. 정전기는 번민과 잡념 등 걱정을 일으키고, 많아지면 몸속에서 번개를 쳐 심장을 마비시키며, 몸속의 활성산소를 증가시켜 여러 가지 병을 일으킨다. 다행히 땅의 전압이 0v이기 때문에 우리 몸의 정전기를 제거하는 것이다. 음이온도 물론 우리 몸의 활성산소를 제거한다. 때문에 인도 사람들은 죽어가는 사람을 목만 내놓고 땅 속에 파묻는 것이고, 인도네시아 사람들은 철로 위에 드러눕는 것이다.

그런데 땅은 일반 땅을 맨발로 걷는 것보다 황토 땅을 맨발로 밟는 것이 훨씬 더 효과적이다. 그 이유는, 황토의 결정구조가 6각으로 되어 있어 〈제로지대〉 에너지를 함유하고 있으며, 또 원적외선을 방출하여 우리 몸 속 깊은 곳까지 영향을 끼치기 때문이다. 그래서 황토 땅을 밟으면 〈제로지대〉 에너지가 스칼라 파장을 내보내 우리 몸의 피로를 말끔히 씻어준다. 그렇지만 바다가 가까우면 바닷물이 있는 해변을 맨발로 걷는 것이 더욱 효과적이다. 바닷물은 염분이 있어 우리 몸의 정전기를 말끔히 제거해 주는 동시에 다량의 〈자연전자〉를 방출하여 우리 몸의 활성산소를 크게 줄여 주기 때문이다. 도체가 전기를 쉽게 흐르게 하는 단위를 〈모우 매 미터 $\eth/m$〉라고 한다. 일반적인 땅의 전도율이 8 〈모우 매 미터〉라면 바닷물은 5천 〈모우 매 미터〉나 된다. 자연전자가 우리 몸에 유입될 수 있는 전도율이 훨씬 더 큰 것이다. 그래서 바닷가 〈맨땅요법〉을 하는 사람들의 말에 의하면, 살이 빠지고 정신이 맑아지며 피부에 윤기가 흐르고 흰머리가 검은 머리로 변하거나 대머리에 머리카락이 나는 등의 외관상의 변화가 크다고 한다.

미국의 존스 홉킨스 대학 의학부는 〈인류가 앓고 있는 병 가운데 90%

는 활성산소로 인한 것〉이라고 하였다. 그래서 음이온이 많은 숲속에서 땅과의 접촉은 지구의 엄청난 특혜인 것이다. 성경도 말했다. 〈네가 선 곳은 거룩한 땅이니 네 발에서 신을 벗으라-출애굽기〉라고. 그러나 우리는 문명생활이라는 이름하에 도시에서 길을 아스팔트로 깔고 그 위에 구두를 신고 다님으로써 그 특혜를 완전히 외면하고 있는 것이다.

01 대지는 건강의 어머니

02
우리 몸을 지켜주는 생체 에너지

우리의 〈마음〉이나 〈정신〉이라고 하는 눈에 보이지 않는 영역을 움직이는 에너지를 〈생명 에너지〉라고 한다면, 우리 눈에 보이는 신체를 움직이는 에너지는 〈생체 에너지〉라고 한다. 생명 에너지는 잠을 잘 때 〈아스트랄 보디〉인 〈칠성좌〉의 〈제1성좌〉가 우주로부터 충전을 받는데 그렇다면 생체 에너지는 어떻게 만들어지는 것일까? 그 답은 바로 우리가 평소에 먹는 〈음식물〉에 있다.

생명 에너지가 우주로부터 오라를 통해 〈칠성좌〉에 보관된다면 생체 에너지는 음식물을 통해 만들어지는 것이다. 먼저 음식물을 소화해 포도당을 만든 뒤, 그것을 핵이 들어 있는 세포 안의 소기관인 〈미토콘드리아mitochondria〉에서 아데노삼인산ATP이라고 하는, 우리 몸에 필요한 에너지를 만드는데, 이것이 바로 생체 에너지이다. 미토콘드리아는 한자어로 사립체絲粒體라고 하며 세포 호흡에 관여한다. 그래서 호흡이 활발한 세포일수록 많은 미토콘드리아를 함유하고 있다. 이렇게 미토콘드리아는 우리 몸에 필요한 생체 에너지를 생산하는 곳이다. 그래서 미토콘드리아를 다른 말로 〈세포 발전소〉라고도 한다.

03
미토콘드리아와 활성산소

현대인들에게 가장 무서운 질병이 있다면 그것은 바로 〈암〉이다. 그리고 세균이나 바이러스에 의한 감염을 제외한 90% 이상의 질병 뒤에는 그 질병이 일어날 수 있는 원인을 제공하는 활성산소active oxygen가 있다. 활성산소는 세포 내부의 작은 기관인 미토콘드리아에서 주로 만들어지는데 미토콘드리아는 몸속에 들어온 영양분과 산소를 이용해 생체 에너지를 만들어내는 공장이다. 그리고 활성산소는 생체 에너지를 생산하는 도중에 만들어지는 오염 물질이라고 생각하면 된다. 산소와 휘발유가 엔진에서 섞여 에너지로 변환될 때 생기는 배기가스와 같은 것이다. 그렇다면 활성산소와 일반산소는 어떻게 다른가?

모든 물질을 구성하는 가장 작은 최소단위를 원자라고 한다. 원자를 다시 들여다보면 중심부에 양자와 중성자가 있고 그 주변에 전자가 있는데 이때 전자는 항상 쌍pair으로 짝을 지어 존재한다. 일반산소는 이렇게 전자가 2개씩 짝을 지어 결합한 정상적인 분자구조를 갖고 있다. 그러나 쌍을 이루지 못한 전자를 가지고 있으면서 짧은 시간이나마 일정 시간 동안 혼자 독립적으로 존재할 수 있는 물질이 있다. 이 물질을 〈자유기〉 혹은 〈자유 라디칼Free Radical〉이라고 한다. 자유 라디칼은 쌍을 이루지 못한 전자를 하나 이상 가지고 있는 분자인 것이다. 이때 산소가 주인자主因子가 되어 짝을 못 이룬 전자를 가진 물질이 만들어지면 이를 〈산소 라디칼〉이라고 한다. 〈산소 라디칼〉을 우리말로 번역하면 그것이 바로 〈활성산소〉다. 활성산소는 곧 자유 라디칼인 것이다. 이렇듯 활성산소는 매우 불안정하여 수명이 길게는 몇 초, 짧게는 100만~10억 분의 1초밖에 되지 않아 생기자마자 곁에 있는 물질과 반응해버리는 성질이 있다. 쉽게 말하면 전자가 짝을 이루기 위해 옆에 있는 다른 물질에서 전자 하나를 빼앗아오거나 아니면 자신의 전자 하나를 다른 물질에게 건네주는 것이다. 이처럼 자유롭게 빼앗거나 주는 전자를 〈자유전자〉라 한다. 우리가 마신 산소의 2% 정도는 대사 과정에서 이렇게 활성산소가 된다. 다시 한 번 자동차로 쉽게 설명하면, 산소와 휘발유를 엔진에서 섞어 에너지를 만들 때 배기가스가 만들어지는 것과 같은 이치이다. 여기서 휘발유는 영양분, 엔진은 미토콘드리아에 해당된다. 물론 배기가스가 곧 활성산소다. 그리고 활성산소라고 해서 반드시 산소만을 말하는 것은 아니고 〈과산화수소 H_2O_2〉, 〈수퍼옥사이드 O_2^-〉, 〈하이드록시라디칼 OH〉 같은 것도 역시 전자 하나가 부족하거나 남는 활성산소다. 여기서는 그 모든 것을 통칭하여 활성산소라고 하겠다.

현대 의학이 밝힌 바에 의하면, 세균 감염이나 외상 혹은 정신질환 따위의 병을 제외한 거의 모든 병의 원인은 〈활성산소〉라고 해도 과언이 아니다. 그렇다고 하여 활성산소가 꼭 나쁜 것만은 아니다. 활성산소가 우리 몸에서 황금률처럼 30% 이하로 줄어들면 그때는 우리 몸에 더 없는 보약이 된다. 그리고 활성산소가 너무 적으면 세포는 자라지도 분열하지도 못하여 오히려 생명 현상이 둔화된다. 활성산소는 세포를 증식시키는 작용도 하기 때문이 다. 그래서 임신을 했을 때나 수술 후의 회복기 때에는 활성산소가 절대적으로 필요하다. 이렇게 활성산소가 우리 몸에 30% 정도가 있으면 세포의 성장을 돕고 장내 세균의 증식을 억제해 염증을 막으며 몸 안의 살균작용을 하여 건강한 생명 활동을 할 수 있게 한다. 우리 몸속에 나쁜 세균이나 바이러스가 들어오면 활성산소는 백혈구와 함께 출동하여 얼른 세균의 전자 하나를 빼앗아오는 것이다. 그러면 세균은 죽는 것이다. 이처럼 활성산소는 장내의 세균 증식을 억제하며 염증을 막는다.

그러나 산화력이 강한 활성산소의 수가 많아지면 활성산소는 자신의 안정을 위해 건강한 세포나 생체 조직, 세포막이나 DNA 등에서 전자 하나를 빼앗아와 우리 몸을 파괴시킨다. 특히 지질_{지방을 구성하는 성분}로 구성된 주변 세포막을 파괴하고 심지어 세포속의 유전자를 망가뜨리기도 하며 몸 안의 세포를 산화시켜 피부노화 등 여러 가지 질병의 원인을 만든다. 또 피부노화의 주범인 자외선을 많이 쪼이면 활성산소는 더욱 활발하게 진행되어 기미, 주근깨 등이 생겨 피부를 손상시킨다. 농촌에서 농부들이 쉽게 늙는 이유가 바로 이렇게 자외선을 통해 활성산소가 많이 만들어졌기 때문이다.

우리 몸이 부상이라도 입으면 면역체계는 즉시 그곳으로 백혈구를 급파한다. 이렇게 아픈 부위에 도착한 백혈구는 그곳에서 자유 라디칼_{활성산소}을 분출한다. 자유 라디칼은 그 주변의 모든 것을 파괴시켜 버리는 아주 무서운 분자이다. 예를 들어 피부를 통해 박테리아가 유입되면, 이 자유 라디칼이 급파되어 신속하게 박테리아를 처치하는 것이다. 그리고 체내에 손상된 세포가 있으면 역시 자유 라디칼이 투입되어 깨끗하게 청소해 버린다.

문제는, 이 과정에서 자유 라디칼이 아픈 부위뿐만 아니라 주변의 건강한 조직까지 망가뜨린다는 것이다. 그러면 그곳에 유전자 변이가 일어난다. 〈암〉이 생기는 것이다. 이것이 암의 발생 메커니즘이다. 자유 라디칼은 곧 활성산소이며 쌍을 이루지 못한 전자나 이온인 것이다. 깎은 사과는 시간이 지남에 따라 점점 갈색으로 변한다. 이는 사과 속에 들어 있는 철분이 공기 중의 산소와 결합하여 산화된 것이다. 다른 말로 표현하면 녹이 슨 것이다. 마치 마당에 놓아둔 쇠파이프가 빨갛게 녹이 슨 것처럼 말이다. 싱싱했던 음식이 시들해지는 이유도 마찬가지다. 산화를 화학적인 용어로 표현하면 물질과 산소가 결합한 것이며, 이것을 바꿔 말하면 물질이 전자를 잃어버린 상태를 뜻한다.

이렇게 자유 라디칼인 활성산소는 생체막을 산화시켜 세포 속으로 영양분이 주입되는 기능과 노폐물 배출기능을 상실하게 한다. 또 핵 속의 DNA를 손상시켜 암과 당뇨병의 원인이 되기도 한다. 그리고 앞에서도 말했지만 염증을 일으키거나, 호흡, 신진대사, 소화기능 등에 촉매작용을 하는 효소의 단백질을 공격하여 인체가 정상적인 생명활동을 할 수 없게 한다. 바꿔 말하면 거의 모든 병의 원인이 되는 것이다.

TV나 잡지 등 언론매체를 보면 〈항산화 식품〉이란 단어가 많이 나온다. 항산화 식품은 곧 산화를 막는 항산화제를 많이 갖고 있다는 뜻이다. 그리고 항산화제란 간단하게 말하면 활성산소 발생을 저지하거나 아니면 이미 발생한 활성산소와 반응하여 활성산소를 소거하는 능력을 갖춘 것을 말한다. 한마디로 많은 전자를 품고 있는 것이다. 그리고 그 전자는 바로 땅으로부터 유입된 것이다. 땅속에 무한히 많은 자연전자가 식품이나 어물을 통해 우리 몸에 들어 온 뒤 몸속의 활성산소에게 전자를 하나씩 나누어 주어 활성산소가 우리 몸을 해치지 못하게 건강한 몸으로 바꿔주는 것이다. 여기서 자연전자란, 우리 몸에 해가 될 수 있는 〈전기의 자유전자〉와 구별하기 위해 특별히 붙여진 이름이다. 자유전자는, 전자를 자유롭게 주고 받을 수 있는 전자를 말한다. 그리고 이렇게 땅으로부터 자연전자를 직접 받는 방법을 〈맨땅요법〉이라 한다.

 ## 활성산소로 인해 유발되는 병

■ 암

DNA는 당과 인산을 연결하여 두 개의 리본을 비틀어 놓은 것처럼 나선형의 구조를 하고 있다. 활성산소가 DNA를 공격하면 수소의 전자를 빼앗아버리므로 DNA 구조가 잘리게 되고 그 안에 들어 있던 유전정보에 이상이 발생한다. 따라서 새로운 세포 합성 시스템에 문제가 발생함에 따라 돌연변이 암세포가 생기게 된다. 그리고 활성산소는 암세포의 증대를 촉진하는 것으로 알려져 있다.

■ 당뇨병 인슐린 비의존형

당대사 혈액 중의 포도당을 에너지로 전환하여 사용하거나 글리코겐으로 바꾸어 간과 근육 내에 저장하는 기능에 관계하는 췌장 내 베타 세포의 DNA가 활성산소의 공격을 받아 상해를 입으면 정상적인 인슐린 생산이 이루어지지 않아 불완전한 인슐린을 생산하게 된다. 따라서 당대사 작용이 둔해져 혈당치가 높아진다. 높아진 혈당은 몸 속 단백질과 결합하게 되는데 이를 글리케션glycation이라고 한다. 항산화 효소 SOD도 단백질의 일종이므로 당과 결합, 글리케션 하면서 성질이 변한다. 결국 SOD가 항산화 능력을 상실하고 오히려 활성산소를 만들어내는 물질로 바뀌게 되어 당뇨병의 합병증으로 이어지게 되는 것이다.

■ 간염, 위염, 관절염, 신장염 등의 염증

몸 안에 이물질이 침입하면 백혈구 등이 이물질을 공격한다. 이때 발생하는 활성산소가 바로 과산화수소와 염소가 결합된 차아염소산이다.

이 활성산소는 이물질을 살균하지만 여분의 활성산소는 그 주변 세포를 공격해 피부 가까운 곳에 염증을 일으켜 그 주변이 빨갛게 된다. 이런 상태가 위에서 발생하면 위염, 관절에서 생겨나면 관절염이 되는 것이다. 신장의 사구체를 파괴하면 신장염이 되어 신부전증으로 발전한다.

■ 심장병, 뇌졸중

심장병, 뇌졸중 등은 주로 동맥경화에 의해 발생한다. 동맥경화의 큰 원인은 지질脂質의 산화, 즉 과산화지질에 있다. 지질이 활성산소 때문에 산화되어 혈관벽에 쌓이게 되면 혈관벽은 서서히 부풀어 탄력을 잃게 된다. 이것이 동맥경화이며, 관상동맥이나 뇌에서 생겨나면 심근경색이나 뇌경색 등으로 발전하게 된다.

■ 기미, 주근깨, 주름 피부노화

자외선을 쪼이게 되면 멜라닌 색소가 형성되고 신진대사가 쇠퇴하면 기미, 주근깨가 생긴다. 그리고 활성산소는 피부를 구성하고 있는 콜라겐을 산화시킨다. 콜라겐이 산화되면 결합력이 약해져서 탄력을 잃게 되어 주름이 생긴다. 이른바 피부의 노화현상이다. 이 밖에 백내장, 치매, 천식, 류머티즘, 아토피성 피부염도 활성산소와 관련이 있다.

04
활성산소가 주로 생길 때

1. 과식을 하였을 때.
2. 격렬한 운동으로 산소를 다량으로 소비할 때.
3. 흡연 과다와 알코올을 과잉 섭취하였을 때.
   담배 1개비를 피우면, 몸에는 100조 개의 활성산소가 발생한다.
   과음을 하면 간에서 알코올이 분해될 때 다량의 활성산소가 발생한다.
4. 높은 곳에 장시간 체류할 때.
   높은 곳에 살면 전압이 높아져 정전기가 많이 발생한다. 그러면 정전기가 활성산소로 변하거나 아니면 몸 속에서 번개를 쳐 심장마비 등을 일으킨다.
5. 스트레스가 쌓일 때.
6. TV, 컴퓨터, 전자레인지, 핸드폰cellular phone 등에서 장시간 전자파를 받을 때.
7. 방사선을 쏘였을 때와 자외선을 많이 받을 때.
8. 자동차 배기가스나 유해한 화학가스 또는 공장연기, 쓰레기 소각 등으로 발생하는 다이옥신을 마셨을 때.

9. 병원균이 침입하여 염증을 일으킬 때.
10. 대기오염, 환경오염, 과로, 장내 이상발효 등에 노출되었을 때.
11. 혈액의 흐름이 일시 두절되었다가 다시 흐를 때.
12. 탄 음식이나 염장식품, 가공식품, 오염된 물, 식품 첨가물, 농약, 살충제 등 유해 화학물질이나 염소로 소독한 수돗물, 오래된 기름 등 유해물질을 먹었을 때.

활성산소는 몸속에 많으면 많을수록 노화를 앞당기고 질병을 유발하며 수명을 단축시킨다. 그래서 활성산소를 발생하게 하는 과한 행동, 즉 과식과 과도한 운동을 삼가고, 스트레스, 과음, 흡연 등의 습관은 버려야 한다. 대신 소식과 적당한 운동, 원하는 바를 추구하는 긍정적 사고, 금연, 절주 하는 생활태도는 활성산소를 낮춰 젊고 건강하게 오래 살게 해 준다.

3부 문제

01 다음 중 활성산소를 증가시키는 요인이 <u>아닌</u> 것은?
　① 스트레스　　　　　　② 숙면
　③ 자외선 노출량 증가　　④ 화학물질에 노출되는 것

02 다음 중 항산화 효과가 가장 강력한 것은?
　① 자연전자　② 야채　③ 과일　④ 인삼

03 활성산소에 대한 설명 중 <u>틀린</u> 것은?
　① 활성산소는 우리 몸 세포 속의 미토콘드리아라는 곳에서 에너지를 만들 때 잘못 만들어진 변형된 산소의 일종이다.
　② 활성산소는 우리 몸에 균이 들어오거나 염증이 생기면 얼른 가서 그것을 없애준다.
　③ 활성산소는 새로운 세포를 증식시키는 역할도 한다.
　④ 활성산소는 우리 몸의 질병을 없애주는 역할도 한다.

04 다음 중에서 <u>틀린</u> 설명은?
　① 우리 몸이 활성산소를 물리치는 면역력을 항산화작용이라고 한다.
　② 활성산소란, 짝수로 구성되어 있는 외각전자를 말한다.
　③ 항산화 물질이란, 산화되는 것을 방지하는 물질이다.
　④ 우리 몸은 40세 정도가 되면 항산화효소가 급격히 줄어든다.

05 다음은 활성산소로 인해 유발되는 병이다. 해당되지 않는 것은?

① 암, 당뇨병　　　　　② 심장병, 뇌졸중

③ 간염, 위염, 관절염, 신장염　　④ 노이로제

06 활성산소에 대한 설명 중에서 틀린 것은?

① 활성산소가 꼭 나쁜 것만은 아니다.

② 활성산소가 우리 몸에 70% 정도가 있으면 그때는 우리 몸에 더 없는 보약이 된다.

③ 활성산소는 세포를 증식시키는 작용도 하기 때문에 임신을 했을 때나 수술 후의 회복기 때에는 절대적으로 필요하다.

④ 활성산소는 장내의 세균 증식을 억제하며 염증을 막는 역할을 한다.

07 다음 중 우리 몸에 필요한 생체에너지를 생산하는 〈세포 발전소〉라고도 하는 기관은?

① 간　　　　　　　　② 쓸개

③ 미토콘드리아　　　　④ 콩팥

08 우리 눈에 보이는 신체를 움직이는 에너지를 〈생체 에너지〉라고 한다. 이와 관련된 설명 중 틀린 것은?

① 음식물을 소화해 포도당을 만든 뒤 〈미토콘드리아〉에서 아데노삼인산이라고 하는 에너지를 만든다.

② 생체 에너지는 음식물을 통해 만들어진다.

③ 미토콘드리아는 세포 호흡에 관여한다.

④ 생체 에너지는 우리 몸의 오라를 통해 〈칠성좌〉에 보관된다.

09 다음은 미토콘드리아와 활성산소에 관한 설명이다. 틀린 것은?

① 활성산소는 세포 내부의 작은 기관인 〈미토콘드리아〉에서 주로 만들어진다.
② 〈미토콘드리아〉는 몸속에 들어온 영양분과 산소를 이용해 생체에너지를 만들어내는 공장이다.
③ 외상을 입거나 감염을 제외한 90% 이상의 질병 뒤에는 그 원인을 제공하는 활성산소가 있다.
④ 활성산소는 전자가 두 개씩 짝을 지어 결합한 비정상적인 분자구조를 갖고 있다.

10 다음은 활성산소에 관한 설명이다. 틀린 것은?

① 활성산소는 쌍을 이루지 못한 전자를 가지고 있는 매우 불안정한 분자를 말한다.
② 활성산소는 중심부 외곽 전자가 2개씩 짝을 지어 결합한 정상적인 분자구조를 갖고 있다.
③ 활성산소는 〈자유기 혹은 자유라디칼〉이라고도 하며 수명이 길게는 몇 초, 짧게는 100만분의 1초밖에 되지 않아 생기자마자 옆에 있는 물질과 반응해버리는 성질이 있다.
④ 활성산소는 반드시 산소만을 말하는 것은 아니다.

11 생명 에너지는 어떻게 만들어지는가?

① 잠을 잘 때 아스트랄체인 칠성좌의 제1성좌가 우주로부터 충전받는다.
② 음식물을 통해 만들어진다.
③ 미토콘드리아가 몸속에 들어온 영양분과 산소를 이용해 만든다.
④ 음식물과 운동을 통해 만들어진다.

12 다음 중, 활성산소가 아닌 것은?

① 하이드록시라디칼　　② 과산화수소

③ 수퍼옥사이드　　　　④ 자유전자

13 우리 몸이 부상을 입었을 때 백혈구가 급파되어 아픈 부위에 분출하는 것은?

① 자유라디칼　　② 자연전자

③ 자유전자　　　④ 항산화물질

14 다음 설명 중 틀린 것은?

① 활성산소는 호흡이 빠를 때에도 많이 발생한다.

② 흐르는 전기도 우리 몸속의 지방만은 통과하지 못한다.

③ 정전기 제거는 잡념을 없애는 효과가 있다.

④ 땅속의 자연전자는 지구 고유주파수와 밀접한 관계가 있다.

15 다음 중, 활성산소에 대한 설명으로 틀린 것은?

① 활성산소는 피부를 늙게 만들고 혈액을 지저분하게 하여 동맥경화나 심장질환, 뇌졸중 등의 원인이 되기도 한다.

② 과식, 과격한 운동, 흡연, 너무 기쁘거나 슬플 때, 스트레스와 같은 것들은 모두 활성산소의 발생을 증가시킨다.

③ 외국으로 여행을 많이 다니는 것은 활성산소 발생과 별 관계가 없다.

④ 자외선 노출량 증가, 각종 화학물질에의 노출 등도 활성산소 발생을 증가시킨다.

16 항산화 물질에 대한 설명 중 <u>틀린</u> 것은?
   ① 활성산소를 제거하는 물질을 항산화 물질이라 한다.
   ② 우리 몸에서는 항산화 물질을 만들지 못하므로 외부에서 섭취해야 한다.
   ③ 항산화 물질로 가장 대표적인 것은 항산화효소이고, 그 외에 페록시다제, 카탈라아제 등이 있다.
   ④ 항산화 물질은 40세 이후가 되면 생성량이 급격하게 줄어든다.

17 미토콘드리아에 대한 설명으로 <u>틀린</u> 것은?
   ① 미토콘드리아는 영양분과 산소를 통해 생체에너지를 만든다.
   ② 미토콘드리아는 기능이 상실된 세포를 살린다.
   ③ 미토콘드리아는 주로 〈자세를 유지하기 위한 근육〉에 많이 분포되어 있다.
   ④ 방귀는 혈액세포의 에너지 생성을 촉진하고 염증을 조절하는 미토콘드리아를 보호하는 역할을 한다.

18 다음 중 염증에 대한 설명으로 타당하지 <u>않은</u> 것은?
   ① 염증은 병원균, 세포손상, 외부자극 등으로부터 신체를 보호하기 위한 생물학적 반응이다.
   ② 염증은 조직 내에 전자가 축적되어서 발생한다.
   ③ 염증은 해로운 물질을 제거하고 환부 조직을 치유하는 방어반응이다.
   ④ 만성염증은 당뇨병에서 암에 이르기까지 거의 모든 질병의 주원인이다.

19 다음 중 〈자유라디칼〉에 대한 설명으로 맞지 않는 것은?

① 〈자유라디칼〉은 염증 조직을 파괴하고 동시에 치유 작용을 한다.
② 〈자유라디칼〉은 세포의 성장을 방해한다.
③ 〈자유라디칼〉은 자연전자를 만나지 못하면 스스로 안정을 찾기 위해 건강한 세포를 공격한다.
④ 대지로부터 유입된 자연전자는 활성산소인 〈자유라디칼〉을 상쇄시킨다.

20 다음 중 활성산소가 생기는 상황이 아닌 것은?

① 과식
② 적당한 운동
③ 높은 곳에 있을 때
④ 자외선에 노출이 심할 때

21 다음 중 활성산소가 생기는 상황이 아닌 것은?

① 격렬한 운동
② 흡연 과다
③ 방사선을 쏘였을 때
④ 절주

22 다음 중 활성산소가 몸속에 많을 때 발생되는 현상은?

① 노화를 늦춘다.
② 질병을 유발한다.
③ 수명을 늘려준다.
④ 건강하게 오래 살게 해준다.

23 다음 중 활성산소에 대한 설명 중 틀린 것은?

① 피부를 늙게 만든다.
② 혈액을 지저분하게 하여 동맥경화나 심장질환, 뇌졸중의 원인이 된다.
③ 눈의 수정체에 달라붙어 막을 형성하면 백내장의 원인이 된다.
④ 과식, 과격한 운동, 스트레스와 같은 급격한 변화는 활성산소의 발생을 감소시킨다.

24. 다음 설명 중에서 <u>틀린</u> 것은?

① 땅 기운이라고 해서 사람에게 다 이로운 것은 아니다.

② 지전류와 수맥의 공통점은 위아래로만 작용한다는 것이다.

③ 수맥이 지전류보다 훨씬 더 강하게 작용하며 그 해도 크다.

④ 지전류나 수맥이 흐르는 곳에 오래 살면 여러 가지 사고나 질병에 시달린다.

3부 정답 및 해설

01 ②

02 ①

03 ④ 활성산소는 우리 몸의 질병을 없애주는 역할은 하지 않는다.

04 ② 활성산소란, 홀수로 구성되어 있는 외각전자를 말한다.

05 ④

06 ② 활성산소는 우리 몸에 30% 정도가 있으면 우리 몸에 더 없는 보약이 된다.

07 ③

08 ④ 우리 몸의 오라를 통해 〈칠성좌〉에 보관되는 것은 생명 에너지이다.

09 ④ 활성산소는 쌍을 이루지 못한 전자를 가진 비정상적인 분자이다.

10 ② 활성산소는 쌍을 이루지 못한 전자를 가진 비정상적인 분자이다.

11 ① 잠을 잘 때 아스트랄체인 칠성좌의 제1성좌가 우주로부터 충전받는다.

12 ④

13 ① 활성산소도 일종의 자유라디칼이다.

14 ④ 땅속의 자연전자는 지구 고유주파수와 관계가 없다.

15 ③ 외국으로 여행을 많이 다니는 것도 우리 몸에 스트레스를 주기 때문에 활성산소를 발생시킨다.

16 ② 우리 몸도 항산화 물질을 만들어낸다.

17 ② 미토콘드리아는 기능이 상실된 세포를 죽인다.

18 ② 염증은 조직 내에 전자가 부족하여 발생한다.

19 ② 〈자유라디칼〉은 세포의 성장을 돕는다.

20 ② 〈아프락사스의 공〉을 넘는 무리한 운동은 활성산소를 증가시킨다.

21 ④ 과음 또한 무리이기 때문에 활성산소를 증가시킨다.

22 ② 질병의 90%는 활성산소에 의해 발생한다.

23 ④ 과식, 과격한 운동, 스트레스와 같은 급격한 변화는 활성산소의 발생을 증가시킨다.

24 ③ 지전류가 수맥보다 훨씬 더 강하게 작용하며 그 해도 크다.

4부
활성산소와 정전기

활성산소는 피부를 늙게 만들고 혈액을 지저분하게 하여
동맥경화나 심장질환, 뇌졸중 등의 원인이 되기도 하며,
눈의 수정체에 달라붙어 막을 형성하면 백내장의 원인이 된다.
또 과식, 과격한 운동, 빠른 호흡, 흡연, 너무 기쁘거나 슬플 때,
스트레스와 같은 급격한 변화나 몸에 부담을 주는 것들은
모두 활성산소의 발생을 증가시킨다.
갑자기 산소의 양이 많아지기 때문이다.
뿐만 아니라 외국여행을 많이 다니는 사람들도 활성산소의 공격을 받는다.
밤과 낮이 바뀌면서 수면 리듬이 깨지는 것 자체가
우리 몸에 큰 스트레스이기 때문이다.
또 오존층 파괴로 인한 자외선 노출량 증가, 각종 화학물질에의 노출 등도
활성산소의 생성량을 늘리는 데 외적 요인이 되고 있다.
최근에는 알츠하이머병(노인성 치매의 일종)이나 파킨슨씨병,
하지정맥류와 같은 질환도 활성산소와 관련이 있다는 연구보고가 있다.

활성산소와 정전기

01 활성산소와 항산화 작용

02 우리 몸을 지켜주는 숲과 땅의 비밀

03 체내 정전기의 발생과 작용

4부 문제

01
활성산소와 항산화 작용

먼저 현대의학이 밝힌 병의 주범 〈활성산소〉의 퇴치법을 알아보자. 활성산소는 간단하게 말하면 불안정한 상태에 있는 〈전자〉가 짝을 이루기 위해 다른 곳에서 〈전자〉 하나를 뺏어오든지 아니면 자기 것 하나를 다른 곳에 주어 안정을 취하려는 데서 문제를 일으킨다. 이렇게 전자 하나를 빼앗아오면 사과나 배는 갈색으로 변하고 쇠는 붉게 녹이 슨다. 음식물이 싱싱하다는 것은 곧 〈전자〉가 충만하다는 뜻이다. 싱싱한 음식물에서 〈전자〉를 빼앗으면 그 음식물은 시들시들해진다. 그리고 이와 같은 현상을 〈산화작용〉이라고 한다. 반면에 이와 같은 산화작용을 막는 것을 〈항산화 작용〉이라고 하며, 산화를 막기 위한 물질을 〈항산화 물질〉이라고 한다.

우리 몸에 필요한 생체 에너지는 호흡을 통해 마신 산소와 음식물의 영양분으로 만들어지는데, 이 에너지를 만드는 세포 속의 기관이 바로 〈미토콘드리아〉다. 간단하게 설명하면 미토콘드리아 안에 〈에너지 파이프〉가 있어서 그 속을 산소가 흐르며 영양분을 옮겨 에너지로 변하게 하는 것이다. 그런데 산소의 공급이 일정하지 않고 갑자기 넘치거나 하면 산소는 일정하게 파이프를 통과하지 못하고 밖으로 떨어져나가게 된다. 이렇게 떨어져 못쓰게 된 산소가 곧 활성산소다. 그리고 이와 같은 활성산소가 옆에 있는 세포 속의 전자 하나를 빼앗아와 우리 몸을 산화시키는데 이것이 바로 노화 현상이다. 노화란 팽팽했던 피부가 쭈글쭈글해지는 것을 말한다. 싱싱했던 것이 시들시들해지는 것과 같다. 물론 활성산소가 30% 이하로 적정량만 있으면 인체에 도움을 주지만 과다하게 생성되면 주위의 세포막이나 염색체 그리고 단백질 등을 손상시킨다.

활성산소는 이렇게 피부를 늙게 만들고 혈액을 지저분하게 하여 동맥경화나 심장질환, 뇌졸중 등의 원인이 되기도 하며, 눈의 수정체에 달라붙어 막을 형성하면 백내장의 원인이 된다. 또 과식, 과격한 운동, 빠른 호흡, 흡연, 너무 기쁘거나 슬플 때, 스트레스와 같은 급격한 변화나 몸에 부담을 주는 것들은 모두 활성산소의 발생을 증가시킨다. 갑자기 산소의 양이 많아지기 때문이다. 뿐만 아니라 외국 여행을 많이 다니는 사람들도 활성산소의 공격을 받는다. 밤과 낮이 바뀌면서 수면 리듬이 깨지는 것 자체가 우리 몸에 큰 스트레스이기 때문이다. 또 오존층 파괴로 인한 자외선 노출량 증가, 각종 화학물질에의 노출 등도 활성산소의 생성량을 늘리는 데 외적 요인이 되고 있다. 최근에는 알츠하이머병_{노인성 치매의 일종}이나 파킨슨씨병, 하지정맥류와 같은 질환도 활성산소와 관련이 있다는 연구보고가 있다.

일본 도쿄 대학교 카토 쿠니히코 교수는 반복되는 격심한 운동은 활성산소free radical라는 물질을 체내에 다량으로 발생시켜 생명을 위협한다고 했다. 운동이 몸에 좋다고 하여 하루 종일 헬스클럽에 가서 운동하는 사람은 이 점을 깊이 생각해 보아야 한다. 몸매는 날씬해졌는지 몰라도 얼굴은 험악하게 늙고 있다는 사실을 말이다. 사람은 생존에 필요한 생체 에너지를 만들 때 산소를 사용하지만, 산소는 유기물질을 산화시키는 과정에서 독성물질인 활성산소를 만들어낸다는 문제점이 있다. 하지만 인간의 생명 유지 과정에서 활성산소의 생성은 불가피한 것이다. 그렇다고 우리 몸이 활성산소만 만드는 것은 아니다. 당연히 아프락사스에 의해 활성산소를 제거하는 물질도 만든다. 이것을 〈항산화 물질〉이라 하고, 가장 대표적인 것이 〈항산화효소SOD〉이다. 그 외의 다른 종류로는 페록시다제, 카탈라아제 등이 있다. 항산화 효소 SODSuper Oxide Dismutase는 사람과 동물의 장기와 혈액 안에 존재하는 생리활성 효소로서 활성산소와 같은 유해 산소를 제거하는 작용을 한다. 활성산소를 인체에 무해한 산소 분자와 과산화수소로 바꿔주는 것이 그들의 임무이다. 우리 몸에 활성산소가 발생하면 이 SOD 효소가 〈불 끄기〉 작업에 나서는 것이다.

활성산소의 독성을 〈산화 스트레스〉라고 하는데 이것은 내적인 요인과 외적인 요인 두 가지로 나눌 수 있다. 내적인 요인으로는 염증, 스트레스, 과한 운동, 노화가 있으며, 외적 요인으로는 자외선, 환경오염, 약물, 과음, 흡연, 전자파, 알레르기, 다이어트 등이 있다. 우리 몸이 항산화 효소를 많이 만들어낼 때는 이와 같은 산화 스트레스를 쉽게 물리칠 수 있지만, 항산화 효소를 많이 생성하지 못하면 이와 같은 산화 스트레스를 자체적으로 막아내지 못한다.

이처럼 항산화 효소는 우리 몸이 25세 될 때까지는 활발하게 생성이 되는데 그 이후로는 차츰 감소하기 시작해 40세 이후가 되면 급격하게 생성량이 줄어든다. 그러면 위에서 말한 활성산소로 인한 질병에 쉽게 걸리게 되는데 이와 같은 이유를 모르면 사람들은 질병에 걸리는 이유가 막연히 〈피로〉 때문이라고 생각한다. 이때는 몸속의 항산화 효과를 높여주기 위해 〈코엔자임 Q10〉을 먹어주는 것이 좋다. 그러나 계속해서 많이 먹으면 몸 자체가 생성하는 작용을 멈추기 때문에 적절히 조절하

01 활성산소와 항산화 작용

여 기력이 회복되면 멈추었다 다시 먹기를 반복하는 것이 좋다.

여러분은 TV나 아니면 책에서, 야채를 많이 먹어야 한다느니, 야채나 과일은 싱싱할 때 먹어야 좋다느니, 비타민C나 붉은 포도주를 마시는 게 좋다는 등의 이야기를 귀가 따갑도록 들었을 것이다. 그 이유는 바로 항산화 효과를 보충하기 위해서다. 몸이 스스로 만들어내지 못하면 음식물을 통해 외부에서 받아들이자는 취지인 것이다. 특히 음식이 싱싱하다는 것은 자연전자를 많이 함유하고 있다는 뜻이다. 시들시들한 음식은 쇠가 녹슬듯이 녹슬었기 때문이다. 그래서 싱싱한 음식을 많이 먹으면 음식물로부터 많은 자연전자를 섭취하여 항산화 효과를 얻는다. 그렇지만 활성산소는 세포를 증식시키는 효과도 있기에 임신 중이나 수술 후의 회복기 때에는 오히려 항산화 물질의 섭취를 자제하는 것이 좋다.

세계에서 가장 오래 사는 사람들은 일본 사람들이다. 과학자들은 그 이유가 소식과 생선 그리고 녹차 때문이라고 분석한다. 소식은 육체에 스트레스를 주지 않고 생선과 녹차는 항산화 물질이 많기 때문이다. 두 번째로 장수하는 나라는 프랑스다. 그 이유는 그들이 많이 마시는 붉은 포도주 때문이라고 한다. 붉은 포도주 역시 항산화 물질이다. 이렇듯이 여러분도 싱싱한 채소와 과일을 많이 먹으면 각종 성인병과 암을 예방할 수 있다는 이야기를 수없이 많이 들었을 것이다. 채소, 특히 녹황색 채소는 각종 항산화제antioxidant의 창고다. 채소와 과일에 있는 비타민 중에서 특히 A, C, E는 항산화 효과가 매우 뛰어나다고 한다. 그래서 항산화 작용이 큰 비타민을 비타민 에이스ACE로 외우면 쉽다. 토마토를 구워 먹으면 역시 항산화 효과가 크다. 이러한 비타민의 강력한 항산화 효과가 활성산소의 영향을 최소화해서 우리 몸을 건강하게 지켜주는 것이다.

운동은 무리하면 안 좋지만 규칙적으로 하면 활성산소를 없애기 위한 항산화 시스템이 강화되기 때문에 오히려 평상시 활성산소에 의한 영향에서 몸을 보호할 수 있게 된다. 땀이 날 듯 가볍게 걷는 〈맨땅요법〉과 함께 부교감신경을 이용한 〈싸이파워 체조〉를 하면 몸이 한결 가벼워진다. 이렇게 활성산소는 음식뿐만 아니라 스트레스, 생활 습관 등 여러 가지 요인으로 조절할 수 있다. 특히 맨땅요법은 땅으로부터 자연전자를 직접 유입하는 최고의 항산화 운동이다.

활성산소를 물리치기 위한 규칙

첫째, 매사에 긍정적, 낙관적이며 적극적인 성격을 갖도록 노력한다

낙천적인 성격은 스트레스에 견디는 힘을 높여주고 면역력을 증가시켜 준다. 우주의 〈락(樂)〉이 곧 면역력이기 때문이다. 똑같은 스트레스를 받더라도 반응하는 정도에 따라 활성산소의 생성에 차이가 있다. 이렇게 되기 위해서는 〈영혼〉이 움직여야 한다. 〈긍정적 주파수대〉에 있어야 하는 것이다. 영혼이 움직이면 성격이 긍정적, 적극적으로 변하는 것이다.

둘째, 햇빛을 적절히 쬐고 운동을 하라

여기서 중요한 것은 〈적절하다〉는 표현이다. 햇빛은 우리 몸에 비타민 D를 만든다. 항산화 효소가 많은 젊었을 때는 햇빛을 쬐는 시간이 크게 상관없지만 40세 이후에는 하루 15분에서 30분 정도가 좋다. 너무 많은 햇빛은 활성산소를 증가시키기 때문이다. 그리고 너무 과격한 운동 또한 활성산소를 증가시켜 몸을 더욱 늙게 만든다. 과격한 운동을 하는 운동선수가 단명하는 것도 활성산소의 영향이 크다.

셋째, 금연을 하라

흡연은 활성산소를 많이 만들어낼 뿐 아니라 모든 종류의 암을 증가시키고 심장질환도 유발시킨다. 흡연은 의학적으로도 명백히 기호가 아닌 중독이다. 1개비의 담배가 100조 개의 활성산소를 만든다는 것을 잊지 말라.

넷째, 항산화 성분을 섭취하라

현재까지 알려진 항산화 성분은 인삼의 사포닌, 녹차나 홍차의 폴리페놀 등 수백여 종이 넘는다. 항산화 성분은 노화방지의 핵심이라고 할 수 있을 정도로 매우 중요한 것이다. 이런 항산화 성분은 과일 껍질이나 씨, 줄기 등 〈인간이 먹을 수는 있으나 관습상 먹지 않는 식품〉에 특히 많이 들어 있다. 그러나 이것도 계속 먹으면 〈독〉이 될 수 있다. 〈독〉이 없이 몸이 알아서 적절히 받아들이기 위해서는 역시 대지의 자연전자, 즉 〈맨땅요법〉이 최고다.

다섯째, 절식節食을 하라

과식으로 인한 잉여 칼로리는 활성산소의 생성을 촉진해 노화를 유발한다. 여기서 주의해야 할 점은, 음식량 자체를 적게 섭취하는 소식小食과 절식은 다르다는 점이다. 채소를 많이 먹으면 음식량은 많지만 칼로리는 적으므로 훌륭한 절식이 된다. 포만감을 100이라 했을 때 70%만 먹는 습관을 들이자.

여섯째, 가급적 1층에서 살라

우리 몸은 땅에서 높아질수록 몸 안의 전압이 올라간다. 그래서 높은 곳에 살게 되면 몸과 대지의 전압차가 심해진다. 다만, 전압차가 수백 볼트에 이르더라도 평상시에는 전류가 흐르지 않아 그 전압차를 느끼지 못한다. 이렇게 흐르지 않는 전류를 정전기라고 한다. 그러나 만약 이 전압을 느낄 수만 있다면 여러분은 모두 쇼크로 기절을 할 것이다. 그런데 기후가 바뀌면 그 전압차가 더 크게 증가하기도 한다. 아래위로 미터당 수백 볼트에서 많게는 만 볼트까지 증가하는 것이다. 이 정도면 번개 직전의 수준이다. 지구에 번개가 내려칠 수 있을 정도의 전압차인 것이다. 그래서 환절기 때는 많은 사람들이 쓰러지는 것이다. 때문에 높은 곳에 사는 것보다 1층에 사는 것이 여러모로 유리하다. 그렇다고 지하에 사는 것은 좋지 않다. 지하에는 〈지전류〉나 〈수맥〉이 흘러 그 또한 우리의 건강을 해치기 때문이다. 또 지하에 살게 되면 지구 고유주파수와 차단되어 우리 몸과 마음이 지구와 부조화 상태가 된다. 우리 몸과 마음이 편안하기 위해서는 지구와 같은 주파수 상태로 있어야 한다. 그 주파수의 범위는 뇌파 알파파 상태로 세타파에 가까운 낮은 상태이며, 심장 박동 주파수 또한 지구와 같은 주파수이다. 그 주파수 범위는 대체로 7Hz에서 13Hz 사이이며, 이 주파수 안에 있어야만 우리의 몸과 마음은 건강해지는 것이다.

일본 세다가야 공원

01 활성산소와 항산화 작용

02 우리 몸을 지켜주는 숲과 땅의 비밀

요즘 TV를 보면, 병원에서 암 진단을 받고 암 수술을 한 뒤 항암치료를 받지 않고 시골로 내려가 야채를 재배해서 먹거나 아니면 효소를 담가먹으며 지냈더니 암이 나았다는 이야기가 여기저기 많이 나온다. 또 황토 집을 짓고 살았더니 암이 모두 없어졌다는 이야기도 종종 볼 수 있다. 대체로 그 사람들은 야채나 효소 때문에 병이 나았다고 생각할 것이다. 물론 야채와 효소 모두가 암이 낫는 데 일조한 것은 틀림없지만 그렇다고 반드시 그것이 직접적인 이유는 아닐 것이다. 왜냐하면 같은 암에 걸린 사람이 서로 다른 방법으로 나았기 때문이다. 그렇다면 그들이 건강해질 수 있었던 직접적인 이유는 무엇일까?

가장 중요한 것은 그들의 〈정신 상태〉다. 지금 이 책을 읽으며 〈옳지, 이렇게 하면 병이 낫겠구나! 나도 메디칼 싸이파워를 해봐야지.〉 하고 이 책이 말한 대로 하면 병이 나을 것 같은 〈기분〉이 든다면 그 사람은 〈맨땅요법〉을 통해 틀림없이 병이 나을 것이다. 왜냐하면 나을 것 같은 기분이 곧 〈믿음〉이며, 그 믿음이 〈제로보드〉에 각인되면 틀림없이 그렇게 되기 때문이다. 이것이 긍정적 주파수대의 파동요법이다. TV에 나온 사람들 역시 자신의 방법대로 하면 병이 나을 것 같았을 것이다. 그리고 그들은 〈죽어도 어쩔 수 없다〉는 기분으로 병에 대한 불안을 모두 내려놓았을 것이다. 〈제로보드〉에 각인되어 있는 병을 지워버린 것이다. 그리고 하루하루를 마음껏 행복을 누리며 만족하고 살았을 것이다. 이른바 병에 대한 불안한 마음 모두를 내려놓고 〈메디칼 싸이파워〉 상태로 즐겁게 지낸 것이다. 그리고 그들은 공통적으로 〈숲〉과 〈땅〉으로부터 혜택을 받은 것이다.

폭포가 흐르는 숲에는 많은 양의 〈음이온〉이 있다. 또 편백나무나 잣나무 등은 많은 양의 〈피톤치드〉를 방출한다. 숲 속에 들어가면 상큼한 냄새가 나는 것은 곧 피톤치드와 음이온 때문이다. 〈피톤치드 phytoncide〉는 희랍어의 〈식물phyton〉이라는 단어와 〈죽이다cide〉라는 뜻이 합하여 만들어진 단어로서 심리적 안정감과 항균, 항산화, 항염증 작용을 한다. 쉽게 말하면 식물이 병원균, 해충, 곰팡이에 저항하려고 내뿜거나 분비하는 물질이다. 벌레를 죽이기 위해 분비하는 물질이라는 뜻이다. 짐승이나 곤충들은 침입자가 나타나면 도망칠 수가 있지만, 식물은 뿌리가 땅에 박혀 있어 피할 수가 없다. 그래서 외부 세력에 맞서기 위한 방법으로 살균제를 뿜어대는 것이다. 그 살균제가 곧 피톤치드이다. 그래서 나무가 잘려나갔거나 상처를 입으면 그 상처를 보호하기 위해 더 많은 피톤치드를 뿜어댄다. 피톤치드는 일종의 살균제이기 때문에 곤충이나 세균을 죽이지만 인간에게는 오히려 많은 이익을 준다. 피톤치드는 우리의 말초신경과 심폐기능을 강화하며, 면역력 증강과 아토피 치료에 효과적이다. 또 천식, 폐질환 등에도 좋고 심장을 강화시켜 주는 효과도 있다.

음이온은 앞에서 말한 활성산소를 제거하는 데 매우 효과적이다. 음이온 자체가 자연전자이기 때문이다. 차가 다니는 도심 속에서 음이온을 측정해 보면 제로가 나오지만, 나무가 있는 곳에 가면 1cm³당 400여 개 정도의 음이온이 나온다. 일반적인 숲 속에는 최소한 700개 이상이 나오며, 분수가 있는 곳은 대략 1,000개 이상의 음이온이 나온다. 그러나 폭포가 흐르는 계곡 옆에는 최소한 만개 이상 보통 3만에서 5만개 정도의 음이온이 나온다. 건강에 이로운 환경이 되기 위해선 700개 이상의 음이온이 있어야 쾌적한 환경이라고 말할 수 있다. 이렇게 음이온을 마시면 우리 몸은 혈관 속에 뭉쳐 있는 적혈구를 원활하게 흐르도록 떼어 놓고 활성산소에 음전자를 제공하여 산화 작용을 억제한다. 그러나 인간이 만든 음이온은 방사능 등의 문제가 있다는 보고가 있다. 그래서 음이온이 나오는 전자제품이나 코팅제를 뿌려 만든 제품 속의 음이온은 멀리하는 것이 좋다.

우리 몸에는 항상 〈정전기〉가 쌓여 있다. 특히 정전기는 더운 여름보다 추운 겨울에 더 많이 축적된다. 그 이유는 겨울이라 해서 더 많이 생긴 것이 아니라 여름에는 땀 등을 통해 자기도 모르게 슬쩍 방출했기 때문이다. 정전기는 잡념과 번민을 일으키고 혈액순환을 방해하며, 기억력 감퇴, 알츠하이머, 활성산소 증가 등을 일으키는 무서운 요소이다. 이와 같은 정전기를 없애는 방법이 바로 몸을 땅에 닿도록 하여 지구와 접지를 하는 것이다. 접지는 흔히 어스Earth라고도 하며, 제로 볼트인 땅에 우리 몸이 접촉되는 순간 몸의 정전기가 제거되어 인체 전위가 제로 볼트 상태로 되는 것을 말한다. 임진왜란 전에 서산대사가 제자들에게 〈맨발로 땅을 밟고 운동을 하라〉고 했던 〈맨땅요법〉이 바로 이것이다.

지구는 인삼이나 항산화 효소보다 더 훌륭한 〈자연전자〉의 보물 창고다. 자연전자란, 자연면역 기능을 갖춘 자유전자로서, 진공 속이나 물질 속을 자유롭게 떠돌아다니는 전자이다. 때문에 금속이 뜨거운 열을 전달하듯이 전도성이 강한 전자를 말한다. 우리 몸은 전기가 흐르는 도체,

02 우리 몸을 지켜주는 숲과 땅의 비밀

즉 전도체다. 도체에 전기가 흐르는 이유는 바로 자유전자가 있기 때문이다. 자유전자가 전자 하나를 주면 또 다른 자유전자가 그곳에 전자 하나를 주고, 이렇게 하나씩 하나씩 전자가 흘러가는 상태가 곧 전기의 흐름이다. 그리고 땅 역시 전기가 흐르는 도체이다. 그래서 우리 몸이 땅과 접촉하면 땅으로부터 자연전자가 필요한 만큼 유입되어 몸속의 활성산소를 제거함과 동시에 지방질에 축적된 정전기를 제거하는 것이다. 자연전자는 지금까지 알려져 있는 항산화제 중에서 최고로 강력한 효과를 지닌 것으로 알려져 있다. 땅 속의 자연전자는 〈자연면역 기능〉을 갖고 있기 때문에 우리 몸에 〈해〉가 없는 것이 크나큰 특징이다.

특히 〈맨땅요법〉이 아주 좋은 이유 중의 하나는, 항산화 물질이 많이 들어 있는 야채나 과일, 생선, 인삼 등은 돈을 주고 사먹어야 하지만 〈맨땅요법〉은 숲으로부터 〈음이온〉과, 땅으로부터 〈자연전자〉를 마음만 먹으면 얼마든지 공짜로 무한정 공급 받을 수 있다는 점이다. 항산화 물질은 대체로 땅으로부터 자연전자를 공급 받은 물질들이지만 〈맨땅요법〉은 직접 땅으로부터 자연전자를 유입하는 것이기 때문에 그 효과는 더 직접적이다. 이렇게 숲과 땅이라는 자연은 우리의 건강과 밀접한 관계가 있는 것이다.

〈맨땅요법〉을 통한 자연전자의 효과로는 첫째, 심박수가 호전되며, 둘째, 피부 저항치가 감소하고, 셋째, 염증이 감소하며, 넷째는 몸속의 물이 6각수로 변할 수도 있다는 것이다.

체내 정전기의 발생과 작용

앞에서도 설명했지만 마찰이 있는 곳에는 반드시 정전기가 발생한다. 우리 몸도 피가 흐르는 이상 정전기의 발생은 불가피하다. 피가 혈관을 흐르는 것 자체가 마찰이기 때문이다. 이렇게 생긴 정전기는 우리 몸속의 전류가 통하지 않는 절연체에 차곡차곡 쌓인다. 지방이나 글리세린glycerin이 곧 몸 속의 절연체이다. 사춘기가 지난 21세부터 송과체 주변에 쌓인 지방 속에는 이렇게 정전기가 쌓이는 것이다. 그래서 정전기를 제거해 주면 지방 또한 분해되어 송과체의 활동이 활발해질 수 있다. 그러면 〈기감 능력〉도 향상되고 『싸이파워』 또한 강력해져 보다 행복한 인생을 누릴 수 있다. 인도의 많은 명상가들이 맨발로 걸으면서 물속에서 몸을 닦는 것은 사실 정전기를 제거하기 위해서이다. 정전기가 제거되면 잡념이나 걱정이 사라져 명상효과가 커지기 때문이다. 단지 사람들은 왜 그렇게 하는지 모를 뿐이다.

심하게 운동을 하면 안 되는 이유 중의 하나는 혈액순환이 활발해져 혈액의 속도도 빨라지고 혈관의 마찰도 심해져 대량의 정전기가 발생되기 때문이다. 또 스트레스를 받으면 정전기 역시 증가하게 된다. 얼굴이

붓거나 머리가 빠지는 이유 또한 정전기가 원인일 수도 있다. 우리 머릿속의 쓸데없는 〈잡념〉 또한 정전기가 원인이며, 알츠하이머병이나 기억력 감퇴 역시 정전기가 원인이다. 그리고 우리 몸에 활성산소가 생기도록 공헌하고 있는 것이 바로 정전기인 것이다.

정전기는 혈액이 혈관벽을 스칠 때 발생한다. 이때 〈혈액의 질〉에 따라 혈관벽이 양전하로 되느냐 음전하로 되느냐가 결정된다. 책받침을 비볐다가 머리에 댔을 때 머리카락이 달라붙는 이유가 한쪽은 양전하, 한쪽은 음전하이기 때문이다. 만약 채식만 계속하면 혈관벽은 〈음전하〉를 띠게 된다. 그러면 혈액 속의 양전하를 띤 적혈구 등이 혈관벽에 달라붙는다. 이렇게 계속되면 혈관이 막혀 더 이상 피가 흐르지 못한다. 그렇다고 육식만을 계속하면 혈관벽은 〈양전하〉를 띠게 된다. 그러면 역시 똑같이 혈관이 막히는 현상이 발생한다. 그러나 채소와 육류를 번갈아가며 섭취하면 음전하와 양전하가 상쇄되어 정전기가 쌓이지 않는다. 그러면 혈액순환도 활기차게 잘 되는 것이다. 그러므로 채소와 육류를 가리지 말고 골고루 섭취해야 한다. 단 건강을 위한 가장 좋은 방법은 〈몸이 요구하는 것〉의 70%만 먹는 것이다.

지금까지는 〈입자문명〉 시대였기 때문에 이와 같은 사실을 잘 몰랐다. 과다한 육류 섭취가 〈대장암〉 등을 일으킨다는 학설 때문에 많은 사람들이 〈채식주의자〉가 되는데 그것은 어디까지나 과다한 동물성 지방 때문이지 결코 육류 그 자체 때문은 아니다. 〈파동문명〉이 밝힌 대로 채식만 고집하거나 육식만 고집하면 우리 몸은 많은 정전기가 쌓여 결국 일찍 늙거나 빨리 죽는 불행이 생긴다. 고기를 많이 먹으면 일찍 늙는다는 것도 이 때문이다.

03 체내 정전기의 발생과 작용

4부 문제

01 다음 항산화 작용에 대한 설명 중 틀린 것은?
① 음식물이 싱싱하다는 것은 곧 전자가 충만하다는 뜻이다.
② 싱싱한 음식물에서 전자를 빼앗으면 그 음식물은 시들시들해지는데, 이런 현상을 산화작용이라고 한다.
③ 산화작용을 막는 것을 항산화 작용이라고 한다.
④ 산화를 촉진하는 물질을 항산화 물질이라고 한다.

02 다음 설명 중 틀린 것은?
① 우리 몸에 필요한 에너지는 호흡을 통해 마신 산소와 음식물의 영양분으로 만들어진다.
② 에너지를 만드는 세포 속의 기관은 미토콘드리아다.
③ 활성산소가 옆에 있는 세포 속의 전자 하나를 빼앗아와 우리 몸을 산화시키는데 이것이 곧 노화현상이다.
④ 활성산소가 적게 생성되면 주위의 세포막이나 염색체 그리고 단백질 등이 손상된다.

03 다음 중 활성산소를 물리치기 위한 규칙이 아닌 것은?
① 매사에 긍정적이고 낙관적이며 적극적인 성격을 갖도록 노력한다.
② 햇볕을 적절히 쬐고 운동을 한다.
③ 채식을 주로 한다.
④ 항산화 성분을 섭취한다.

04 다음 설명 중 <u>틀린</u> 것은?

① 반복되는 격심한 운동은 활성산소를 증가시킨다.

② 산소는 유기물질을 산화시키는 과정에서 독성물질인 활성산소를 만들어낸다.

③ 우리 몸은 활성산소를 제거하는 항산화 물질을 만들지 못한다.

④ 항산화효소는 활성산소와 같은 유해 산소를 제거하는 작용을 한다.

05 다음 항산화효소에 대한 설명 중 <u>틀린</u> 것은?

① 항산화효소SOD: Super Oxide Dismutase는 사람과 동물의 장기와 혈액 안에 존재하는 생리활성 효소이다.

② 항산화효소는 활성산소를 인체에 무해한 산소 분자와 과산화수소로 바꿔준다.

③ 항산화물질은 항산화효소 외에 페록시다제, 카탈라아제 등이 있다.

④ 항산화효소는 우리 몸이 만들지 못하므로 반드시 섭취해야 한다.

06 다음 항산화 효소에 대한 설명 중 <u>틀린</u> 것은?

① 항산화효소는 우리 몸이 25세 될 때까지는 활발하게 생성된다.

② 항산화효소는 40세 이후가 되면 급격하게 생성량이 줄어든다.

③ 항산화효소가 많이 생성되면 활성산소로 인한 질병에 쉽게 걸리게 된다.

④ 우리 몸이 항산화 효소를 많이 만들어내면 산화 스트레스를 쉽게 물리칠 수 있다.

07 다음 활성산소와 항산화물질에 대한 설명 중 틀린 것은?

① 활성산소는 세포를 증식시키는 효과가 있다.

② 임신 중이나 수술 후의 회복기에는 항산화 물질의 섭취를 많이 하는 것이 좋다.

③ 싱싱한 음식을 먹으면 음식물로부터 많은 자연전자를 섭취하여 항산화 효과를 얻는다.

④ 운동을 무리하지 않게 규칙적으로 하면 항산화 시스템이 강화된다.

08 다음 채소와 과일에 대한 설명을 틀린 것은?

① 녹황색 채소는 활성산소 발생을 촉진한다.

② 비타민A, C, E는 항산화 효과가 매우 뛰어나다.

③ 토마토를 구워 먹으면 항산화 효과가 크다.

④ 비타민의 항산화 효과는 활성산소의 영향을 최소화한다.

09 다음 중 정전기에 대한 설명으로 틀린 것은?

① 정전기란 흐르지 않고 멈춰 있는 전기이다.

② 우리 몸속에는 항상 정전기가 만들어지고 있다.

③ 정전기는 몸속의 지방을 통과하며 마음대로 다닌다.

④ 정전기는 흐를 수 있는 도체를 만나면 순간적으로 방전된다.

10 다음 중 정전기에 대한 설명으로 틀린 것은?

① 정전기는 더운 여름보다 겨울에 더 많이 축적된다.

② 잡념과 번민을 일으킨다.

③ 혈액순환을 방해한다.

④ 활성산소 증가와는 별 관계가 없다.

11 정전기에 관한 설명 중 타당하지 않은 것은?

① 지방이나 글리세린은 몸속의 절연체이다.

② 정전기를 제거해주면 지방도 분해되어 송과체의 활동이 활발해진다.

③ 마찰이 있다고 해서 다 정전기가 발생하는 것은 아니다.

④ 맨발로 걷거나 강이나 바다에서 몸을 닦으면 정전기가 제거된다.

12 정전기에 관한 설명 중 타당하지 않은 것은?

① 정전기는 혈액이 혈관 벽을 스칠 때 발생한다.

② 채식만 하면 혈관 벽은 음전하를 띠게 된다.

③ 육식만 하면 혈관 벽은 양전하를 띠게 된다.

④ 흐르는 피는 육식과 채식에 관계없이 항상 일정하게 흐른다.

13 정전기에 관한 설명 중 타당하지 않은 것은?

① 정전기는 체지방에 주로 쌓여 있다.

② 정전기가 있으면 체지방은 분해되지 않으나 혈관의 독소는 분해된다.

③ 정전기를 빼내기 위해선 몸을 땅과 접촉시켜야 한다.

④ 맨땅요법을 하면 몸속의 정전기가 땅으로 방출된다.

14 다음 중 활성산소를 발생시키는 것이 아닌 것은?

① 코엔자임Q10 ② 흡연

③ 다이옥신 ④ 살충제

15 다음 중 피톤치드에 대한 설명 중 틀린 것은?

① 피톤치드phytoncide는 희랍어의 식물phyton이라는 단어와 죽이다 cide라는 뜻이 합하여 만들어진 단어이다.

② 편백나무, 잣나무에서는 피톤치드가 적게 방출된다.

③ 심리적 안정감과 항균, 항산화, 항염증 작용을 한다.

④ 식물이 병원균, 해충, 곰팡이에 저항하려고 내뿜거나 분비하는 물질이다.

16 피톤치드의 작용으로 틀린 것은?

① 말초신경과 심폐기능 강화 ② 면역력 증강

③ 아토피 치료 ④ 산화작용

17 음이온에 대한 설명 중 틀린 것은?

① 활성산소를 제거한다.

② 혈관 속에 뭉쳐 있는 적혈구를 원활하게 흐르도록 떼어놓는다.

③ 활성산소에 음전자를 제공하여 산화작용을 촉진한다.

④ 음이온이 1cm^3 당 700개 이상 있으면 쾌적한 환경이다.

18 건강에 이로운 환경이 되기 위해서는 몇 개 정도의 음이온이 있어야 하는가?

① 100개 이상

② 300개 이상

③ 500개 이상

④ 700개 이상

19 피톤치드에 대한 설명 중 틀린 것은?

① 피톤치드는 여름보다 겨울에 더 많이 방출된다.

② 피톤치드 발생량은 오전 10시부터 오후 2시까지 최고로 많다.

③ 피톤치드는 특히 편백나무가 많은 곳에서 대량으로 쏟아져 나온다.

④ 피톤치드는 살균작용이 강해 모기나 다른 벌레들이 접근을 못한다.

20 다음 중 정전기를 없애는 방법으로 적당하지 않은 것은?

① 지구와 접지를 한다.

② 맨발로 땅을 밟고 운동을 한다.

③ 몸을 땅에 닿도록 한다.

④ 땅과 가까운 곳에서 산다.

21 다음 중 자연전자에 대한 설명으로 적당하지 않은 것은?

① 도체에 전기가 흐르는 것은 자유전자 때문이다.

② 자연전자는 자연면역 기능을 갖춘 자유전자이다.

③ 자연전자는 정전기를 축적한다.

④ 몸을 땅에 접촉하면 땅으로부터 자연전자가 직접 유입된다.

22 다음 중 맨땅요법에 대한 설명으로 적당하지 않은 것은?

① 우리 몸의 정전기를 제로 상태로 만든다.

② 숲에서 음이온을 섭취하여 활성산소를 중화시킨다.

③ 대지로부터 자연전자를 유입한다.

④ 몸속의 지방질에 쌓여 있는 정전기를 즉시 제거한다.

23. 산이나 숲에서 하는 맨땅요법의 또 다른 효능이 <u>아닌</u> 것은?

① 지구 고유 주파수와 동조되어 편안함과 행복감을 느낀다.

② 숲속의 음이온이 활성산소를 제거한다.

③ 나무에서 뿜어져 나오는 피톤치드 때문에 심폐기능이 강화되고 면역력이 증가한다.

④ 유산소 운동을 통해 미세먼지나 황사에 강한 면역력이 생긴다.

24. 다음 중에서 항산화 물질을 섭취하기 위한 가장 좋은 방법은?

① 맨땅요법

② 싱싱한 야채나 과일 섭취

③ 붉은 포도주나 생선 섭취

④ 구운 토마토

4부 정답 및 해설

01 ④ 산화를 촉진하는 물질을 산화물질이라고 한다. 항산화물질은 산화를 막아주는 물질이다.
02 ④ 활성산소가 많이 생성되었을 때 주위의 세포막이나 염색체 그리고 단백질 등이 손상된다.
03 ③ 육식과 채식을 골고루 섭취한다.
04 ③ 우리 몸은 활성산소를 제거하는 항산화 물질을 만든다. 그러나 40대에 들어서면서부터 그 생성량이 급격하게 줄어든다.
05 ④ 항산화효소는 우리 몸이 25세가 될 때까지는 활발하게 생성되다가 40세 이후가 되면 급격하게 생성량이 줄어든다.
06 ③ 항산화효소가 많이 생성되면 활성산소가 제거되어 질병에 쉽게 걸리지 않게 된다.
07 ② 활성산소는 세포를 증식시키는 작용도 하기 때문에 임신 중이나 수술 후의 회복기에는 항산화 물질의 섭취를 자제하는 것이 좋다.
08 ① 녹황색 채소는 활성산소 발생을 감소시킨다.
09 ③ 정전기는 몸속의 지방만은 통과하지 못한다. 지방은 전기가 흐르지 않는 절연체이기 때문이다. 그래서 지방은 정전기를 차곡차곡 쌓아놓는다.
10 ④ 정전기는 활성산소를 증가시킨다.
11 ③ 마찰이 있으면 항상 정전기가 발생한다.
12 ④ 육식만 하거나 채식만 하는 경우에는 혈관이 막히는 현상이 발생할 수 있다.
13 ② 정전기를 빼주면 혈관의 독소나 체지방이 분해된다.

14 ① 코엔자임Q10은 대지로부터 들어온 자연전자를 저장하였다가 활성산소가 우리 몸을 공격할 때 활성산소의 공격을 막아주는 역할을 한다.
15 ② 편백나무, 잣나무에서는 피톤치드가 많이 방출된다.
16 ④ 산화작용은 활성산소가 일으킴.
17 ③ 활성산소에 음전자를 제공하여 산화작용을 억제한다.
18 ④
19 ① 피톤치드는 겨울보다 여름에 더 많이 방출된다.
20 ④ 땅에 몸이 직접 닿아야지 땅과 가까운 곳에서 산다고 정전기가 제거되지는 않는다.
21 ③ 자연전자는 우리 몸의 활성산소를 제거하여 면역력을 증강시키는 역할을 하고 정전기를 축적하는 것과는 전혀 관계가 없다.
22 ④ 우리 몸이 접지가 되는 순간 몸속의 정전기는 즉시 제거되지만 지방질에 쌓여 있는 정전기만은 즉시 제거되지 않는다. 지방질에 쌓여 있는 정전기를 제거하려면 맨땅요법을 오랫동안 꾸준히 해야 한다.
23 ④
24 ① 맨땅요법은 천연 항산화효소인 자연전자를 직접 유입하는 가장 좋은 방법이다.

5부
맨땅요법

〈맨땅요법〉을 통해 몸속의 정전기를 제거하고 지구 주파수와 동조되면
잡념과 번민이 없어져 마음이 안정되고,
또 대지로부터 자연전자를 유입하면 질병이 일어날 수 있는 원인이 제거되어
항상 건강한 생활을 유지할 수 있다.
또 병에 걸린 사람은 더 이상 병이 진행되는 것이 멈추거나
아니면 근본 원인이 제거되어 건강을 되찾을 수도 있다.
이처럼 맨땅요법은 자연치유 능력이 있으며,
이러한 〈자연면역 기능〉을 통해
우리 몸에 꼭 필요한 만큼만 자연전자를 유입하는 특징이 있다.
그래서 맨땅요법은 활성산소로 인한 노화를 방지하고
지구 주파수를 통해 심신의 안정을 취하며,
피부를 탄력 있고 싱싱하게 만들어 젊음을 유지시킬 뿐만 아니라
몸속의 〈미토콘드리아〉를 증식시켜
보다 활기차고 왕성한 활력을 갖게 해준다.
그리고 발바닥의 경혈을 자극하여 오장육부가 원활하게 작용할 수 있도록
혈액순환을 왕성하게 해주며,
신발을 신고 걸을 때보다 운동량도 30% 이상 증가하는 효과가 있다.
그리고 맨땅요법 후에는 깊은 잠을 잘 수 있으며,
깨어난 뒤에는 상쾌한 두뇌활동을 할 수 있고
막강한 집중력을 발휘할 수 있다.

맨땅요법

01 예방의학의 최고봉, 맨땅요법

02 영원한 보약, 땅 기운

03 실내에서 하는 맨땅요법

04 맨땅요법의 종류

05 황토 헥사곤

06 맨땅요법의 효과

5부 문제

01
예방의학의 최고봉, 맨땅요법

우리 몸속의 정전기는 체지방에 주로 쌓여 있다. 그래서 정전기를 빼주면 혈관 속에 뭉쳐 있던 독소나 체지방이 분해되어 우리 몸을 건강 상태로 되돌려 놓는다. 지구의 표면은 제로 볼트다. 때문에 몸속의 정전기를 빼내기 위해선 몸을 땅과 접촉시켜야 한다. 이렇게 대지와 몸을 접촉시키는 방법을 〈맨땅요법Bare Ground Therapy〉이라고 한다. 〈맨땅요법Menddang-Therapy〉은 당연히 몸속의 정전기를 빼내기도 하지만 동시에 대지가 갖고 있는 〈자연전자〉를 몸속에 유입시켜 〈활성산소〉를 제거하는 역할도 한다.

〈제로보드〉에 질병이 각인되어 있으면 자꾸 건강에 대한 염려를 하게 되고 그렇게 건강을 염려하면 『싸이파워』는 몸속에 병을 끌어들인다. 쉽게 말하면 〈영혼〉 속에 병이 들어 있으면 그 병이 〈인생〉에 나타나는 것이다. 그러나 〈우주심〉은 우주 자체의 것이기 때문에 우주의 〈보존본능〉을 갖고 있다. 스스로 자신을 보존하려고 하는 것이다. 이렇게 우주 자신이 우리 몸에서 스스로를 보존하려고 하는 본능을 〈면역기능〉이라고 한다. 그래서 〈제로보드〉에 병이 각인되어 있지 않으면 〈우주심〉은 〈면역

기능〉을 통해 병을 물리치는 것이다. 비록 몸속에 암세포가 있다 하더라도 〈제로보드〉에 병이 각인되어 있지 않으면 〈면역기능〉은 암 세포를 물리치는 것이다. 그리고 〈맨땅요법〉을 통해 정전기를 제거하고 〈자연전자〉를 유입하면 건강은 한층 더 분명해지는 것이다.

자연전자는 활성산소가 멀쩡한 우리 몸을 공격할 때 그 공격을 막아주는 역할을 한다. 대지로부터 들어온 자연전자는 우리 몸속 비타민인 〈코엔자임 Q10〉에 저장된다. 〈코엔자임 Q10〉을 간단하게 〈코큐텐〉이라고도 한다. 자연전자는 이렇게 〈코큐텐〉 속에 저장되는 것이다. 그리고 활성산소가 우리 몸을 공격할 때 코큐텐 속의 전자 하나를 줌으로써 활성산소의 공격을 막는 것이다. 이것이 〈염증〉이 악화되는 것을 막는 방법이다. 문제는 코큐텐 역시 40세가 되면 몸속에서 생산하는 양이 현저하게 줄어든다. 그래서 40세 이후에 피로감이 느껴질 때에는 맨땅요법과 함께 3개월 정도 코큐텐을 복용해 주는 것이 좋다. 50대에는 5개월 정도 복용하고, 60대 이후에는 6개월 정도 복용하는 것이 좋다. 그리고 70대 이후에는 맨땅요법과 함께 1년 정도를 복용하는 것이 좋다. 그렇다고 코큐텐을 무한정 먹으면 안 된다. 왜냐하면 그렇게 외부에서 코큐텐을 섭취하면 우리 몸이 자가 생산을 중단하기 때문이다. 그래서 맨땅요법을 통해 유입된 자연전자가 충분히 몸속에 비축될 수 있도록 위의 개월 수만큼 복용하는 것이 좋다. 남자 분들은 그렇게 1개월 정도 복용하며 맨땅요법을 하면 그 효과를 확실하게 느낄 수 있다. 기력이 빠지지 않고 정력 또한 좋아지며 피로감이나 지치는 정도가 월등히 줄어들기 때문이다. 이렇게 〈면역기능〉과 〈맨땅요법〉을 합친 방법을 〈메디칼 싸이파워Medical Psy-Power〉라고 한다.

〈스트레스〉는 일반적으로 외부에서 오는 것으로 알고 있는데 사실은 외부의 변화를 내부에서 방어할 때 생기는 것이다. 주변 환경의 변화에 따른 일종의 〈적응 현상〉이다. 그래서 〈너무 기쁜 것〉도 알고 보면 일종의 스트레스다. 때문에 적당한 육체적, 정신적 스트레스는 오히려 필요하며, 고무줄처럼 당겼다 놓았다 하는 것이 건강에 도움이 될 수 있다. 그러나 스트레스가 심해지면, 우주는 우리 몸을 지키고자 하는 〈면역기능〉을 발휘하여 〈엔도르핀〉이라는 호르몬을 만들어 스트레스를 무마시킨다. 결국 면역기능은 우리 몸을 보존하기 위한 건강의 수호신인 셈이다. 그래서 건강의 수호신인 〈면역기능〉은 〈맨땅요법〉을 할 때 대지로부터 〈자연전자〉를 무한정 받아들이지 않고 우리 몸에 필요한 만큼만 받아들인다. 이것은 우주가 스스로 자신을 보존하고자 하는 보존본능과 같은 것이다. 이것을 〈자연면역 기능〉이라고 한다. 그러므로 〈맨땅요법을 많이 하면 도리어 해가 되는 것은 아닐까〉 하는 걱정은 전혀 할 필요가 없다.

우리 몸속에 질병을 일으키는 주범 중의 하나인 염증은 체력이 뛰어난 운동선수나 체질이 빈약한 영양실조자를 가리지 않는 무자비한 〈암살자〉와 같은 존재이다. 원래 염증은 병원균, 세포손상, 외부자극과 같은 해로운 자극으로부터 신체를 보호하기 위한 복합적인 생물학적 반응으로 해로운 물질을 제거하고 환부 조직을 치유하는 〈방어 반응〉이다. 그런데 문제는, 이와 같은 과정에서 활성산소인 〈자유 라디칼〉이 염증 조직을 파괴하고 동시에 치유 작용을 할 때 염증 조직뿐만 아니라 주변에 있는 건강한 조직까지 공격한다는 것이다. 염증 치료와 동시에 〈자유 라디칼〉이 행동을 멈추면 문제가 없는데 〈자유 라디칼〉이 만나야 할 〈전자〉를 만나지 못하면 스스로 안정을 찾기 위해 계속해서 건강한 세포를 공격하는 것이다. 그러면 건강한 세포는 옆에 있는 다른 세포에서 또 전자를 빼앗아오려고 하고 그렇지 못하면 그곳에 변형된 세포가 생기게 되어 이른바 〈암〉이 되는 것이다. 그래서 염증이란 한마디로 말하면, 조직 내에 전자가 부족하여 발생하는 현상이라고 말할 수 있다. 그리고 만성 염증은 당뇨병에서 암에 이르기까지 거의 모든 질병의 주원인이라고 보면 된다. 〈맨땅요법〉은 이렇게 대지로부터 〈자연전자〉를 유입하여 활성산소인 〈자유 라디칼〉을 상쇄시키는 엄청난 효과를 갖춘 지구의 〈그라운드 파워Ground Power〉다. 자연전자가 자유 라디칼, 즉 활성산소를 무력화시키는 것이다.

항산화 효소는 우리 몸속의 대표적인 면역 물질로서 25세까지는 활발하게 만들어지다가 40세가 되면 만들어지는 양이 현저하게 줄어든다. 더불어 40세 이후에는 자연전자를 비축하고 있는 〈코큐텐〉마저 그 양이 급속히 줄어든다. 그러면 우리 몸은 활성산소를 막을 수 있는 기능이 약해져서 자기도 모르게 피곤을 느끼거나 설사, 구토 등이 일어나기도 한다. 또 까닭 없이 열이 날 때도 있다. 이것을 불명열이라고 한다. 그러면 대부분의 사람들은 무리해서 오는 〈과로〉라고 생각하고 가볍게 넘긴다. 그러다 병원에 가서 검사를 받으면 〈암〉이나 〈성인병〉으로 판정을 받는 것이다. 그러나 〈맨땅요법〉을 통해 꾸준히 〈자연전자〉를 유입하면 몸이 가벼워지고 잔병도 없어지며 걸음도 경쾌하게 되어 건강한 생활을 누릴 수 있다. 또 마음의 근심걱정도 줄어들어 언제나 즐거운 기분으로 하고자 하는 일에 전념할 수가 있다.

그러므로 40대가 되면 누구나 맨땅요법을 하여야 한다. 송과체가 줄어들기 시작하는 일곱 살 때부터 꾸준히 하는 것이 제일 좋고, 아니면 최소한 송과체에 지방질이 쌓이기 시작하는 20대부터 시작하는 것이 좋다. 만약 이 시기를 놓쳤다면, 그리고 이와 같은 맨땅요법을 지금 알았다면 오늘부터 당장 실시하는 것이 가장 현명한 방법이다.

〈맨땅요법〉은 우리 뇌의 집중력을 증가시킨다. 유치원이나 초등학생 등 집중력이 떨어진 아이들을 밖에 나가 맨발로 흙을 밟으며 뛰어보라고 하라. 그렇게 20분 정도 달리기를 하고 들어오면 피곤해서 졸음이 오는 것이 아니라 오히려 정신이 맑아지고 집중이 잘되어 학습효과가 높아진다. 이것은 〈맨땅요법〉을 통해 몸속의 정전기가 제거되었기 때문이다. 일본의 유치원 중에는 이렇게 〈땅〉을 통해 모두가 우등생이 되도록 교육하는 천재 교육기관들이 많이 있다.

우리 몸속의 〈정전기〉가 한꺼번에 많이 쌓이면 하늘에서 천둥번개가 치듯이 몸 안에서 벼락이 친다. 그러면 산소는 오존과 이산화질소라는 〈활성산소〉를 만든다. 〈정전기〉가 〈활성산소〉를 만드는 데 공헌한다고 하는 이유가 바로 이것이다.

이렇게 만들어진 정전기나 활성산소는 한번 〈맨땅요법〉을 했다고 하여 전부 없어지는 것은 아니다. 쉽게 설명하면 전기가 흐르는 도체, 즉 몸에 있는 정전기는 땅과 접지를 하는 순간 쉽게 빠져 나가지만 전류가 흐르지 않는 지방이나 절연체 속의 정전기는 한 번에 모두 빠져나가지 않는다. 대지로부터 들어오는 자연전자 역시 한꺼번에 몸속으로 왕창 들어오는 것이 아니라 마치 구슬이 한 알 한 알 들어오듯이 천천히 들어오기 때문에 최소한 3~6개월 이상 꾸준히 계속해야 〈존재의 원칙〉에 의해 효과가 나타나는 것이다.

이렇게 자연전자는 발을 땅에 대었다 하여 즉시 들어오는 것이 아니다. 한국 땅은 최소한 15분에서 20분 정도 지나야 몸속에 유입되기 시작한다. 날씨가 더운 지방은 30분 이상 계속해야 몸속에 유입되기 시작한다. 그리고 그 속도도 앞에서 말했지만 한 알 한 알 들어오듯 하기 때문에 무척 더디다. 직선거리로 1미터 정도 움직이는 데 1시간 반에서 2시간 정도 걸린다. 그래서 몸 전체에 골고루 전달되기 위해서는 최소한 한 시간 반에서 두 시간 정도 〈맨땅요법〉을 해야만 된다. 못해도 최소한

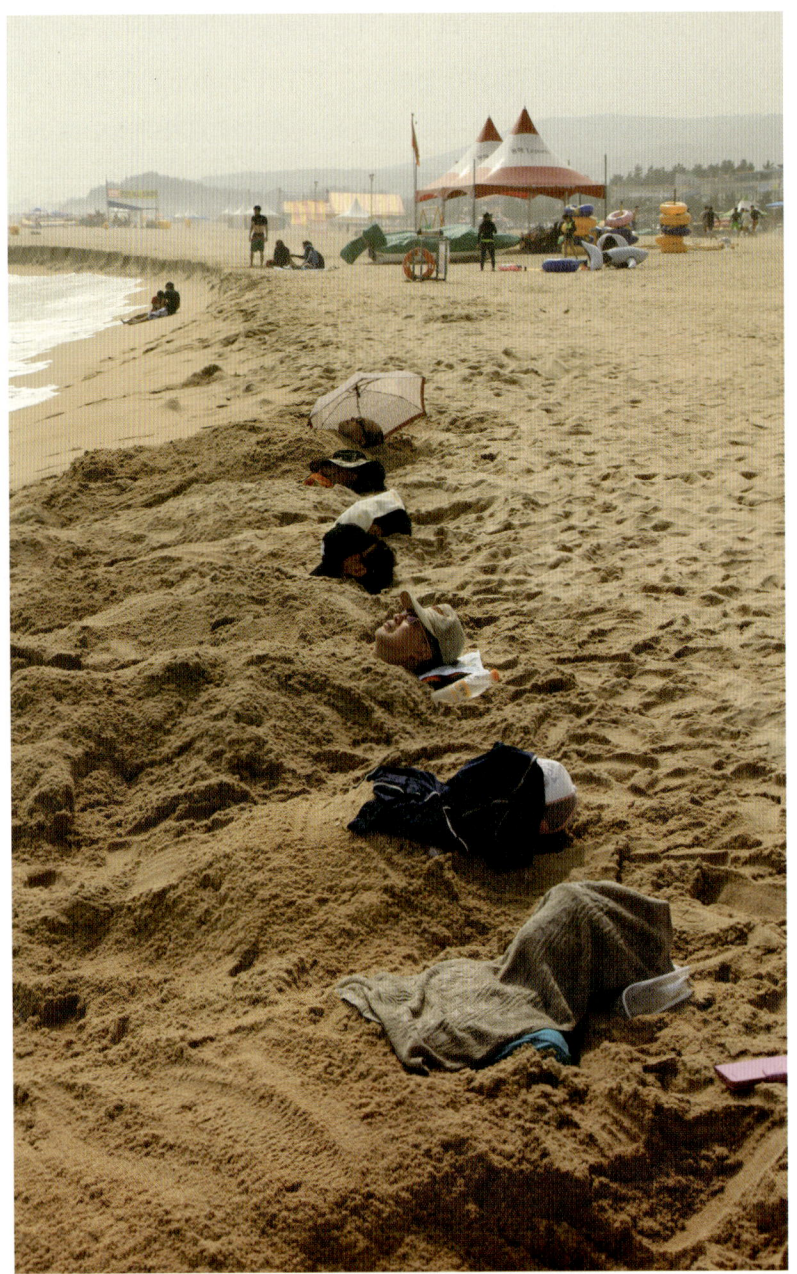
누워서 하는 맨땅요법

1시간 이상은 해야 하는 것이다. 또 몸의 특정부위를 집중적으로 하고 싶으면 그 부위를 땅에 직접 대는 것이 가장 효과적이다. 아니면 인도 사람들처럼 머리만 내놓고 땅 속에 들어가 1시간 정도 묻혀 있거나 수영복 차림으로 땅에 누워서 하는 것이 좋다. 물론 해변에서 바다에 들어가든가 아니면 모래사장에 들어가 누워 있으면 보다 강력한 〈맨땅요법〉의 효과를 얻을 수 있다. 컴퓨터나 머리를 많이 쓰는 사람은 〈손바닥〉을 땅에 대고 〈맨땅요법〉을 하면 보다 더 효과적이다.

특히 〈맨땅요법〉은 처음 며칠만 하더라도 당장 통증이 사라지는 효과가 있을 때가 많다. 이렇게 통증이 사라졌다 하여 다 나았다고 생각하며 〈맨땅요법〉을 중단하면 또다시 원래 상태로 되돌아간다. 그러면 사람들은 효과가 없는 줄 알고 그만둔다. 그러나 〈존재의 원칙〉을 믿고 계속해서 꾸준히 실행하면 〈기적〉과 같은 〈맨땅요법〉의 효과를 분명히 볼 수 있다.

〈맨땅요법〉은 우리 몸을 아프기 이전의 상태로 되돌려 놓는다. 물론 수술 등으로 되돌아갈 수 없게 변형된 몸은 어쩔 수 없지만, 자연적으로 아파서 변질된 몸은 원래 상태로 되돌아간다. 그래서 이때 변질된 몸이 다시 한 번 변형을 일으킨다. 그러면 다시 한 번 아프거나 그에 따른 증세가 나타난다. 이것을 〈명현반응〉이라고 한다. 명현은 물론 변질된 상태에 따라 반응이 다르지만 그렇다고 오랜 시간 나타나지는 않는다. 대부분 2~3일이면 괜찮아진다. 결국 아픈 몸이 건강한 상태로 되돌아오기 위해서는 반드시 거쳐야 하는 반응인 것이다. 그래서 동양에서는 예로부터 〈명현이 없으면 병이 낫지 않는다〉고 말해 왔다. 그리고 오래 전부터 변형된 고질적인 몸은 1년, 2년 혹은 그 이후라도 꾸준히 맨땅요법을 하다 보면 어느 날 갑자기 명현현상이 나타난다. 그러면 곧 원상태로 회복되는 것이다. 때문에 꾸준히 계속하여 맨땅요법을 하면 몸의 이상은 모두 원래 상태로 회복된다.

02
영원한 보약, 땅 기운

〈땅 기운〉이라고 하면 고리타분하게 들릴지 모르겠지만 일단은 그렇게 말하고 싶다. 왜냐하면 옛날부터 산에서 맨땅요법을 해오던 사람들이 그렇게 말했기 때문이다. 그들은 땅 속에 뭐라고 말할 수는 없지만 우리 몸을 치료하는 기운이 있다고 하였다. 그리고 그들은 그 기운을 느낀다고 하였다. 그 땅 기운이란 곧 지구 자체의 파장과 대지 속에 만연한 〈자유전자〉다. 그리고 땅은 우리 몸에 축적되어 있는 정전기를 제로로 만드는 훌륭한 도체인 것이다. 도체란, 전기가 흐를 수 있는 물체란 뜻이다.

땅 속에 들어 있는 〈자유전자〉를 이 책에서는 〈자연전자〉라고 부르겠다. 왜냐하면 인공적인 자유전자와 구별을 하기 위해서다. 인간이 만든 원자력, 수력, 화력 발전소 등에서 생산되는 자유전자나 배터리 속에 내장된 자유전자는 원래 자연이 갖고 있는 〈자연전자〉가 아니다. 사람에 의해 만들어진 〈인공전자〉다. 쉬운 예로, 집에 들어와 있는 전기는 두 선 중 하나는 220v이고 또 하나는 0v이다. 이때 이 0v의 선은 땅의 0v와는 다른 것이다. 인위적으로 전류가 흐르도록 만들어 놓은 0v인 것이다. 전류가 흐른다는 것은 〈자유전자〉가 양전하 쪽으로 옮겨가는 과정이다. 그래서 인위적으로 만든 0v의 자유전자가 220v의 양전하 쪽으로 옮겨가는 과정이 곧 전류가 흐른다는 것이다. 이때 그 전류가 기계와 부조화를 일으키면 노이즈나 화재 등 문제를 일으킨다. 그래서 그 부조화된 전류를 〈자연전자〉가 있는 땅으로 흘려 보내면 〈부조화〉된 상태는 안정을 찾는다. 이것을 접지earth라고 한다. 이처럼 안정을 찾아 주는 땅 속의 〈자유전자〉를 인공적인 물리학적 자유전자와 구별을 하기 위해 〈자연전자〉라고 부르겠다. 왜냐하면 〈자연전자〉는 우주의 〈자연면역 기능〉을 갖고 있어 우리 몸에 〈해〉가 없기 때문이다.

많은 사람들이 〈자유전자〉라고 하니까 모든 자유전자는 다 같은 것이라고 착각을 한다. 위에서도 말했지만 번개처럼 자연적으로 생산된 자유전자와 발전소나 배터리처럼 인간이 만든 자유전자는 서로 다른 것이다. 또 자유전자라는 말은 자신이 소속되어 있는 원자를 떠나 아무 원자에나 가서 달라붙는다는 의미에서 붙여진 이름이다. 결코 좋은 이미지가 아닌 것이다. 집에 흐르는 전류는 인공적으로 만든 0v의 자유전자가 220v로 흘러 들어가는 것을 말한다. 그리고 이렇게 흐르는 전류에 기계를 연결하면 그 기계는 작동한다. 하지만 대지로부터 올라온 0v의 자연전자와 220v를 연결하면 기계는 작동하지 않는다. 그것은 곧 〈자연전자〉와 〈자유전자〉가 서로 다르기 때문이다. 대지로부터 올라온 〈자연전자〉만이 우리 몸을 이롭게 해주는 것이다.

따라서 인공적인 자유전자와 연결된 TV 안테나선이나 순수한 땅과의 연결이 아닌 다른 접지 방법은 모두 〈맨땅요법〉이 아님을 주지하기 바란다. 특히 이렇게 인공적으로 만든 자유전자는 내선규정에서는 전압선 인위적으로 압력을 가해 흐를 수 있도록 한 전자으로 분류되어 있으며 자연적으로 구성된 우리 몸을 변조 또는 파괴시켜 병을 유발하고 심지어는 생명체

를 파괴하는 위험성까지 갖고 있다.

　스웨덴의 카로린스카 연구소에서는 30년간 50만 명을 상대로 전기가 사람에게 미치는 영향을 조사하였는데 그들이 발표한 결론은, 인공적인 자유전자는 어떤 이유에서인지는 알 수 없지만 사람에게 백혈병, 고혈압, 암 등을 유발시킨다는 것이었다. 이렇게 인공적인 자유전자는 우리 몸에 해가 되는 것이다. 그래서 이런 자유전자를 〈불량전자〉라고도 부른다.

02 영원한 보약, 땅 기운

03
실내에서 하는 맨땅요법

옛날에는 〈맨땅요법〉을 하기 위해서는 반드시 밖에 나가 대지에 몸을 접촉해야만 가능했다. 그러나 지금은 굳이 밖에 나가지 않더라도 〈보조수단〉을 통해 컴퓨터를 하거나 잠을 자면서도 〈맨땅요법〉과 똑같은 〈효과〉를 얻을 수 있다.

이 책이 추천하는 〈G-매트Ground-Mat〉를 발아래 깔고 작업을 하거나 아니면 침대 위에 올려놓고 사용하면 된다. 특히 발밑에 깔고 하는 6각 〈G-매트〉는 몸의 상태를 원래 상태로 되돌려주는 스칼라 효과와 정전기 제거는 물론 자연전자를 유입하여 활성산소를 제거한다. 〈G-매트〉는 은선銀線을 면과 함께 엮거나, 적동赤銅을 가늘게 뽑아 실처럼 짠 제품으로 〈항균〉과 〈냄새제거〉 기능까지 갖춘 아주 우수한 제품이다. 또 컴퓨터 작업을 할 때 자판 앞에서 손을 직접 접지할 수 있도록 만들어 놓은 적동판과 적동망 등도 있다.

적동은 구리에 금을 2~8% 섞어 만든 합금으로 전기 전도율이 황동보다 훨씬 높은 98%나 된다. 특히 구리 표면은 세균이 존재할 수 없는 항균성을 가지고 있는데, 이것은 1893년에 식물학자 〈네거리〉가 1000만 분의 1의 동이온이 해감을 제거하는 작용이 있음을 발견하면서 처음 밝혀졌다. 또, 많은 사람들이 구리에 생기는 녹청이 인체에 유해할 것이라고 오해하고 있는데, 실제로 녹청은 인체에 유해하지 않다는 것이 증명되었다. 녹청의 표면은 대단히 치밀한 결정으로 이루어져 인체의 피부와 같이 동판 표면을 보호하는 피막과 같은 형태로 생성된다. 이렇게 생성된 녹청은 뜨거운 물에도 녹지 않는다. 1982년 일본의 후생성은 동물실험을 통해 녹청이 인체에 끼치는 영향을 실험하였는데 그 결과 녹청은 인체에 유해하지 않다는 것이 판명되었다. 그래서 적동으로 만든 제품 모두는 은사매트처럼 안심하고 사용해도 좋다.

맨땅용품이 맨땅요법과 같은 효과가 있다고 하니까 어떤 사람은 집에서 전선줄을 통해 아무 철판이나 연결하여 사용하면 되는 줄 알고 매우 기뻐한다. 물론 그렇게 하면 가격도 싸게 먹히고 얼마나 좋겠는가? 당연히 그렇게 해도 몸속의 정전기는 빠져나간다. 그러나 자연전자는 매우 까다로워 쉽게 유입이 되지 않는다. 자연전자는 원자핵에서 멀리 떨어져 있는 전자다. 때문에 옆의 원자핵에 더 가까이 있게 되면 그쪽으로 가서 달라붙는다. 그래서 자연전자를 〈자유전자〉라고 부르는 것이다. 자연전자는 이렇게 주변의 힘에 많은 영향을 받는다. 때문에 전도율이 강한 재질이 아니면 그 속도도 매우 느리게 작용한다. 또 녹이 슨 전선줄은 잘 통과하지 못한다. 그리고 저항이 붙어 있으면 이 또한 저항에 밀려나 통과하지 못한다. 그리고 자석이나 자장이 있으면 이 또한 자장의 영향을 받아 가는 방향을 잃어버린다. 또 실에 은가루를 뿌려 만든 〈나노 제품〉은 우리 몸에 유착되어 오히려 건강을 해친다. 그리고 접지 효과도 없어진다. 때문에 이와 같은 모든 문제를 해결할 수 있는 좋은 제품을 사용하여야 한다.

잠을 잘 때 깔고 자는 〈G-매트〉와 〈G-베개〉는 깊은 수면과 함께 최적의 컨디션을 만들어 맑고 상쾌한 몸으로 일어날 수 있도록 해준다. 특히 외국에 나가 시차적응이 잘 안 될 때 〈G-매트〉와 〈G-베개〉를 사용하면 쉽게 적응할 수 있다. 그런데 자연전자 유입은 직접 몸을 땅에 댈 수 있는 움막집이나 황토로 만든 집이면 더 할 나위 없이 좋지만, 아파트 생활이 대부분인 도회지 사람들이 〈G-매트〉를 사용하여 자연전자가 몸까지 도달하기 위해서는 가급적이면 땅에서 가까운 층에서 잠을 자는 것이 좋다. 자연전자도 일종의 압력이기 때문에, 높은 곳보다 낮은 곳에 물을 뿌리기 쉬운 것처럼 낮은 곳일수록 유리하게 작용한다. 그렇다고 지하층이 좋다는 뜻은 아니다. 물론 정전기는 높은 곳에서도 잘 빠져 나간다.

밖에서 맨발로 서 있는 것과 신발을 신고 서 있는 것이 큰 차이가 있듯이, 지표면으로부터 〈얼마나 높은 곳에서 생활하느냐〉도 매우 중요하다. 대지로부터 높으면 높을수록 전압은 올라간다. 그래서 높은 층에 살게 되면 우리 몸은 대지와 전위차가 심해진다. 때문에 〈맨땅요법〉을 통해 전위차를 줄이지 않으면 우리 몸은 안에서 번개가 치듯이 활성산소가 증가하는 것이다. 그래서 옛날 사람들은 가능한 한 땅 가까운 곳에서 생활해야 여러모로 좋다고 말해 왔다.

04
맨땅요법의 종류

〈맨땅요법〉은 땅과 접촉하여 몸 안의 정전기를 제거하고 땅으로부터 〈자연전자〉를 공급 받아 〈활성산소〉를 제거하는 역할을 하지만, 그렇다고 모든 땅이 다 똑같은 효과가 있는 것은 아니다. 특히 열대지방의 뜨거운 대지보다는 4계절이 분명한 땅의 기운이 더욱 좋고, 4계절이 있는 땅 중에서도 〈황토〉가 더 좋으며, 맨땅보다는 바닷물이 있는 〈바닷가〉가 훨씬 더 효과적이다. 그리고 우주의 제로지대가 들어 있는 헥사곤은 그 중에서도 단연 으뜸이다.

간단하게 비교하면, 전류가 흐르기 쉬운 정도를 나타내는 값을 도전율이라고 하는데, 단위는 〈모우 매 미터〉라고 하며 ℧/m로 표시한다. 땅도 물론 도체이기 때문에 도전율이 있는데, 마른 땅과 습지는 그 값이 서로 다르다. 예를 들어 황무지나 산악과 같은 곳의 도전율을 $1(\times 10^{-5})$ [℧/m]라고 한다면 밀림이나 구릉은 2, 낮은 언덕이나 밭은 6, 평소에 우리가 다니는 길은 8, 논이나 물기가 있는 습지는 15, 그리고 바닷물은 5000이다. 바닷물은 산악지대보다 5천배나 더 강하게 전류가 잘 흐르는 것이다.

반대로 흐르는 전류를 방해하는 값을 저항률이라고 하는데, 저항률은 〈옴Ω/m〉으로 표시한다. 이 또한 간단하게 비교하면, 암반지대의 산은 2000~5000, 산은 200~2000, 밭은 10~1500, 점토질의 논이나 습지는 10~150, 일반지대는 104~107, 해안지대 모래땅은 50~100, 빗물은 200, 수돗물은 70, 하천은 2 그리고 바닷물은 0.15~0.3이다. 물론 전류가 흐르지 않는 증류수는 5000, 순수한 물은 20000이다.

저항이 없고 도전율이 높다는 것은 그만큼 자연전자가 잘 유입된다는 뜻이다. 자연전자는 저항이 있거나 자장이 있으면 그 방향을 잃고 저항에 밀려 잘 통과하지 못한다. 때문에 저항이 없고 도전율이 높은 곳에서 맨땅요법을 하면 그만큼 자연전자 유입이 잘되어 맨땅요법 효과가 크다.

더운 땅일 경우에는 소금물을 뿌리고 하는 것이 좋고, 하기 전에 미리 엄지와 검지로 소금을 한 점 집어 먹고 하면 더욱 효과를 볼 수 있다. 바닷가 가까이에 사는 사람은 행운이지만 굳이 바닷물이 아니더라도 땅에서 꾸준히 〈맨땅요법〉을 하며 가끔씩 바닷가를 찾아가 바닷물을 밟으며 걷는 것도 낭만이 있어 좋다.

일반적인 땅이나 아니면 공원길 같은 높낮이가 있는 땅을 땀이 촉촉하도록 맨발로 걷는 방법을 〈맨땅요법〉이라고 한다. 이것은 일반적으로 쉽게 할 수 있는 방법으로 땀을 통해 몸 안의 독소를 배출하고, 발바닥을 땅과 접촉함으로써 지압효과를 통해 혈액순환과 동시에 전신을 치유하는 효과가 있다. 또 이렇게 발바닥이 무의식적으로 땅의 상태를 살피면서 걷다보면 운동량도 30% 이상 증가하는 효과가 있다. 또 오르락내리락하며 걷다보면 〈미토콘드리아〉가 활성화되어 생체에너지가 증가하는 효과도 있다. 그리고 산이나 들길을 걷다보면 기분 또한 상쾌하고 행복한 느낌이 드는데 이것은 지구 자체의 파동과 우리 뇌파 그리고 심장박

동수가 동조되어 편안하기 때문이다. 이렇게 마음도 즐겁고 몸도 가볍게 여유롭게 할 수 있는 〈맨땅요법〉을 〈해피 어스Happy Earth〉라고 한다.

특히 황토는 〈제로지대〉 에너지인 생명력을 갖고 있는 〈6각 구조〉로 되어 있고 원적외선을 방출하여 몸 속 깊숙이 파고드는 위력이 있다. 그리고 황토는 유해 전자파를 차단시킬 뿐만 아니라 습도 조절, 항균 작용, 해독 작용, 염증 제거, 중금속 배출 등 엄청난 위력을 발휘한다. 더불어 황토가 방출하고 있는 원적외선은 세포의 생리 작용을 원활하게 하고 열에너지를 발생시켜 몸속의 유해 물질을 방출하는 효과가 뛰어나다. 또 정화력과 분해력이 있어 인체의 독을 제거해 주는 해독제의 역할도 한다. 그리고 〈제로지대〉에서 방출되는 〈스칼라〉에너지는 원상회복의 위력이 있어 피로나 기타 몸에 해로운 기분 상태를 말끔히 씻어주는 효과도 있다. 또 이와 같은 황토를 잘 정제해서 통과한 물을 마시면 몸속의 물이 육각수로 변하거나 장이 살균되는 효과도 있을 수 있다. 그리고 이 물로 세수를 하거나 몸에 바르면 피부병, 아토피, 무좀 등이 없어지는 효과도 있다. 그래서 우리는 황토에서 하는 〈맨땅요법〉을 〈파워 어스 Power Earth〉라고 한다. 황토는 지구에 있는 땅 가운데 10% 정도가 있는데 우리나라 땅은 전체의 40%가 황토로 되어 있다. 크나큰 행운이 아닐 수 없다.

바닷물이 있는 해변을 걷는 〈맨땅요법〉은 흙에서 하는 것보다 몇 백배 이상 뛰어난 효과가 있다. 바닷물은 염분이 있어 미네랄이 풍부하기 때문에 정전기를 중화시키는 효과가 뛰어나며, 전기가 흐르는 도전율 또한 엄청 강하다. 그래서 자연전자 유입 또한 엄청 빠르다. 물론 〈맨땅요법〉을 하기 전에 죽염 등을 조금 먹는 것도 체내 정전기를 빨리 중화시키는 데 도움이 된다. 바닷물 속에서 하는 〈맨땅요법〉은 지방에 쌓여 있는 정전기를 보다 많이 제거한다. 그리고 이때 지방 또한 분해하여 3개

04 맨땅요법의 종류

바닷가 맨땅효과

월 후에 체중이 10kg 정도 빠졌다는 사람도 있고, 흰머리가 검은머리로 변했다며 좋아하는 사람도 있다. 또 없던 머리칼이 새로 나와 대머리가 치료되었다며 좋아하는 사람도 있다. 그리고 얼굴 또한 윤기가 흐르며 건강미가 넘쳐 피부미용 또한 크나큰 효과가 있다. 그래서 많은 경험자들은 바닷물이 있는 모래사장을 걸을 때가 〈맨땅요법〉 효과가 가장 크다고 말한다. 그래서 우리는 바닷가 〈맨땅요법〉을 〈수퍼 어스Super Earth〉라고 부른다.

05 황토 헥사곤

서울 방배동에 있는 〈헥사곤Hexagon〉은 지구 최초의 헥사곤으로 우주의 제로 포인트 에너지가 들어 있는 〈제로지대〉이다. 이 헥사곤은 우리 몸에 해가 없도록 엄밀하게 설계되었으며, 특히 가장 정확하고 확실하게 효과를 볼 수 있도록 완벽하게 〈밀도〉를 맞추어 제작되었다. 그리고 지구의 자기장으로부터 최소한의 영향을 받도록 특별히 설계된 완벽한 제로지대이다.

헥사곤 전경

이 헥사곤은 2차원의 모형이며 이것을 3차원으로 만들면 피라미드가 된다. 피라미드의 위에서 1/3 되는 지점과 같은 효력이 있는 것이다. 차원에 대해 잘 모르는 사람은 헥사곤의 높이를 보고 3차원이라 생각하는데 이것은 3차원의 높이가 아니라 2차원의 헥사곤을 겹겹이 쌓아 올린 것이라고 생각하면 된다. 결국 헥사곤은 2차원의 피라미드인 것이다.

이 헥사곤은 황토 벽돌과 황토로 만들었으며, 황토 또한 그 결정구조가 6각형의 헥사곤이기 때문에 효과 또한 엄청 강하다. 서양에서는 헥사곤의 구조가 정삼각형 두 개를 엮어 만들었기 때문에 위를 향한 삼각형 △을 상승 에너지, 즉 남성에너지라고 하며, 아래를 향한 삼각형 ▽을 하강 에너지, 즉 여성에너지라고 한다. 이른바 아프락사스의 원리인 것이다. 그래서 이 헥사곤은 강력하게 뻗어나가는 힘과 막강하게 끌어들이는 힘이 있다. 또 이렇게 두 개의 삼각형을 엮어 만든 〈6각별〉을 〈황금의 별〉이라고도 한다. 황토 헥사곤은 곧 〈황금성黃金城〉인 것이다.

헥사곤 강의

황토 헥사곤 안에는 제로 포인트 에너지가 들어 있으며 원적외선을 생성하기도 한다. 그리고 황토의 원적외선과 합쳐져 한층 더 강한 효과를 내기도 한다. 그리고 스칼라 파장을 통해 〈암〉이나 기타 변질된 몸의 상태를 원상회복하는 효과도 있다. 그 밖에 물의 분자구조를 6각형으로 만들어 이곳에서 오랜 시간 있게 되면 몸속의 물이 육각수로 변하는 효과도 있다. 그리고 눈이 시리고 아플 때 이곳에 있게 되면 눈이 시원해지고 밝아지기도 한다. 또 황토 헥사곤 안에 있게 되면 지구 고유 주파수와 동조되어 안락하고 행복한 행복감을 느끼게 된다. 그래서 시간 가는 줄 모르고 편안한 상태로 있게 된다. 때문에 우리는 황토 헥사곤에서 하는 맨땅요법을 〈메가 수퍼 어스Mega super Earth〉라고 한다.

가볍게 하는 헥사곤 체험

우리 몸이 〈암〉 세포 등 나쁜 상태가 되면 그 상태는 분자 구조가 5각형의 펜타곤이 된다. 그러나 좋은 약이나 몸에 좋은 먹거리 등은 대체로 분자 구조가 모두 6각형의 헥사곤이다. 특히 우리 몸의 70%는 물로 이루어져 있고 건강한 사람은 그 중에 65% 정도가 6각수로 되어 있다. 이렇게 6각수는 건강과 밀접한 관계가 있는 것이다. 그 까닭은 6각수 안에 〈생명 에너지〉가 들어 있기 때문이다. 그래서 이 헥사곤 안에 오랜 시간 있게 되면 우리 몸의 물이 6각수로 변해 건강해지는 것이다. 건강한 사람은 65% 정도가 6각수 그리고 24% 정도가 5각수 그리고 나머지는 사슬 모양으로 되어 있다. 또 엄마 뱃속의 양수는 모두 6각수이다. 6각수는 5각형의 펜타곤

육각수

을 사라지게 하는 〈슈티마태국어로 좋은 것은 더 좋게, 그리고 나쁜 것은 좋은 것으로 변하거나 없어지게 하는 효과〉가 있는 것이다.

👣 황토 헥사곤의 여섯 가지 에너지

황토 헥사곤에는 신기하고 유익한 6가지 에너지가 나오고 있다. 그래서 이 안에 앉거나 누워만 있어도 우리의 몸과 마음은 건강하고 편안해진다. 어떤 여자분은 10년간 앓던 무릎 관절 통증과 허리 통증이 크게 완화되어, 복대를 차지 않으면 일어날 수 없었는데 여섯 번 정도 체험을 한 뒤에는 복대 없이 일어나고, 또 어떤 사람은 머리에서 발끝까지 원인 모르게 아파서 잠을 제대로 못 잤는데 황토 헥사곤을 이용한 바로 그날부터 아픈 데 없이 잠을 푹 자기도 하고, 또 채머리를 흔드는 병이 있는 어떤 할머니는 헥사곤 안에 1시간 반 정도 있다가 나온 뒤, 채머리를 흔드는 병이 없어졌다며 집에 돌아가서 고맙다는 문자를 보내 왔으며, 또 평소에 술을 많이 마셨던 아주머니는 헥사곤 안에 들어가니 온몸이 빨

갖게 알레르기 같은 것이 생겨 집에 돌아갔더니 몸이 한결 좋아졌다며 연락을 해왔다. 그 밖에 어떤 사람은 무좀이나 아토피 등이 신기하게 없어지거나 좋아지는 등 여러 가지 효능이 나타나고 있다. 이렇게 황토 헥사곤의 6가지 에너지는 여러분에게 아름다운 꿀피부와 늙지 않고 활력에 넘치는 젊음을 선사할 것이다. 그것은 이 헥사곤 안에 다음과 같은 6가지 에너지가 존재하고 있기 때문이다.

1. 스칼라Scalar 에너지

이 헥사곤 안에는 우주 에너지가 숨어 있는 제로지대가 존재한다. 따라서 제로지대 에너지는 모든 에너지를 제로 상태로 만든다. 이렇게 제로 상태로 만드는 작용을 하는 에너지를 스칼라 파장이라고 한다. 이 스칼라 파장은 제로가 아닌 상태를 다시 제로상태, 즉 원래의 상태로 복구하는 힘이 있다. 따라서 이곳 황토 헥사곤 안에 앉거나 누워 있으면 스칼라 파장에 의해 아픈 몸이나 마음이 원래의 건강한 상태로 회복되는 효과가 있다.

2. 황토 에너지

황토는 정육각형, 즉 헥사곤의 결정구조를 가지고 있어 여기서도 역시 원상회복 에너지인 스칼라 파장이 나온다. 또한 황토는 강력한 원적외선 에너지가 뻗어 나오며 항균, 항취 효과 또한 뛰어나다. 따라서 황토는 원적외선을 통해 스칼라 에너지와 항균작용, 그리고 땅 속의 자연전자를 우리 몸속 깊숙이 주입하는 효과가 있다. 그 결과 몸속의 활성산소는 줄어들고 체온은 올라가 면역력 또한 한층 〈업up〉 된다.

3. 지구 고유 주파수

우리 몸의 심장 박동수와 뇌파는 지구 고유 주파수에 맞춰져 있다. 그래서 몸이 지구 고유 주파수와 공명할 때 가장 편안하고 안락한 행복감을 느끼게 된다. 따라서 헥사곤 안에서 땅과 접촉하고 있으면 우리 몸은 지구 고유 주파수와 동조되어 몸과 마음이 편안하고 행복해진다.

4. 평안선

지구 자기장의 방향과 우리 몸이 직각이 되거나 어긋나게 되면 전자기유도 현상에 의해 우리 몸에 전기장이 생긴다. 그리고 지구 자기장은 이렇게 생긴 전기장에 영향을 끼쳐 우리의 몸과 마음에 부조화를 일으킨다. 그러면 몸은 피부가 쭈그러지거나 늘게 되고, 마음은 안정이 안 되어 짜증이 난다. 이 황토 헥사곤은 그 부조화된 자기장의 영향을 받지 않도록 평안선平安線, 지구의 자전축에 맞추어 만들어졌다. 황토 헥사곤에 표시된 북쪽 화살표 방향을 향해 앉거나 누우면 자기장의 부조화로 인한 영향을 받지 않게 되어 피부는 주름이 펴지고 팽팽해지며, 정신 또한 혼란이 사라져 막강한 집중력을 갖게 된다. 천재적 기능은 이렇게 막강한 집중력에 의해 생긴다.

5. 접지

우리 몸은 전류가 흐르는 도체이다. 지구 또한 도체이다. 그래서 우리 몸을 땅과 접지시키면 우리 몸에 흐르는 전류와 땅이 갖고 있는 전류는 서로 교감을 한다. 우리가 갖고 있는 쓸데없는 근심걱정 따위의 파장은 땅으로 흘러가고 우리 몸에 유익한 땅 속의 자연전자는 우리 몸에 유입되어 몸속의 유해 산소인 활성산소를 크게 줄여주는 것이다. 질병의 90%는 활성산소에 의해 생긴다고 한다. 결국 지구와의 접지는 90%의 병의 원인을 해소하는 위력이 있는 것이다. 또 정전기에 의해 뭉쳐 있던 혈액이 스스로 풀려 혈액순환 또한 원활해진다. 이렇게 건강해진 몸은 결국 막강한 면역력을 갖게 되고, 근심걱정 없는 편안한 마음은 또 깊은 숙면을 취하게 한다.

앞으로는 휴대폰 등 무선 전자기기에 의한 암 발생률이 또한 많아질 것이다. 설사 암에 걸리지 않더라도 시력장애, 심한 두통, 뇌종양, 알츠하이머, 피부 자극, 만성피로 등 수많은 고통이 따를 것이다. 이 또한 접지를 통해 활성산소를 줄이고 자기장의 영향을 벗어나면 건강을 계속 유지할 수 있다.

6. 온도

세상의 모든 변화는 온도가 일으킨다 해도 과언이 아니다. 그러나 온도에 영향을 받지 않는 방법이 딱 하나 있다. 그것은 바로 이 헥사곤 안에 있는 것이다. 실제로 지구상에서 상하지 않는 유일한 식품이 있다면 그것은 바로 헥사곤 안에서 생성된 〈꿀〉이다. 벌집 또한 헥사곤이기 때문에 꿀만이 유일하게 상하지 않는 것이다. 그래서 황토 헥사곤은 여름에는 시원하고 겨울에는 따뜻한 기운이 감도는 것이다. 또 황토 헥사곤에 앉거나 누워 있으면 저절로 마음이 편안해지고 근심, 걱정, 스트레스, 짜증 같은 것들이 사라지게 된다. 그리하여 가장 편안하고 안락한 명상 상태가 저절로 되는 것이다. 특히 황토와 헥사곤은 원적외선을 통해 우리 몸의 체온을 높여준다. 체온의 상승은 곧 면역력의 상승이다. 때문에 황토 헥사곤은 우리 몸을 튼튼하게 만들어 주고 정신력 또한 강하게 해주어 원하는 인생과 바라는 소원을 모두 성취하게 해 준다.

황토 헥사곤의 여섯 가지 효능

1. 슈티마 효과

슈티마란 태국어로, 좋은 것은 더 좋게 되고 나쁜 것은 좋은 것으로 바뀌거나 없어진다는 뜻이다. 황토 헥사곤 안에는 이와 같은 슈티마 효과가 있는데, 헥사곤 안에 앉거나 누워만 있어도 신기하게 건강한 몸은 더욱 건강해지고 질병이 있거나 아픈 부위는 크게 완화되거나 없어지는 것이다. 슈티마 효과로 인해, 맨땅요법 치유 프로그램을 하고 있는 회원 중 대다수가 통증이나 불편함이 많이 사라지고, 잠을 푹 자며, 건강을 회복하게 되었다고 말한다. 여러분도 이와 같은 신기한 슈티마 효과를 누려 보기 바란다.

2. 천재적 집중력 향상

이곳 황토 헥사곤에서 잠을 자거나 휴식을 취하면 마음과 몸이 저절로 평온하고 편안해지며 잡념, 근심, 스트레스, 짜증 등의 원인인 몸 안의 정전기와 활성산소가 제거되어 머리가 맑아지고 개운해짐으로써 자연스럽게 집중력이 향상된다. 그래서 맨땅요법 치유 프로그램 회원 중 많은 사람들이 황토 헥사곤 이용 후 활기차고 의욕적인 업무처리를 하게 되었다고 말한다. 집중력이 필요한 수험생은 물론, 과도한 스트레스로 고생하시는 분들, 업무능력 향상과 번뜩이는 아이디어가 필요하신 분들이라면 맨땅요법 치유 프로그램을 통해 황토 헥사곤을 꼭 체험해 보기 바란다. 반드시 좋은 결과를 얻을 것이다.

3. 성장 발달과 튼튼 효과

이곳에 씨앗을 약 일주일 정도 넣어둔 뒤 파종을 하면 수확량이 증대되고 병충해에 견디는 힘도 커지며, 열매도 1.5배 정도 더 크게 자란다. 이와 같은 효능으로 인해 어린아이가 이곳에서 하루 1시간 이상씩 꾸준히 있게 되면 성장 속도가 빨라지고 몸도 튼튼해지는 효과가 있다.

4. 디톡스 현상탈수현상을 통한 해독작용

황토 헥사곤이 가진 신기한 현상 중 하나로 수분이 빠져나가는 탈수 현상이 있는데, 똑같은 수박 2개를 사서 하나는 황토 헥사곤 안에 두고, 다른 하나는 밖에 두어, 두세 시간쯤 후에 먹어 보면 황토 헥사곤 안에 두었던 수박이 월등하게 달고 맛이 뛰어난 것을 알 수 있다. 다른 사례로 역시 황토 헥사곤 안에 둔, 밀봉된 새 막걸리 통에서 막걸리가 새어나오는 현상도 있었다. 이와 같이 수박이 더 달거나 막걸리가 새는 현상을 탈수현상이라고 한다.

여러분이 황토 헥사곤 안에 있게 되면 이와 같은 탈수 작용으로 인해 몸 안에 있는 불필요한 노폐물과 독소 등이 빠져나가게 된다. 따라서 황토 헥사곤에 앉아 있거나 누워만 있어도 이러한 해독 작용으로 인해 면역력이 높아져 질병이 크게 완화되거나 사라지고, 온 몸에 활력과 기력이 샘솟듯이 생기게 된다. 또한 지구 자장으로 인한 디톡스 현상은 주름 개선 효과가 탁월하여 여러분의 피부를 싱싱하고 탄력 있는 꿀피부로 만들어 준다. 피부질환이 있거나 피부 미인이 되고자 한다면 맨땅요법 치유 프로그램에 참여하여 체험해보기 바란다. 놀라운 효과를 체험할 수 있을 것이다.

5. 원적외선을 통한 침투 현상

황토 헥사곤은 황토 벽돌과 황토로 만들어져 있다. 또 우주의 생명 에너지가 존재하도록 특정 비율로 만들어졌으며, 황토 헥사곤에서 생성되는 원적외선과 황토의 원적외선이 함께 작용하여 강력한 효과를 발휘한다. 이 원적외선이 원상회복 에너지인 스칼라 에너지와 지구 고유 주파수 그리고 자연전자 등을 우리 몸 속 깊숙이 침투시켜 활성산소를 줄여주고 편안한 마음과 행복감을 느끼게 해준다. 또 황토의 원적외선과 강력한 항균 기능은 피부의 염증이나 아토피, 무좀, 사마귀, 티눈 따위를 없애는 효과도 있다.

6. 「싸이파워」 효과

황토 헥사곤에는 우주에너지를 통해 원하는 소원을 현실에 창조하는 기운이 있다. 때문에 이곳에서 생각하고 그린 미래는 현실로 성취되는 행운이 있는 것이다. 좋은 생각은 좋은 미래를 만들고, 나쁜 생각은 나쁜 미래를 불러오니 이곳에서는 좋은 현실이 되도록 좋은 생각만 하자. 결코 나쁜 생각은 하지 말자!

 천재적 집중력의 작은 헥사곤, 똑똑이

다음은 헥사곤의 크기를 줄여서 머리에 쓸 수 있도록 만든 작은 헥사곤이다. 우리는 이것을 〈똑똑이〉라고 부른다. 이것을 머리에 쓰고 있으면 복잡하고 엉켜 있던 머리가 시원해지며 집중력이 강화되는 것을 느낄 수 있다. 또 가장자리에 있는 것을 목에 걸고 있으면 목이 아픈 것도 사라지고 한층 업무에 집중할 수가 있다. 또 이곳에 화장품이나 음료수를 넣어두면 그 맛 또한 부드럽게 느껴진다. 담배를 이 안에 넣어두었다 피우면 그 맛 또한 순해진다. 그리고 이 안에 과일을 넣어 두면 오랜 시간 동안 상하지 않고 신선도를 유지할 수 있으며 맛 또한 진해진다. 6각형의 헥사곤 스티커와 함께 사용하면 그 효과 또한 증가하거나 오래 지

똑똑이 쓰고 업무 중

속된다. 똑똑이란, 〈똑똑한 아이〉 혹은 〈사리에 밝고 총명한 사람〉이라는 뜻이다. 이것을 머리에 쓰고 있으면 그렇게 사리에 밝고 총명하며 똑똑한 사람이 될 수 있는 것이다.

다음은 똑똑이를 통해 사과 실험을 한 것이다. 똑똑이 안의 사과와 그냥 보존한 사과의 변화가 나타난 결과이다.

시작은 2015년 4월 17일부터 하였다.

사과실험 4월 17일

똑똑이 안에 사과 2개를 넣고 좌우에 헥사곤 스티커를 하나씩 옆에 놓았다. 다른 하나는 1회용 접시 위에 사과 2개를 올려놓고 냉장고나 에어컨 등 기후에 영향을 주는 일체의 장비를 설치하지 않았다. 실험 장소는 대구였으며 2015년은 유독 무더운 여름이었다.

사과실험 5월 17일

사과실험 5월 25일

사과실험 5월 29일

사과실험 6월 21일

실험은 9월 17일까지 했으나 헥사곤 안이 아닌 밖의 사과는 6월 29일에 더 이상 썩은 냄새로 보존할 수가 없어 폐기처분을 하였다.

사과실험 6월 29일
우측 사과 폐기 처분

사과실험 9월 6일

사진에서 보는 바와 같이 처음 시작은 같으나 시간이 지남에 따라 헥사곤 안의 사과와 그냥 사과는 현저하게 차이를 보이고 있다.

사과실험 9월 17일

다음은 대구에서 〈똑똑이〉 실험을 주관한 정경철님이 실험을 종료하며 보내온 글이다.

05 황토 헥사곤

"4월17일부터 9월17일까지 〈똑똑이〉 사과실험을 하였습니다. 한 달 정도 더 진행하려다가 아무래도 반쪽 이상이 싱싱하고 또한 반으로 잘랐을 때 싱싱함이 보일 수 있도록 9월 17일자로 실험을 종료했습니다. 결과는 대박입니다. 반으로 잘랐을 때 안쪽은 싱싱함 그 자체였습니다. 또한 먼저 쪼그라든 사과 안쪽도 거의 부패 없이 잘 보존되어 있었습니다. 그 사과 안쪽은 곶감처럼 생겨 보입니다. 사과를 한 입 베어 먹었더니 아주 달콤하고 맛있었습니다. 맛이 있어 여러 번 먹었습니다. 그리고 반으로 쪼그라든 사과도 곶감처럼 아주 달콤했습니다. 완전 곶감 맛이었습니다. 또한 두 가지 사과 모두 맛도 있었지만 냄새 또한 향긋했습니다.

이번 실험에서, 헥사곤의 제로 포인트 에너지인 스칼라파장의 경이로움과 위대함에 저절로 고개 숙여집니다. 〈우주는 스스로 자신을 보존한다〉라는 말뜻이 피부로 실감 있게 와 닿는 실로 놀라운 실험이었습니다.

제로지대가 있는 세 곳 중, 공간 제로지대인 헥사곤 안의 위력이 기적처럼 나타나 마치 파동의 세계가 눈에 선명하게 보이듯 이해되는 순간이었습니다.

제로지대의 제로 포인트 에너지는 스스로 작용을 일으켜 창조를 한다는데, 〈설마 공간 안에 무슨 제로 포인트 에너지가 있겠어?〉〈대수롭지 않은 육각 공간일 뿐인데, 그 안에 도대체 무슨 제로지대가 있단 말이지?〉 이렇듯 속마음 한 켠에서 슬며시 올라왔던 부정적 의문의 생각들이 일순간에 해소되는 정말 놀라운 실험이었습니다.

아인슈타인이 한 말 중에 〈이 세상에 이해할 수 없는 모든 것은 곧 이해할 수 있는 것이다)라는 말뜻의 진정한 의미를 다시금 새기는 순간이었습니다.

이와 같은 헥사곤을 알게 해 주셔서 진심으로 감사드립니다."

만약 헥사곤 안에 사과가 아니라 여러분의 머리가 들어 있다면 어떻게 되겠는가? 그래서 똑똑이를 머리에 쓰고 업무를 보거나 공부를 하면 성적과 능률이 한층 〈업up〉되는 것이다.

항상 몸에 지닐 수 있는 헥사곤, 『싸이파워』 메달

『싸이파워』 메달은 2001년 8월에 『맨땅요법』 저자분이 너무나 전자제품을 좋아한 끝에 전자파 속에 살다가 쓰러져 뇌출혈을 일으켜 수술을 받은 후 만든 제품이다. 그때 저자분은 비록 수술은 하였지만 〈산다는 보장은 할 수 없다〉는 의사의 말을 듣고 생명의 존재에 대해서 파헤

전자제품으로 가득 찬 스튜디오

싸이파워 메달

치기 시작했다. 그리고 생명이 〈6각〉 속에 존재한다는 것을 발견하였다. 그리고 이와 같은 생명력이 너무 강하지도 약하지도 않게 우리 몸에 〈이득〉만 될 수 있도록 〈밀도〉를 맞추어 〈순금메달〉을 제작해 몸에 지니고 다녔다. 순금 역시 분자구조가 헥사곤이다. 때문에 순금으로 만든 『싸이파워』 메달은 편안하게 우리 몸에 흡수되는 효과가 있다. 물론 은으로 만든 메달 역시 효과는 금과 대동소이하다. 단, 금의 분자구조 역시 헥사곤이기 때문에 몸과의 조화가 보다 원활할 뿐이다. 또 이 메달은 제로 포인트 에너지가 들어 있으므로 『싸이파워』 효과 또한 강하게 작용한다. 그래서 이 메달을 만든 후 저자분의 첫 『싸이파워』는 건강하고 활력에 넘치는 삶을 살기 위한 것이었다.

입자문명에서 보면 비과학적으로 들리겠지만 이 목걸이는 함부로 다른 사람에게 빌려주거나 몸에서 오랜 시간 떨어져 있으면 안 된다. 그래서 항상 몸에 지니고 다니길 권한다. 왜냐하면 한 사람이 꾸준히 차고 다녀야 이 목걸이가 그 사람의 오라aura와 동화되어 그 사람을 지켜주기 때문이다. 목걸이와 마음의 제로지대는 이렇게 서로 교감을 한다. 때문에 옛날에 왕이나 부자들은 〈6각〉 구조로 되어 있는 〈옥〉을 항상 몸에 지니고 다녔다. 〈옥〉 또한 육각구조의 헥사곤이기 때문에 계속 차고 있으면 몸과 동화되어 미리 위험을 알려주든가 아니면 몸을 지켜주기 때문이다. 그 증거로, 『싸이파워』 메달을 목에 차고 다니다 교통사고가 났는데 차는 부서져 폐차를 해도 몸은 멀쩡하다든가 아니면 길에서 『싸이파워』 메달을 잃어버려도 모두 다시 찾았다는 실례가 있다. 단 〈옥〉과 〈싸이파워 메달〉이 다른 점은 〈옥〉은 색이 변하거나 금이 가서 〈위험〉을 알려 주지만, 〈싸이파워 메달〉은 그 위험으로부터 자신을 지켜준다는 것이다.

05 황토 헥사곤

06 맨땅요법의 효과

맨땅요법이란 결국 우리 몸을 대지와 접촉함으로써 몸속의 정전기를 제거하고 대지로부터 〈자연전자〉를 유입하여 몸속의 활성산소를 제거하는 일을 하는 것이다. 또 지구가 갖고 있는 고유 주파수와 동화되어 심신이 안정되며 잘못된 신체 주파수를 대지로부터 교정 받는 효과도 있다. 이렇게 지구가 갖고 있는 고유 주파수를 〈가이아의 뇌파〉라고 한다. 〈가이아〉는 그리스 신화에 나오는 대지의 여신이다. 이 대지의 여신은 땅 위의 모든 생명을 돌보는 어머니를 말한다. 지구의 대기권 상층부에는 이온층이 형성되어 있는데, 이 이온층은 라디오나 TV의 공중파 전파를 반사시키는 역할을 한다. 그런데 이보다 더 중요한 것은 이 온층과 지구 표면 사이의 공간이 일종의 공명통 역할을 한다는 것이다. 대기권에서는 천둥번개가 1초당 100~200번씩 전기와 소리 에너지를 방사하는데, 그 결과 평균 7~12Hz 사이의 주파수대의 공명이 유지된다고 한다. 이 공명현상을 〈슈만공명〉 또는 〈가이아의 뇌파〉라고 부른다. 이 〈가이아의 뇌파〉는 1952년 독일의 〈슈만〉이 발견하였으므로 〈슈만공명〉이라고 부르는 것이다. 놀라운 것은 이러한 슈만공명의 주파수가 인간의 뇌파 평균 주파수와 정확히 일치한다는 사실이다. 물론 평소에는 슈만공명의 소리를 거의 의식하지 못한다. 활동할 때의 뇌파가 슈만공명보다 높은 베타파 14~50Hz 상태에 있기 때문이다. 그러나 가만히 쉬거나 명상을 할 때 우리는 슈만공명과 같은 알파파 8~14Hz 상태에 있게 된다. 이때 우리는 더할 수 없는 안락함과 편안함을 느끼는 것이다.

때문에 〈맨땅요법〉을 통해 몸속의 정전기를 제거하고 〈가이아의 뇌파〉와 동조되면 잡념과 번민이 없어져 마음이 안정되고, 또 대지로부터 자연전자를 유입하면 질병이 일어날 수 있는 원인이 제거되어 항상 건강한 생활을 유지할 수 있다. 또 병에 걸린 사람은 더 이상 병이 진행되는 것이 멈추거나 아니면 근본 원인이 제거되어 건강을 되찾을 수도 있다. 이처럼 맨땅요법은 자연치유 능력이 있으며, 이러한 〈자연면역 기능〉을 통해 우리 몸에 꼭 필요한 만큼만 자연전자를 유입하는 특징이 있다. 그래서 맨땅요법은 활성산소로 인한 노화를 방지하고 〈가이아의 뇌파〉를 통해 심신의 안정을 취하며, 피부를 탄력 있고 싱싱하게 만들어 젊음을 유지시킬 뿐만 아니라 몸속의 〈미토콘드리아〉를 증식시켜 보다 활기차고 왕성한 생활력을 갖게 해준다. 그리고 발바닥의 경혈을 자극하여 오장육부가 원활하게 작용할 수 있도록 혈액순환을 왕성하게 해주며, 신발을 신고 걸을 때보다 운동량도 30% 이상 증가하는 효과가 있다. 그리고 맨땅요법 후에는 깊은 잠을 잘 수 있으며, 깨어난 뒤에는 상쾌한 두뇌활동을 할 수 있고 막강한 집중력을 발휘할 수 있다.

그 밖에 맨땅요법을 통해 나타나는 세부적인 효과는 다음과 같다.

	맨땅요법의 효과
1	염증 관련 증상이 개선되거나 없어진다.
2	만성 통증이 감소하거나 없어진다.
3	근육긴장과 두통이 완화된다.
4	호르몬 증상과 생리증후군이 감소한다.
5	치유 속도가 극적으로 빨라지고 욕창이 줄거나 예방된다.
6	빨리 잠들고 깊은 잠에 빠진다. 불면증이 해소된다.
7	시차로 인한 피로가 줄거나 없어진다.
8	미토콘드리아 증가로 활력이 넘친다.
9	생체리듬이 정상화되며, 면역력이 높아진다.
10	혈액이 맑아지고 혈압과 혈류가 개선된다.
11	신경계와 스트레스 호르몬을 진정시켜 스트레스가 줄고 마음이 안정된다.
12	몸속의 지방질이 분해되고 노화를 방지한다.
13	건강에 영향을 주는 전자기장으로부터 보호된다.
14	심한 운동 후에 회복이 빠르다.
15	정전기로 인한 활성산소가 격감한다.
16	정신이 맑아지며 집중력이 강화된다.

5부 문제

01 스트레스에 대한 설명 중 타당하지 <u>않은</u> 것은?
   ① 외부의 변화를 내부에서 방어할 때 생긴다.
   ② 주변 환경의 변화에 따른 일종의 적응 현상이다.
   ③ 스트레스는 건강에 전혀 도움이 안 된다.
   ④ 스트레스가 심해지면 엔도르핀이라는 호르몬이 만들어져 스트레스를 무마시킨다.

02 다음 중 맨땅요법의 효과에 대한 설명이 <u>아닌</u> 것은?
   ① 집중력이 증가한다.
   ② 몸속의 정전기가 감소한다.
   ③ 정신이 맑아진다.
   ④ 자연전자가 무한정 유입된다.

03 다음 중 맨땅요법과 자연전자에 대한 설명으로 타당하지 <u>않은</u> 것은?
   ① 자연전자는 한꺼번에 순간적으로 몸속에 들어온다.
   ② 자연전자는 1초에 1mm 정도 움직인다.
   ③ 몸의 특정 부위를 집중적으로 하고 싶으면 그 부위를 직접 땅에 대거나 아니면 접지 패드를 그 부위에 붙인다.
   ④ 해변에서 바다에 들어가거나 젖은 모래에 누우면 강력한 맨땅요법의 효과가 있다.

04 다음 중 맨땅요법에 대한 설명으로 타당하지 않은 것은?

① 맨땅요법은 우리 몸을 아프기 이전의 상태로 되돌려 놓는 효과가 있다.
② 맨땅요법은 잡념을 없애고 집중력을 높이는 효과가 있다.
③ 맨땅요법은 명현반응이 전혀 나타나지 않는다.
④ 맨땅요법은 몸속의 면역력을 한층 증가시킨다.

05 다음 중 자연전자에 대한 설명으로 적당하지 않은 것은?

① 자연전자는 녹이 슨 전선줄도 잘 통과한다.
② 자연전자는 자석이나 자장이 있으면 가는 방향을 잃어버린다.
③ 자연전자는 원자핵에서 멀리 떨어져 있는 전자이다.
④ 자연전자는 전도율이 높은 재질이 아니면 그 속도가 매우 느리다.

06 다음 중 자연전자에 관련된 설명으로 적합하지 않은 것은?

① 자연전자가 몸까지 도달하기 위해서는 땅에서 가까운 층에서 자는 것이 좋다.
② 높은 층에 살게 되면 우리 몸은 대지와 전위차가 심해진다.
③ 맨발로 서 있는 것과 얇은 신발을 신고 서 있는 것은 큰 차이가 없다.
④ 자연전자 유입을 위해 지하에 사는 것은 바람직하지 않다.

07 다음 중 맨땅요법에 관한 설명으로 적합하지 않은 것은?

① 땅과 접촉한다.
② 몸 안의 정전기를 제거한다.
③ 몸에서 땅으로 자연전자가 빠져나간다.
④ 활성산소를 제거한다.

08 다음 중에서 맨땅요법의 효과가 가장 큰 장소는?
① 황토
② 바닷가
③ 황토 헥사곤
④ 습지

09 다음 중에서 맨땅요법의 효과가 가장 큰 장소는?
① 콘크리트
② 바닷가
③ 황토
④ 산 정상

10 다음 중 도전율에 대한 설명으로 옳지 않은 것은?
① 전류가 흐르기 쉬운 정도를 나타내는 값이다.
② 단위는 〈모우 매 미터〉라고 하며 $\mho/m$ 로 표시한다.
③ 마른 땅과 습지는 도전율이 별 차이 없다.
④ 땅과 물은 같은 도체이다.

11 다음 중 전도율과 저항률에 관련된 설명으로 옳지 않은 것은?
① 저항률은 흐르는 전류를 방해하는 값으로, 단위는 〈옴 Ω/m〉으로 표시한다.
② 전도율은 전류가 흐르기 쉬운 정도를 나타내는 값으로, 단위는 〈모우 매 미터〉라고 하며 $\mho/m$ 로 표시한다.
③ 바닷물은 산악지대보다 5천배 가까이 전류가 더 잘 흐른다.
④ 맨땅요법은 저항과 도전율에 상관없이 동일한 효과를 발휘한다.

12 다음 중 맨땅요법의 효과로 볼 수 없는 것은?
① 땀을 통해 몸 안의 독소를 배출한다.
② 운동량이 증가한다.
③ 미토콘드리아의 활성화를 돕는다.
④ 생명 에너지가 증가한다.

13 다음 중 황토에 대한 설명으로 옳지 않은 것은?

① 황토는 〈5각 구조〉로 되어 있다.　② 유해 전자파를 차단한다.

③ 해독 작용을 한다　　　　　　　 ④ 원적외선을 방출한다.

14 다음 중 바닷물에 대한 설명으로 타당하지 않은 것은?

① 바닷물이 있는 해변을 걷는 〈맨땅요법〉은 흙에서 하는 것보다 효과가 뛰어나다.

② 바닷물은 정전기를 중화시키는 효과가 뛰어나며, 전기가 흐르는 도전율이 우월하다.

③ 바닷물 속에서 하는 〈맨땅요법〉은 지방에 쌓여 있는 정전기 제거가 수월하다.

④ 바다에서 하는 수영은 〈맨땅요법〉 효과가 없다.

15 맨땅요법에 대한 설명 중 타당하지 않은 것은?

① 맨땅요법은 대지로부터 자연전자를 공급받는다.

② 자연전자는 몸이 땅에 닿는 순간 순식간에 들어온다.

③ 맨땅요법은 꾸준히 해야 그 효과가 나타난다.

④ 맨땅요법은 아스팔트길에서는 거의 효과가 없다.

16 우리나라 전기는 두 선 중의 하나는 220v이고 또 하나는 0v이다. 땅 역시 0v이다. 다음 중 땅의 0v와 전기의 0v에 대한 설명 중 옳은 것은?

① 땅의 0v는 전압이 없어 움직일 수 없지만 전기의 0v에는 전압이 걸려 있어 움직일 수 있다.

② 둘 다 같은 0v로 전혀 차이가 없다.

③ 둘 다 0v이므로 우리 몸에 아무런 해가 없다.

④ 둘 다 0v로 그 속도가 같다.

17 다음 설명 중 틀린 것은?

① 맨발이 맨땅에 닿는 순간 우리 몸속 지방에 들어 있는 정전기는 한 번에 빠져나간다.
② 맨땅요법을 꾸준히 하면 피부도 고와지고 살도 빠져 최고의 미용 효과를 볼 수 있다.
③ 맨땅요법을 꾸준히 하면 우리 뇌의 송과체 부분의 지방질도 분해되어 머리가 총명해진다.
④ 땅속의 자연전자는 자연면역 기능이 있어 우리 몸에 해가 없이 이득만 제공한다.

18 다음 설명 중 틀린 것은?

① 우리 몸은 땅에서 높아질수록 몸속의 전압이 올라간다.
② 정전기는 불필요한 잡념과 활성산소를 만드는 원인이다.
③ 맨땅요법을 하면 땅속의 자연전자가 들어와 활성산소를 제거한다.
④ 지구는 대지 속에 물이 흐르고 있어 그 마찰로 자연전자를 생성한다.

19 산에서 맨땅요법을 할 때 가장 좋지 않은 장소는?

① 산 정상
② 산 중턱
③ 산 아래
④ 산 아래 계곡

20 땅속의 자연전자는 우리 몸에 쉽게 들어오지 않는다. 그 이유는?

① 전압이 없어서
② 전압이 강해서
③ 활성산소 때문에
④ 병든 몸이 싫어서

21 〈우주심〉은 우주 자체의 것이기 때문에 우주의 〈보존본능〉을 갖고 있어 스스로 자신을 보존하려고 한다. 이렇게 우주 자신이 우리 몸에서 스스로를 보존하려고 하는 기능을 무엇이라 하는가?

① 보존기능　　　　② 저항기능
③ 면역기능　　　　④ 항진기능

22 항산화효소는 우리 몸속의 대표적인 면역물질로서 25세까지는 활발하게 만들어지다가 몇 세쯤 되면 만들어지는 양이 현저하게 줄어드는가?

① 30대초　　　　② 40대초
③ 50대초　　　　④ 60대초

23 자연전자는 발을 땅에 대었다 하여 즉시 들어오는 것이 아니다. 한국 땅의 경우 최소한 얼마 동안 지나야 몸속에 유입되기 시작하는가?

① 5~10분　　　　② 15~20분
③ 35~40분　　　　④ 45~50분

24 자연전자가 유입되는 속도는 한 알 한 알 움직이기 때문에 매우 더디다. 대충 1초에 얼마나 움직일까?

① 0.1mm　　　　② 1mm
③ 1cm　　　　　④ 10cm

25 전류가 흐르기 쉬운 정도를 나타내는 값을 도전율이라고 하는데, 단위는 〈모우 매 미터〉라고 한다. 다음 중 도전율이 가장 높은 곳은?

① 황무지나 산 정상　　　② 밀림이나 구릉
③ 낮은 언덕이나 밭　　　④ 논이나 물기가 있는 습지

26 전류가 흐르기 쉬운 정도를 나타내는 값을 도전율이라고 하는데 황무지나 산 정상과 같은 곳의 도전율을 1이라고 한다면 바닷물은 그보다 몇 배나 더 강하게 전류가 흐르는가?

① 100배 정도
② 1000배 정도
③ 3000배 정도
④ 5000배 정도

27 흐르는 전류를 방해하는 값을 저항률이라고 하는데, 저항률은 〈옴 Ω〉으로 표시한다. 다음 중 저항률이 가장 낮은 곳은?

① 점토질의 논이나 습지
② 사막의 모래땅
③ 지장수나 옥정수
④ 바닷물

28 도전율이 낮고 저항률이 높은 더운 땅에서 맨땅요법을 할 경우에는 어떻게 하면 더욱 효과를 볼 수 있는가? 가장 효과적인 것은?

① 땅바닥에 물을 뿌리고 한다.
② 땅바닥에 소금물을 뿌리고 한다.
③ 땅바닥에 소금물을 뿌리고, 소금을 한 점 집어먹고 한다.
④ 싸이파워 체조 등 맨손체조를 충분히 하여 몸에 땀을 내고 나서 시작한다.

29 맨땅요법을 하는 중 오르막길을 오르락내리락할 때 숨이 차다면 그 원인으로 가장 옳은 것은?

① 적혈구 과다
② 백혈구 과다
③ 비타민C 부족
④ 미토콘드리아 부족

30 다음은 황토에 대한 설명이다 <u>틀린</u> 것은?

① 〈제로지대〉에너지인 생명력을 갖고 있는 〈6각 구조〉로 되어 있다.

② 원적외선을 방출하여 몸 속 깊숙이 파고드는 위력이 있다.

③ 유해 전자파를 차단시킬 뿐만 아니라 습도조절, 항균작용, 해독작용, 염증제거, 중금속 배출 등 엄청난 위력이 있다.

④ 황토는 지구 전체의 대지 중 40%를 차지하며 그 중 10%는 우리 나라에 있다.

31 황토에서 하는 맨땅요법을 무엇이라 하는가?

① 해피어스 Happy Earth

② 파워어스 Power Earth

③ 수퍼어스 Super Earth

④ 메가수퍼어스 Mega Super Earth

32 바닷물이 있는 해변을 걷는 맨땅요법은 흙에서 하는 것보다 몇 백배 이상 뛰어난 효과가 있다. 다음 중 <u>틀린</u> 것은?

① 전기가 흐르는 도전율이 엄청 강하기 때문이다.

② 염분이 있어 미네랄이 풍부하기 때문이다.

③ 자연전자 유입이 엄청 빠르기 때문이다.

④ 바닷가 모래 위를 걸음으로써 발바닥이 섬세하고 고르게 지압이 잘되기 때문이다.

33 일반 땅을 맨발로 걷는 것보다 황토 땅을 맨발로 밟는 것이 훨씬 더 효과적이다. 그 이유에 해당되지 않는 것은?

① 결정구조가 6각이기 때문이다.

② 〈제로지대〉에너지를 함유하고 있기 때문이다.

③ 원적외선을 내뿜기 때문이다.

④ 일반적인 땅의 전도율이 8〈모우 매 미터〉라면 황토는 5000〈모우 매 미터〉나 되기 때문이다.

34 다음 설명 중에서 틀린 것은?

① 염증이란, 한 마디로 말하면 조직 내에 활성산소가 부족하여 발생하는 현상이라고 할 수 있다.

② 너무 기쁜 것도 알고 보면 스트레스다.

③ 염증은 해로운 자극으로부터 신체를 보호하기 위한 방어반응이다.

④ 40세 이후에는 항산화 효소뿐만 아니라 자연전자를 비축하는 '코엔자임큐텐'도 그 양이 급속히 줄어든다.

35 다음 중 맨땅요법의 설명으로 적당하지 않은 것은?

① 맨발로 걷기 때문에 경혈을 자극하는 지압효과가 있다.

② 신발을 신고 걸을 때보다 운동량이 적다.

③ 송과체의 지방변성을 줄여준다.

④ 기감능력을 향상시켜 총기를 발휘할 수 있게 한다.

36 다음 설명 중에서 옳은 것은?

① 맨땅요법을 하면 땅으로부터 자연전자가 무한히 들어온다.
② 자연전자는 맨땅 자체의 힘으로 우리 몸에 유입된다.
③ 맨땅으로부터 자연전자가 우리 몸에 유입되는 것은 우리 몸의 활성산소가 끌어당기기 때문이다.
④ 자연전자는 우리 몸이 땅에 닿자마자 유입되기 시작한다.

37 다음 설명 중에서 틀린 것은?

① 맨땅요법을 하면 정신이 맑아지고 집중이 잘되는데, 그것은 맨땅요법을 통해 몸속의 정전기가 빠졌기 때문이다.
② 정전기도 활성산소를 만든다.
③ 우리 몸이 맨땅에 닿는 순간 정전기와 활성산소는 동시에 빠져나간다.
④ 자연전자가 우리 몸 전체에 골고루 전달되기 위해서는 최소한 1시간 반에서 2시간 정도는 맨땅요법을 해야 한다.

38 다음 설명 중에서 틀린 것은?

① 컴퓨터나 머리를 많이 쓰는 사람은 손바닥을 땅에 대고 맨땅요법을 하는 것이 보다 효과적이다.
② 맨땅요법을 하면 모든 통증이 동시에 사라진다.
③ 맨땅요법을 하다 보면 아파서 변질된 몸이 원래 상태로 되돌아가는 과정에서 다시 한 번 아프거나 하는 증세가 나타날 수 있다.
④ 맨땅요법을 하다 보면 오래 전부터 변형된 고질적인 몸은 1년 혹은 2년 후에라도 명현현상이 나타날 수 있다.

39 다음 설명 중 틀린 것은?

① 몸속의 정전기나 활성산소는 한번 〈맨땅요법〉을 했다고 하여 전부 없어지는 것은 아니다.
② 전기가 흐르는 도체, 즉 몸에 있는 정전기는 땅과 접지를 하는 순간 대부분 쉽게 빠져나간다.
③ 전류가 흐르지 않는 지방이나 절연체는 정전기가 쌓이지 않는다.
④ 맨땅요법은 최소한 3~6개월 이상 꾸준히 계속해야 〈존재의 원칙〉에 의해 효과가 나타난다.

40 다음 중에서 스칼라 파장과 관계 없는 것은?

① 헥사곤   ② 제로지대
③ 제로보드   ④ 원상회복 에너지

41 다음 설명 중에서 틀린 것은?

① 체온이 올라가면 면역력이 증가한다.
② 스칼라 파장이란, 우리 몸의 나쁜 상태를 없애기 위한 제로지대에서 내보낸 파장이다.
③ 마음이 불러들인 병은 쉽게 고쳐지지 않는다.
④ 체온이 내려가면 암세포도 죽는다.

42 황토 헥사곤과 거리가 먼 것은?

① 피라미드 파워   ② 원적외선
③ 스칼라 파장   ④ 지압효과

43 헥사곤 안에서는 지구 자장의 영향을 받지 않아 쭈그러진 피부가 팽팽해지는 효과가 있다 한다. 지구 자장의 영향을 받지 않기 위한 방법은?

① 안정선　　② 중심선　　③ 평안선　　④ 음양선

44 3차원의 피라미드를 2차원의 형태로 바꾼 것을 무엇이라고 하는가?

① 정사각형　　② 헥사곤　　③ 펜타곤　　④ 옥타곤

45 3차원 피라미드의 1/3 지점과 같은 효력이 있는 것은?

① 펜타곤　　② 정삼각형　　③ 옥타곤　　④ 헥사곤

46 황토 헥사곤에는 여러 가지 에너지가 있다. 다음 중 해당되지 않는 것은?

① 제로포인트 에너지　　② 황토 에너지
③ 스칼라 에너지　　④ 생체 에너지

47 황토 헥사곤에 앉거나 누워 있으면 아픈 몸이나 마음이 원래의 건강한 상태로 회복되는 효과가 있는데 다음 중 어느 것 때문인가?

① 평안선　　② 접지
③ 스칼라 에너지　　④ 지구 고유주파수

48 다음 중 황토 헥사곤의 주요 6가지 효능에 해당되지 않는 것은?

① 천재적 집중력 향상　　② 슈티마 효과
③ 성장 발달과 튼튼 효과　　④ 근력 강화

49 다음 중 황토 에너지의 효과와 관련이 없는 것은?

① 원상회복 에너지인 스칼라 파장이 나온다.

② 항균, 항취 효과가 뛰어나다.

③ 몸속의 활성산소를 줄여주고 체온이 내려가게 함으로써 면역력이 한층 〈업UP〉된다.

④ 강력한 원적외선 에너지가 뻗어 나온다.

50 다음 중 황토 헥사곤의 주요 6가지 효능에 해당되지 않는 것은?

① 탈수 현상을 통한 해독작용   ② 원적외선을 통한 침투 현상

③ 『싸이파워』 효과   ④ 미토콘드리아 생성 강화

51 황토 헥사곤의 효능과 거리가 먼 것은?

① 이곳에 있게 되면 몸 안의 정전기와 활성산소가 제거되어 집중력이 향상된다.

② 이곳에 있게 되면 탈수작용으로 몸 안의 노폐물과 독소 등이 빠져나간다.

③ 이곳에는 우주에너지를 통해 원하는 소원을 현실에 창조하는 기운이 있다.

④ 이곳에 하루 1시간 이상씩 꾸준히 있게 되면 누구나 성장이 빨라지고 몸도 튼튼해진다.

52 다음 중 헥사곤에서 하는 맨땅요법의 설명으로 적절하지 않은 것은?

① 생명 에너지, 스칼라 파장, 원적외선이 매우 강하다.

② 아프고 변질된 몸의 세포가 원상복구 되는 효과가 있다.

③ 지구 자장의 영향을 많이 받아 팽팽한 피부에 주름이 생긴다.

④ 지구 고유주파수와 동조되어 편안하고 행복한 감정이 생긴다.

53 황토 헥사곤의 효과가 아닌 것은?

① 이곳에서는 원적외선이 생성되어 면역력을 증강시키는 효과가 있다.
② 이곳에 있게 되면 지구고유주파수와 동조되어 안락함과 행복감을 느끼게 된다.
③ 이곳은 스칼라에너지를 통해 〈암〉이나 기타 변질된 몸의 상태를 원상회복시킨다.
④ 이곳에서 오랜 시간 있게 되면 몸속의 물이 오각수로 변한다.

54 헥사곤에 대한 설명 중 틀린 것은?

① 헥사곤의 구조는 정삼각형 두 개를 엮어 만들었는데, 위를 향한 삼각형을 여성 에너지라고 하고, 아래를 향한 삼각형을 남성에너지라고 한다.
② 헥사곤은 강력하게 뻗어나가는 힘과 끌어당기는 힘이 있다.
③ 이렇게 동시에 뻗어나가고 끌어당기는 에너지를 수직적 파동이라 한다.
④ 헥사곤은 2차원의 피라미드이다.

55 황토 헥사곤에 대한 설명 중 틀린 것은?

① 헥사곤 안에는 우주에너지가 숨어 있는 제로지대가 존재하고, 모든 에너지를 제로 상태로 만드는 스칼라 파장이 나온다.
② 황토에서는 스칼라 파장이 나오지 않는다.
③ 황토 헥사곤은 지구 자기장의 영향을 받지 않도록 평안선지구의 자전축에 맞춰져 있다.
④ 황토는 원적외선을 통해 우리 몸의 체온을 높여준다.

56 다음 설명 중 틀린 것은?

① 지구가 갖고 있는 고유주파수를 〈가이아의 뇌파〉라고도 한다.

② 가이아의 뇌파는 〈슈만공명〉이라고도 부르는데, 평균 14~20Hz 정도라고 한다.

③ 우리가 가만히 쉬거나 명상을 할 때 슈만공명과 같은 알파파 상태에 있게 되는데, 이때 우리는 안락함과 행복감을 느끼게 된다.

④ 지구 고유주파수는 천둥번개와 밀접한 관계가 있다.

57 다음 중 구리에 대한 설명으로 적당하지 않은 것은?

① 적동은 구리에 금을 2~8% 섞어 만든 합금이다.

② 적동은 전기 전도율이 황동보다 훨씬 높은 98%이다.

③ 구리 표면은 세균이 존재할 수 없는 항균성을 갖는다.

④ 구리에 생기는 녹청은 인체에 해롭다.

58 다음 설명 중 틀린 것은?

① 인공적인 자유전자, 즉 전기는 우리 몸에 해가 된다 하여 불량전자라고도 부른다.

② 대지로부터 올라온 0v의 자연전자와 220v를 연결하면 기계가 작동한다.

③ 전류가 흐른다는 것은 0v의 자유전자가 220v의 양전하 쪽으로 옮겨가는 과정이다.

④ 인공전자인 전기의 0v와 땅의 0v는 다른 것이다.

59 다음 설명 중 틀린 것은?

① 적동은 전기 전도율이 황동보다 훨씬 높은 98%나 된다.

② 구리 표면은 세균이 존재할 수 없는 항균성을 가지고 있는데, 이것은 1893년 식물학자 〈네거리〉가 1000만분의 1의 동이온이 해감을 제거하는 작용이 있음을 발견하면서 처음 밝혀졌다.

③ 구리에 생기는 녹청이 많은 사람들이 인체에 유해할 것이라고 오해하고 있는데, 실제로 녹청은 인체에 유해하지 않다는 것이 증명되었다.

④ 녹청의 표면은 대단히 치밀한 결정으로 이루어져 인체의 피부와 같이 동판 표면을 보호하는 피막과 같은 형태로 생성된다. 이렇게 생성된 녹청은 뜨거운 물에 잘 녹는 성질이 있다.

60 다음 설명 중 틀린 것은?

① 맨땅요법은 대체로 땅마다 그 효과가 다르다.

② 고압선이 지나가는 곳에 살더라도 전기가 몸에 직접 닿지 않는 한, 건강에 큰 영향이 없다.

③ 몸속에 암세포가 있더라도 제로보드에 병이 각인되어 있지 않으면 면역기능이 암세포를 물리친다.

④ 대지로부터 들어온 자연전자는 우리 몸속 비타민인 〈코엔자임 Q10〉에 저장된다.

5부 정답 및 해설

01 ③ 적당한 스트레스는 건강에 도움이 될 수 있다.
02 ④ 자연전자는 우리 몸에 필요한 만큼만 유입된다.
03 ① 자연전자는 순간적으로 몸속에 들어오는 것이 아니라 최소한 15분~20분이 지나야 들어오기 시작한다.
04 ③ 맨땅요법을 하다보면 명현반응이 나타나기도 한다.
05 ① 자연전자는 녹이 슨 전선줄은 잘 통과하지 못한다.
06 ③ 신발은 절연체이므로 전류가 통하지 않는다.
07 ③ 자연전자는 땅에서 몸으로 들어오는 것이다.
08 ③ 황토 헥사곤, 바닷가, 황토, 습지 순이다.
09 ② 바닷물은 전도율이 5000♂/m(모우 매 미터)이다.
10 ③ 습기가 많은 땅일수록 도전율이 높다.
11 ④ 맨땅요법은 저항과 도전율에 따라 효과가 달라진다.
12 ④ 생체 에너지가 증가한다.
13 ① 황토는 〈육각 구조〉로 되어 있다.
14 ④ 바닷물은 도전율이 높아 〈맨땅요법〉 효과가 크다.
15 ② 자연전자는 순간적으로 몸속에 들어오는 것이 아니라 최소한 15분~20분이 지나야 들어오기 시작한다.
16 ①
17 ① 우리 몸속 지방에 들어 있는 정전기만은 한 번에 빠져나가지 않는다.
18 ④ 자연전자를 생성하는 것은 주로 번개이다.
19 ① 높은 지대는 전도율이 매우 낮아 자연전자 유입이 거의 없고, 또

한 높을수록 몸속의 압력이 높아져 위험하기 때문이다.

20 ① 자연전자는 압력이 0v이다.
21 ③
22 ②
23 ②
24 ②
25 ④
26 ④
27 ④
28 ③
29 ④
30 ④ 황토는 지구 전체의 대지 중 10%를 차지하며, 우리나라는 땅의 40%가 황토로 되어 있다.
31 ②
32 ④ 바닷가 모래 위에서는 지압이 거의 안 된다.
33 ④ 5000〈모우 매 미터〉나 되는 것은 황토가 아니라 바닷물이다.
34 ① 염증이란, 조직 내에 전자가 부족하여 발생하는 현상이다.
35 ② 신발을 신고 걸을 때보다 운동량이 30% 정도 많아진다.
36 ③
37 ③ 우리 몸이 맨땅에 닿는 순간 정전기는 즉시 빠져나가지만, 활성산소는 자연전자가 유입된 후 제거된다.
38 ②
39 ③ 전류가 흐르지 않는 지방이나 절연체는 정전기가 쌓인다.
40 ③ 제로보드는 자의식과 우주심의 힘이 비슷한 상태를 말한다. 헥사곤 안에는 제로지대가 있고, 스칼라파는 제로지대에서 나오는 원상회복 에너지이다.
41 ④ 체온이 내려가면 면역력이 떨어져 암세포의 활동이 더 활발해진

다.

42 ④

43 ③ 평안선은 지구 자장의 영향이 없다.

44 ②

45 ④

46 ④ 생체 에너지는 우리 몸에 있는 에너지를 말한다.

47 ③

48 ④

49 ③ 몸속의 활성산소를 줄여주고 체온을 올라가게 함으로써 면역력이 한층 〈업UP〉된다.

50 ④

51 ④ 누구나 성장이 빨라지는 것은 아니고 성장기에 있는 아이들에 해당.

52 ③ 지구 자장의 영향을 받지 않아 피부가 팽팽해진다.

53 ④ 몸속의 물이 육각수로 변한다.

54 ① 위를 향한 삼각형(상승 에너지)을 남성 에너지라고 하고 아래를 향한 삼각형(하강 에너지)을 여성 에너지라고 한다.

55 ② 황토의 결정구조도 육각구조를 띠고 있기 때문에 스칼라 파장이 나온다.

56 ② 가이아의 뇌파는 평균 7~13Hz 정도라고 한다.

57 ④ 구리에 생기는 녹청은 인체에 해롭지 않다.

58 ② 대지로부터 올라온 0v의 자연전자와 220v를 연결하면 기계가 작동하지 않는다.

59 ④ 녹청은 뜨거운 물에도 녹지 않는다.

60 ② 전기는 파동이라 몸에 직접 닿지 않더라도 고압선 근처에 살면 건강에 좋지 않다.

6부
반드시 해야 할 접지공사

맨땅요법은
겉에서 보면 별로 대수롭지 않은 것처럼 보이지만
사실 우리 몸을 근본적으로 건강하게 해주는 수많은 〈도우미〉들을 갖고 있다.
이것을 〈치유인자〉라고 한다.
자연전자, 맑은 공기, 음이온, 피톤치드, 맨땅과 돌,
지구 고유 주파수, 헥사곤, 햇빛, 땀, 황토, 바닷물, 생명에너지 등
수많은 치유인자를 포함하고 있는 것이다.
때문에 수많은 사람들이 불치병을 안고 산속에 들어가
맨땅과 함께 생활하면 기적처럼 건강을 되찾을 수 있는 것이다.
이것이 바로 〈맨땅요법〉이다.

반드시 해야 할 접지공사

01 미토콘드리아 활성법

02 에코힐링

03 맨땅요법 하는 법

04 최고의 맨땅효과, 접지공사

05 싸이파워Psy-Power 체조

06 맨땅요법의 효능

07 맨땅요법을 시작해야 할 때

6부 문제

01
미토콘드리아 활성법

우리 몸의 생체 에너지는 〈미토콘드리아〉에서 만들어진다. 미토콘드리아가 하는 일은 크게 두 가지가 있다. 하나는, 영양분과 산소를 통해 생체 에너지를 만들어내는 일이고, 또 하나는, 기능이 상실된 세포를 죽이는 일이다. 어떻게 보면 〈아프락사스〉처럼 보이기도 하는데 이것이 바로 우주의 비밀스러운 법칙이다. 〈활성산소〉가 모든 병의 근원임과 동시에 세포를 증식시키는 역할을 하는 것도 같은 원리이다.

미토콘드리아가 세포를 죽이는 것을 아포토시스Apoptosis라고 한다. 이것을 우리말로 번역하면 〈세포 자살〉이다. 마치 푸른 잎이 낙엽이 되어 떨어지는 것과 같은 현상이다. DNA가 파괴되어 제 기능을 발휘할 수 없는 세포를 미토콘드리아가 흡수하거나 잘라버려 사망에 이르게 하는 것이다. 그럼으로써 이미 기능이 상실된 세포가 암세포나 다른 세포로 변이되는 것을 막아 준다. 이렇게 기능이 상실된 세포를 미토콘드리아가 죽이는 것이다.

미토콘드리아는 세포 내에 설치된 〈생체 에너지 공장〉이다. 그리고 세포 중에서 〈자세를 유지하기 위한 근육〉에 주로 많이 분포되어 있다. 구체적으로 〈등 근육〉과 〈허벅지 근육〉에 많이 들어 있다. 그래서 늙고 힘이 빠지면 등이 굽고 허벅지가 가늘어지는 것이다. 그렇기 때문에 평소에 걷기운동이나 〈싸이파워 체조〉를 통해 미토콘드리아가 활성화되도록 꾸준히 연습해야 한다. 방법은 〈싸이파워 체조〉에서 설명하겠다.

평소에 미토콘드리아를 보호하기 위한 조치로 우리 몸이 취하는 생리 작용이 있다. 그것은 다름 아닌, 장 안에서 음식을 분해할 때 발생하는 가스를 마시는 것이다. 쉽게 말하면 방귀를 마시는 것이다. 영국 엑세터 의과대학 매트 화이트맨 교수팀이 시행한 연구에 따르면, 방귀 냄새는 암과 뇌졸중, 심장질환, 치매 등 질병을 예방하는 효과가 있다고 한다.

방귀 속에는 그 냄새의 근원이 되는 화학물질인 〈황화수소〉가 있는데, 이것을 대량 흡입하게 되면 유독하지만 소량일 경우에는 체내의 세포를 보호하고 질병을 예방하는 작용을 한다고 한다. 또 〈황화수소〉는 혈액세포의 에너지 생성을 촉진하고 염증을 조절하는 미토콘드리아를 보호하는 역할을 하기도 한다. 만약 이렇게 〈황화수소〉가 미토콘드리아를 보호하지 못하면 미토콘드리아는 손상되어 세포가 사멸하게 된다. 그래서 연구에 참여한 마크 우드 박사는 〈방귀나 썩은 달걀 냄새로 알려진 황화수소는 인간의 몸에서 자연적으로 생성하는 것으로 건강에 매우 좋다〉면서 〈미래에는 각종 질병의 치료에 사용하게 될 것〉이라고 말했다.

02 에코힐링

에코힐링Eco-Healing이란, 자연ecology과 치유healing의 합성어로 〈맨발로 땅을 밟으며 대지로부터 자연전자를 유입하고, 몸속의 정전기를 제거하며, 숲 속에서 자연산 산소와 음이온 그리고 피톤치드를 흠뻑 마셔, 우리 몸을 건강하게 지키는 것〉을 말한다. 즉 자연전자, 자연산 산소, 음이온, 피톤치드 그리고 지구 고유 주파수와 헥사곤 등은 모두 맨땅요법의 〈치유인자〉들인 것이다.

폭포가 쏟아지는 울창한 숲 속에 들어가면 비릿한 냄새와 함께 맑고 싱싱한 공기를 마실 수 있다. 이때 비릿한 냄새는 음이온 때문이고, 맑고 싱싱한 느낌을 주는 것은 피톤치드 때문이다. 피톤치드는 특히 편백나무가 많은 곳에서 대량으로 쏟아져 나오는데 살균작용이 강해 모기나 다른 벌레들이 접근을 하지 못한다. 그래서 피톤치드가 많이 나오는 편백나무 숲에는 모기가 없다. 그리고 폭포가 쏟아지는 곳에는 음이온이 엄청 많이 발생한다. 또 떨어지는 폭포를 머리 위로 맞으면 머릿속의 송과체가 크게 활성화된다.

이렇게 에코힐링을 위한 삼림욕은 초여름부터 가을까지 일사량이 많고 습도가 높은 시간대에 하는 것이 가장 효과적이다. 피톤치드 발생량은 오전 10시부터 오후 2시까지가 최고로 많으며, 장소 또한 산꼭대기나 아래쪽보다는 산중턱이 가장 효과적이다. 에코힐링은 〈자연면역 기능〉에 의해 우리 몸에 흡수되기 때문에 과부하 현상이 전혀 없다. 우리 몸이 필요한 만큼만 받아들이는 것이다. 그래서 몸속에 저축할 수도 없다. 그러나 우리 몸이 활동하기에 가장 적합한 〈생기生氣〉를 갖추는 데는 지상 최고의 힐링이라 할 수 있다.

　참고로 에코힐링을 통해 음이온과 자연전자를 유입하면 다음과 같은 효험이 있다. 자연전자 또한 일종의 음이온이다.

항목 분류	양이온이 많을 때	음이온이 많을 때
인체 혈압	상승한다	정상치 유지
스트레스/피로	누적되고 피로감이 더하다	피로회복/스트레스 해소
인체 혈액	산성화	알칼리성화
인체 혈관	수축한다	정상 유지
심장변화	활동이 늦어진다	활발한 활동
인체 내분비선	분비가 부진하다	다른 호르몬과 조화
교감신경	흥분상태/권태감	안정되고 신선감을 느낀다
혈당량	증가한다	감소한다
신체 저항력	외부 병균 저항력 감소	외부 병균 저항력 증가
자율신경	부조화 및 불안정	조화 및 안정
걱정/긴장감	증가한다	완화되고 안정감이 생긴다
신진대사	늦어진다	왕성해진다
노폐물 배출	늦게 배출된다	빠르게 배출된다

한국에서 맨땅요법을 하기에 가장 좋은 시간은 저녁 6시나 7시쯤이다. 이때는 태양과 달의 인력이 거의 작용하지 않아 지구 주파수의 파장을 가장 많이 받을 수 있기 때문이다.

03 맨땅요법 하는 법

[방법-1] 〈싸이파워 메달〉을 양쪽 젖꼭지의 중앙에 오도록 목에 걸고 가능하면 〈G-슈즈〉를 신고 출발한다. 〈G-슈즈〉는 Ground Shoes라는 뜻의, 맨땅효과와 똑같은 정전기 제거나 자연전자 유입이 될 수 있도록 만든 신발이다.

[방법-2] 〈에코힐링〉을 하기 위해서는 먼저 경사가 높은 길을 선택하여 올라가는 것이 좋다. 왜냐하면 경사각이 높은 길을 올라갈 때 미토콘드리아가 많이 생성되기 때문이다. 25세 이하가 아니면 하루에 15분에서 30분 정도 햇빛을 받으며 한다. 왜냐하면 햇빛은 비타민D를 만들어 주기 때문이다. 25세 이하는 항산화 효소가 많기 때문에 그 이상을 쪼여도 상관없다. 그러나 40세 이상은 햇빛을 많이 쪼이면 피부노화 현상이 발생한다.

이렇게 가파른 경사 길을 처음에 7분에서 10분 정도까지 걸어 준다. 이때 등과 허벅지에서 많은 미토콘드리아가 생성된다. 그래서 가파른 처음 길을 〈미토콘드리아 길〉이라고 부른다.

미토콘드리아 길

처음부터 흙길이면 〈맨땅요법〉을 하면서 걸으면 좋지만 아스팔트나 시멘트 길이면 맨땅요법 신발인 〈G-슈즈〉를 신고 걷는 것이 좋다. 걸음은 천천히 걷되 너무 천천히 걸으면 몸속의 독소가 빠지지 않으므로 약간 땀이 날 정도로 걷는다. 자세는 등을 쭉 펴고 앞을 보며 즐겁고 신나게 걸어야 한다. 호흡은 코로 마시고 코로 뱉되 숨이 차지 않을 정도로 단전을 통해 일정하게 조절한다. 복장은 여름에는 모기나 다른 벌레들로부터 몸을 보호할 수 있도록 미리 모기약을 뿌리고 간편하게 입고 간다. 그리고 가을과 겨울에는 너무 덥지 않게 〈몸이 에너지를 필요로 한다〉는 것을 느낄 수 있도록 가볍고 신선하게 입는다. 물론 체온이 떨어질 정도로 춥게 입으면 안 된다. 체온은 항상 36.5°c를 유지할 수 있도록 입는다.

[방법-3] 경사 길을 올라왔으면 미네랄 섭취를 위해 소금기가 약간 들어 있는 물을 마신다. 물은 반드시 생수를 마시자. 불소가 들어 있는 물은 송과체를 부식시키고, 차나 음료수는 카페인이 들어 있어 오히려 몸속의 물을 빼앗아간다. 그래서 불소가 들어 있지 않은 자연수를 마시도록 하자. 그리고 〈싸이파워 체조〉를 한다.

6부 반드시 해야 할 접지공사

[방법-4] 〈싸이파워 체조〉가 끝나면, 다시 물을 조금 마신 뒤 본격적인 〈맨땅요법〉을 하며 걷는다. 시간은, 〈암〉이나 기타 증세가 있는 사람은 2시간 정도를 걷고, 그렇지 않은 사람은 최소한 1시간 이상은 해야 한다. 왜냐하면 대지로부터 우리 몸에 자연전자가 유입되는 데는 최소한 15분 이상이 걸리기 때문이다. 이 말은 땅에 발을 대고 15분쯤 있어야 우리 몸에 자연전자가 유입되기 시작한다는 뜻이다. 그리고 자연전자는 〈전도율〉에 나와 있는 대로 바닷가 같은 경우에는 빨리 유입되지만, 전도율이 낮으면 매우 천천히 유입된다. 전도율을 도전율이라고도 한다.

평평한 대지를 걸을 때는 발뒤축이 먼저 땅에 닿도록 하여 리드미컬하게 앞으로 몸의 중심을 옮긴다. 그래야 허리를 곧추 세우고 정면을 바라보며 걸을 수 있다. 만약 이때, 허리가 아플 경우에는 발 외각에 힘을 주어 몸의 중심을 앞으로 옮긴다. 이와 같은 걸음은 아프리카의 〈마사이족〉이 걷는 걸음법이라 하여 〈마사이족 걸음법〉이라고 한다. 마사이족은 이렇게 걷기 때문에 허리가 굽은 사람이 거의 없다. 이때 주의해야 할 점은, 앞으로 나갈 때는 반드시 엄지발가락에 힘을 주어 박차고 나가듯이 걸어야 한다. 왜냐하면 엄지발가락은 간접적으로 송과체를 자극하는 효과가 있기 때문이다. 그러나 층계를 오르락내리락하며 돌이 많은 곳을 지날 때는 발 앞부분을 먼저 땅에 대고 뒤축은 탄력을 조절하는 정도로 사용하며 걷는다. 이렇게 걷는 걸음법을 〈고양이 걸음법〉이라고 한다.

고양이 걸음법은 특히 〈족저근막염〉이 발생할 수 있는 사람들한테 필요한 걸음법이다. 족저근막이란, 종골calcaneus이라 불리는 발뒤꿈치 뼈에서 시작하여 발바닥 앞쪽으로 5개의 가지를 내어 발가락 기저 부위에 붙은

03 맨땅요법 하는 법

고양이 걸음법

두껍고 강한 섬유띠를 말한다. 발의 아치를 유지하고 충격을 흡수하며 체중이 실린 상태에서 발을 들어올리는 데 도움을 주어 보행시 발의 역학에 중요한 역할을 하는 곳이다. 족저근막염은 성인의 발뒤꿈치 통증의 대표적 원인 질환으로 알려져 있다. 특히 구조적으로 발바닥의 아치가 정상보다 낮아 흔히 평발이라 불리는 편평족이나, 아치가 정상보다 높은 요족cavus 변형이 있는 경우 족저근막염의 발생 가능성이 높다고 한다. 때문에 이런 사람들은 가능한 한 〈고양이 걸음법〉으로 걸길 권한다.

더불어 〈고양이 걸음법〉은 혈액순환에 매우 좋은 효과가 있다. 우리 몸의 종아리를 제2의 심장이라고도 하는데, 대체로 종아리는 심장으로부터 멀리 떨어져 있기 때문에 피가 흐르는 압력이 매우 낮다. 이때 〈고양이 걸음법〉으로 걷게 되면 종아리의 피를 원활하게 밀어 올려 온몸의 혈액순환이 활발해지게 된다. 그러면 손발이 찬 수족냉증이 사라지며 사지가 따뜻해지면서 얼굴에 혈색이 좋아진다.

걸을 때는 항상 엄지발가락에 힘을 주어 땅을 박차듯이 걷는 것이 좋다. 그리고 틈틈이 엄지발가락을 주무르며 운동을 시켜주면 송과체를 자극해 멜라토닌 분비를 촉진시키는 효과가 있다.

발바닥의 앞쪽 갈라진 부분에는 〈용천혈〉이라는 경혈이 있다. 고양이 걸음은 이 용천혈을 자극하여 걷는 방법이다. 그리고 이때 엄지발가락에 힘을 주기가 매우 쉽다. 옛날 중국의 도가道家 수행자들은 이곳으로 땅의 기운을 흡수했다고 한다. 용천혈과 같은 기능은 손에도 있다. 〈노궁혈〉이라는 곳인데 용천혈과 마찬가지로 기운을 흡수하기도 하고 〈우주심〉의 에너지를 방출하기도 하는 곳이다. 물론 대지로부터의 〈자연전자〉는 용천혈에 관계없이 직접 우리 몸에 유입되지만, 용천혈과 노궁혈을 통해 온몸에 퍼져나간다.

용천혈

노궁혈

이렇게 맨발로 걸으면 발가락과 발바닥에 있는 근육들이 골고루 움직여 신발을 신고 걸을 때보다 약 30% 정도 운동량이 증가한다. 그리고 온몸의 혈액순환도 원활하게 되는 것이다.

황토가 있는 곳이나 물기가 있는 촉촉한 땅에서는 양손바닥을 땅에 대고 〈맨땅요법〉을 한다. 〈노궁혈〉을 통해 땅의 기운을 흡수하면, 〈손〉은 머리에 가까워 금방 머리가 맑아지며 시원해진다. 아픈 부위가 있는 경우에는 그 부분을 땅에 직접 대고 누워 있으면 그만큼 효과가 빠르다. 그래서 인도나 인도네시아 사람들은 땅을 파고 흙 속에 들어가 있거나 아니면 기차 철도에 드러눕는 것이다. 명심해야 할 것은, 아픔이 사라졌다 하여 하루 이틀 하다가 중단하지 말고 꾸준히 3개월 이상 계속해야 한다. 그 이유는 꾸준히 계속해야만 완벽하게 그 상태를 유지하여 다시 아프지 않기 때문이다.

[방법-5] 〈에코힐링〉의 목적은 등산이 아니기 때문에 억지로 산을 오를 필요는 없다. 그래서 중간에 평평한 곳이 나오면 그곳을 왔다 갔다 하면서 오랜 시간 걷는 것이 좋다. 이때 무료하면 〈송과체 활성법〉을 하면서 걷는다. 송과체 활성법은 싸이파워 체조에 자세히 설명되어 있다. 이 방법을, 갈 때는 〈음~〉, 올 때는 〈옴~〉 하는 식으로 나누어 한다. 이렇게 15분 정도를 한다.

우리 몸에 미토콘드리아를 많이 만들기 위해서는 크게 부담되지 않는 경사 길을 오르락내리락하면서 걷는 것이 좋다. 처음에는 숨이 차고 힘들어도 자꾸 하다 보면 어느새 별로 힘들지 않게 다니고 있는 것을 느낄 수 있다. 그 이유는 미토콘드리아가 증가했기 때문이다. 숨이 차고 힘들었던 이유는 미토콘드리아가 부족했던 것이다. 그래서 걸음을 걸을 때는 숨이 차지 않게 일정한 양의 산소를 마시며 걸어야 한다. 여기서 아주 중요한 것은 〈일정한 양의 산소〉를 마시는 것이다. 일정한 양의 산소는 단전을 통해 조절한다. 호흡조절을 몰라 갑자기 숨이 차서 산소를 많이 마시면 활성산소가 많이 발생한다. 이렇게 1시간 이상을 하고 난 뒤에 샤워를 한다.

[방법-6] 바닷가 〈맨땅요법〉은 바닷물 속에 발을 담그고 해변을 걷는 것이다. 바닷물은 전도율이 엄청 높아 우리 몸의 정전기를 강력하게 중화시키고 대지의 자연전자를 급속히 받아들이는 효과가 있다. 그래서 꾸준히 몇 달만 계속하면 몸의 지방질이 분해되어 저절로 다이어트가 된다. 그래서 우리는 바닷가 〈맨땅요법〉을 〈수퍼 어스 Super Earth〉라고 부른다.

한편 황토에서 하는 〈맨땅요법〉은 1시간 이상을 해도 피곤하지가 않다. 그뿐만 아니라 몸속의 노폐물이 땀으로 빠져나가 오히려 편안하고 홀가분한 기분이 된다. 그리고 몸속에 뭐라고 표현할 수 없는 기름진 영양가 같은 것이 충만한 느낌이 든다. 그래서 우리는 황토에서 하는 〈맨땅요법〉을 〈파워 어스 Power Earth〉라고 부른다.

[방법-7] 〈에코힐링〉은 실외에서 운동과 함께 자연을 즐기며 하는 방법이다. 그러나 질병이 있는 사람은 하루에 1시간 정도 〈맨땅요법〉을 해서는 크게 치유효과를 기대할 수 없다. 그래서 집이나 사무실에서 잠을 자거나 일을 할 때도 〈맨땅요법〉을 하면서 하는 것이 좋다. 이른바 〈G-매트〉를 사용하는 것이다. 〈G-매트〉는 면과 은사를 엮어 만들거나 적동을 엮어 만든 매트에 몸을 접촉하여 접지를 하는 방법이다. 여기서 G는 Ground, 즉 맨땅을 말한다.

접지는 직접 땅속에다 접지판을 묻고 가장 짧은 거리로 연결하는 것것을 원칙으로 한다. 접지선 또한 적동으로 만든 선이나 산소가 유입되지 않는 〈무산소 은선〉을 사용해야 한다. 왜냐하면 몸속의 정전기는 전기가 통하는 선이면 모두 빠져나가지만 〈자연전자〉는 유입 속도가 매우 느려 장애가 있는 선은 유입이 안 될 수도 있기 때문이다. 특히 저항이 붙어 있는 선이나 자석이 장착된 선은 〈자연전자〉가 통과하지 못한다.

그리고 녹이 슨 철사 또한 〈자연전자〉가 통과하지 못한다. 그래서 반드시 전도율이 높은 선만을 사용해야 한다. 그래야 분명한 효과를 볼 수 있다. 이렇게 만든 코드에 〈G-매트〉를 연결시키면 된다. 그리고 〈G-매트〉를 발이 있는 쪽에 깔고 누워서 접지를 하며 잠을 자는 것이다. 물론 취침용 매트도 있다. 맨몸으로 자는 사람은 상체 부분을 접촉해도 좋다. 아니면 은사를 넣어 만든 〈맨땅셔츠〉를 입고 자면 보다 더 효과적이다. 또 사무실에서 업무를 볼 때나 컴퓨터 작업을 할 때는 발 밑에 〈G-매트〉를 깔고 그 위에 맨발을 올려놓고 일을 하면 된다.

G-매트 & G-베개

맨발을 올려놓기 민망하면 〈맨땅양말〉을 신으면 된다. 추운 날 〈G-슈즈〉를 신을 때도 〈맨땅양말〉을 신고 신으면 맨발로 하는 것과 거의 같은 효과가 있다.

컴퓨터 작업은 특히 〈G-매트〉 위에서 하는 것이 좋다. 컴퓨터용 〈G-매트〉나 〈적동판〉 또는 〈적동망〉을 키보드 밑에 깔고, 마우스나 키보드 작업을 할 때 손에 닿도록 하는 것이다. 그러면 몸 안의 정전기를 즉시 배출할 수도 있고 또 머리와 가까워 머릿속 스트레스를 즉시 날려버릴 수도 있다. 그러면 머리가 시원하여 저절로 능률이 〈업up〉되는 것이다.

〈G-매트〉는 고급스러운 은사를 넣어 만든 천이거나 인체에 해가 없는 적동을 짜서 만든 것이기 때문에 이불 속에서 항균과 냄새제거 작용도 한다. 그리고 컴퓨터 작업을 할 때 전자파를 즉시 소멸시키는 위력도 있다.

골치 아프거나 신경을 많이 쓰는 사람은 〈G-베개〉를 사용해서 자는 것이 좋다. 물론 컴퓨터 작업을 많이 하는 사람은 필수적으로 사용해야 한다. 왜냐하면 〈G-베개〉는 머릿속의 정전기를 제거해 주어 잡념을 사라지게 하며, 숙면을 취할 수 있게 하기 때문이다. 〈G-베개〉를 〈머릿속 클리너〉라고 생각하면 된다.

〈G-매트〉 이하 위에 열거한 제품들은 〈맨땅요법〉과 같은 효능을 지닌 〈맨땅용품〉들이다. 여기서 조심해야 할 것은 시중에 나와 있는 〈전자파 차단용품〉이나 〈제전용 제품〉과 혼동을 해서는 안 된다. 〈전자파 차단용품〉은 전기장판 등에서 유해 전자파가 우리 몸에 들어오는 것을 방지하기 위해 만든 것이고, 또 임산부들이 뱃속의 아기를 전자파로부터 보호하기 위한 〈어스용 제품〉이기도 하다. 〈제전용 제품〉은 우리 몸의 정전기가 다른 기계나 제품에 영향을 미칠 것을 예방하기 위해 만든 제품들이다. 때문에 이름은 유사하지만 서로 다른 효능의 서로 다른 제품이므로 이 점을 각별히 유의하여 반드시 〈G-매트〉 및 〈맨땅요법〉 제품만을 사용하도록 하자.

[방법-8] 천둥번개가 많이 치는 날은 가능한 한 〈G-매트〉를 콘센트에서 분리시키는 것이 좋다. 스위치가 있는 경우에는 꺼두는 것이 좋다. 위험률은 거의 없으나 그래도 만약을 대비하기 위함이다.

사람들은 오래 전부터 맨발로 땅을 밟으면 기분이 좋아진다는 사실을 알고 있었다. 독일, 오스트리아, 스위스 같은 나라에서는 아침에 일어나서 맨발로 땅을 밟는 전통을 고수하는 사람들도 있다. 알버트 아인슈타인도 맨발로 산책을 하는 습관이 있었다. 그들은 이미 〈맨땅요법〉의 성과를 믿고 있었던 것이다. 결국 〈맨땅요법〉은 자연을 통해 우리 몸을 치유하고 보다 활기차게 생활하기 위한 방법이다. 그리고 〈에코힐링〉에 가장 큰 영향을 끼치는 것은 지구와 태양이다. 물론 달도 지구 가까이에서 많은 영향을 끼치지만 그래도 대표적인 두 가지를 꼽으라면 그것은 바로 태양과 지구이다.

태양은 우리에게 활력이라는 에너지를 준다. 그래서 태양이 없으면 우리는 우울하고 소심한 마음으로 살아야 한다. 하고자 하는 의욕과 활동력은 모두 태양으로부터 받는 양 에너지에 의해 솟아나는 것이다. 반면에 지구는 우리를 안정시켜 준다. 그래서 우리 몸에 불필요한 좋지 않은 에너지를 모두 흡수하는 것이다. 음이온을 통해 나쁜 활성산소를 없애주고, 자연전자를 통해 지방질에 쌓여 있는 정전기를 제거하며, 피톤치드 등을 통해 상쾌한 기분을 만들어주는 것, 이것이 바로 〈에코힐링〉이다. 그리고 지구는 〈G-매트〉를 통해 집안에서까지 우리를 충실하게 지켜준다. 이렇게 자연을 통해 우리 몸을 지키는 것을 〈에코힐링〉이라 하며, 그 주체가 바로 〈맨땅요법〉인 것이다.

맨땅요법을 하기에 가장 좋은 시간은 태양과 달의 영향력이 가장 적은 저녁시간이 좋다. 한국의 경우에는 저녁 6시에서 7시쯤이 좋다.

04

최고의 맨땅효과, 접지공사

맨땅요법을 위한 접지공사는 맨땅에다 직접 〈접지판〉을 묻고 도전율이 높은 선을 사용하여 가장 짧은 거리로 연결하여 사용하는 것을 원칙으로 한다. 그래서 방마다 해야 할 경우에는 따로따로 가장 짧은 거리로 땅에 직접 연결하여 사용하는 것이 좋다.

맨땅요법의 접지는 노이즈처럼 기계의 부조화를 없애기 위한 접지가 아니기 때문에 절대로 벽에 붙어 있는 콘센트 접지선에 연결하면 안 된다. 전기선에 붙어 있는 콘센트 속의 접지선은 땅과의 거리도 엄청 멀뿐더러 전기장을 통해 전류의 영향을 받기 때문에 절대 사용해서는 안 된다. 이와 같은 사실을 모르고 이곳에 접지를 하면 정전기 등은 쉽게 빠져나가 처음에는 잠도 잘 오고 활력도 증가하여 기분이 매우 좋아지지만, 몇 달간을 계속하면 차츰 전기장의 영향을 받게 되어 오히려 백혈병이나 암 등이 생겨날 수도 있다. 때문에 절대로 콘센트 속의 접지선은 사용하지 말아야 한다. 또 어떤 사람은 단순하게 땅과 연결하면 되는 줄 알고 수도 파이프나 가스 파이프에 연결하는데 이것은 매우 위험한 방법이다. 정전기가 가스 파이프에 도달하면 가스가 터질 수도 있고 수도나 가스 파이프는 〈자연전자〉가 유입되지 않아 큰 성과가 없다. 때문에 반드시 집으로부터 1미터 안쪽에 깊이 40센티 정도 되는 곳에 접지판을 묻어 연결해야 한다. 보통 전기를 위한 접지는 70센티 정도의 깊이에 묻지만 맨땅요법을 위한 접지는 자연전자 유입이 잘 되도록 40센티 정도에 묻는다.

맨땅용품의 〈접지판〉은 전도율이 매우 높은 적동으로 만든 제품이다. 손쉽게 구입하기 위하여 시중에서 파는 값이 싼 접지봉을 사용하면 그 대부분은 구리로 살짝 도금한 것이 많아 몇 달 후에는 도금이 벗겨져 접지가 안 될 수도 있다. 때문에 영구적으로 사용할 수 있는 〈접지판〉을 사용하길 권한다.

고압선이 지나가는 전봇대 근처에 접지판을 설치하면 누설전류가 접지선을 타고 흘러들어올 수도 있다. 때문에 고압선이 있는 경우에는 최소한 1킬로 이상 떨어진 곳에 묻어야 한다. 이렇게 고압선의 누설전류가 접지선을 타고 흘러들어 오듯이 집에 설치된 콘센트의 접지단자 역시 누설전류가 흘러들어 올 수도 있다. 이와 같은 폐단을 없애기 위해서는 반드시 접지판을 직접 땅에 묻어 사용하는 것이 좋다.

맨땅요법을 위한 접지는 번개처럼 전류를 땅속으로 흘려보내기 위한 것이 아니다. 바꿔 말하면 피뢰침과 같은 접지가 아닌 것이다. 때문에 아무 전선이나 사용해서 연결하면 안 된다. 특히 녹이 스는 철사 줄 따위는 절대 사용하면 안 된다. 그리고 자석이나 저항이 들어 있는 선도 사용하면 안 된다. 왜냐하면 이것들은 자연전자가 원활하게 유입되지 못하기 때문이다.

물론 들어온 접지선은 실내의 여러 곳과 동시에 사용해도 무방하다.

그러나 가급적이면 땅으로부터 가장 짧은 거리에, 필요한 곳 모두 각각 설치하는 것이 가장 좋다. 안방에 들어온 선과 연결하여 이 방 저 방 사용하면 거리만큼 그 효율이 떨어지기 때문이다. 파동의 세계는 매우 민감하여 땅속에 전선줄이 뭉쳐 있는 곳이나 다른 고압선과 가까이 있게 되면 그 영향으로 자연전자 흐름에 방해가 된다. 때문에 반드시 위와 같은 상황을 피해서 설치해야 한다. 그리고 자연전자는 반드시 땅속의 제로볼트 전자여야만 한다. 〈맨땅효과〉는 이렇게 접지판을 땅에 묻어 연결하는 방법이 가장 확실하며 문제가 없다. 그래서 이렇게 접지판을 땅에 묻어 사용하는 방법을 적극 권하는 것이다.

접지판 　　　　　　　　　접지선

다시 한 번 말하지만 TV안테나선이나 수도파이프, 가스파이프 등 이와 같은 곳에 접지하는 방법은 사용하지 않는 것이 좋다. 잘못된 과학적 지식에 의해 〈TV안테나〉 선도 같을 것이라고 생각하여 사용하면 안 된다. 왜냐하면 이와 같은 방법들은 모두 자연전자를 유입하지 못한다. 그리고 접지 코드에 저항을 넣어 사용하는 방법도 피하는 것이 좋다. 접지는 전기가 아니다. 때문에 저항이 있어야 할 필요가 없다. 저항은 오히려 자연전자 유입에 방해가 된다. 또 자석을 사용하여 접지를 해서도 안 된다. 왜냐하면 나침반에 자석을 갖다 대면 나침반은 자기장의 방향을 잃어버리게 되는데 이것은 전류가 일정한 방향으로 흐르는 성질을 잃어버렸기 때문이다. 이 말은 곧 전류가 흐르지 않는다는 뜻이다. 전류가 흐르지 않는다는 것은 음전하가 일정한 방향으로 움직이지 못하고 있다는 뜻이다. 따라서 자기장이 걸리면 땅에서 올라온 음전하, 즉 자연전자는 방향을 잃어버리고 우리 몸속에 도달하는 자연전자의 양은 매우 미미해진다. 그래서 저항이나 자석이 붙어 있는 선은 절대 사용해서는 안 되는 것이다. 또 접지는 단순히 전류를 흘려보내기 위해 설치한 것이 아니기 때문에 싸구려 전선줄이나 철판처럼 아무 도체나 사용해서도 안 된다. 물론 그렇게 해도 정전기는 빠져나갈 수 있지만 가장 중요한 자연전자는 유입이 안 되거나 속도가 매우 느려 효과가 거의 없다.

자연전자는 정확하게 정해진 속도가 없다. 전류는 자유전자가 이동하는 순간 그 〈장field〉을 통해 순간적으로 뻗어나가지만 자유전자는 여러 가지 조건에 의해 빨라질 수 있을 뿐이다. 짧은 거리, 저항 없는 선, 녹이 안 슨 선, 전도율이 높은 선, 땅으로부터 높지 않은 곳, 자석 등 자장이 없는 선 따위가 빨라질 수 있는 조건이다.

대체로 이와 같은 조건이 구비되지 않는다면 자유전자는 1초에 약 1밀리 정도 움직인다고 보면 된다. 그래서 위와 같은 방법들은 온전한 접지도 아니며, 또 이렇게 했을 경우는 〈자연면역 기능〉에 이상이 와 확실한 〈맨땅요법〉이라고 말할 수 없다. 단, 순수한 맨땅요법 접지가 아닌 다른 방법들은 반도체 공장이나, 아니면 임산부들이 〈전자파〉로 인해 문제가 될 수 있을 때 그 전자파를 해소하기 위한 방법으로 필요한 조치이다. 전자파와 정전기는 자유전자가 유입되는 순간 빠져나간다. 그래서 파동의 세계는 세심하고 민감하기 때문에 가능한 한 안전한 곳에 접지판을 묻고 전도율이 가장 좋은 무산소 은선이나 구리선을 사용해 직접 땅과 연결하는 것이 최선의 방법이다.

05 싸이파워Psy-Power 체조

『싸이파워』 체조는 근육운동을 하는 〈운동〉이 아니다. 가능한 한 몸을 이완시켜 부교감신경을 이용해 우리 몸을 원활하게 하기 위한 〈건강법〉이다. 특히 〈음파 진동술〉은 〈소리〉의 떨림을 이용해 몸을 활성화시키는 도교道敎의 비밀 전수법이다. 이 『싸이파워』 체조를 꾸준히 계속하면 나이를 먹어서 나타나는 여러 가지 성인병을 사전에 예방할 수도 있고, 또 계속하다 보면 몸의 아픔이 사라지는 치유효과도 기대할 수 있다. 단, 하루 이틀 해서는 안 되고 최소한 100일 이상 꾸준히 몇 년이라도 계속해야 한다.

1. [둥글둥글 체조] 다리를 어깨넓이보다 약간 더 벌리고 서서 입을 다물고 코로 호흡을 가늘고 길게 쉬며 손을 밖에서 안으로 〈둥글둥글〉 하듯이 15회 이상을 익숙하면 숫자는 임의로 더 올려도 된다 돌린다. 그리고 허리를 굽혀 양손을 아래로 내리면 손이 바닥에 닿을 것이다. 이것은 부교감신경을 통해 몸이 이완되어 손이 쉽게 내려간 것이다. 이렇게 손을 〈둥글둥글〉하듯 돌리며 교감신경을 이완시키는 방법을 〈둥글둥글 체조〉라고 한다. 그런 뒤 허리를 무한대 마크처럼 8자로 돌리며 몸의 긴장을 풀어

둥글둥글 체조

준다.

• 횟수는 기력이 약할 때는 10회부터 시작해서 차츰 늘려 20회 이상을 한다. 횟수에 얽매이지 말고 몸의 긴장이 풀릴 때까지 한다.

2. [도리도리 체조] 혀끝을 입천장 안쪽의 말랑말랑한 부분에 대고 있으면 〈침〉이 많이 나온다. 이 〈침〉으로 마른입을 적시며 먹는다. 옛날 도가에서는 이 침을 〈장수 생명수〉라고 하여 귀하게 여겼다.

혀를 입천장에 댄 상태에서 단전에 양손바닥을 포개 놓고 코로 숨을 마시며 고개를 왼쪽으로 돌린다. 이때 단전은 불쑥 튀어 올라와야 한다. 그리고 숨을 코로 뱉으며 고개를 정면에 오게 한다.

도리도리 체조

이때 단전은 불쑥 튀어 올라온 것이 푹 꺼져야 한다. 숨은 반드시 코로 마시고 코로 뱉는다. 다시 숨을 마시며 고개를 오른쪽으로 돌린다. 이때도 물론 단전으로 마신다. 그리고 숨을 뱉으며 다시 정면을 바라본다. 물론 이때도 단전의 호흡이 빠져야 한다. 이렇게 하기를 13회 정도 한다. 이하 모든 호흡은 단전을 통해서만 한다.

밸런스 체조

3. [밸런스 체조] 똑바로 서서 코앞 25cm쯤 되는 곳에 양손을 모은다. 그리고 두 손의 엄지는 엄지끼리 나머지 손가락도 모두 서로 맞대고 단전으로부터 깊은 숨을 입을 통해 가운데 공간으로 3~4회 정도 내쉰다. 그렇게 하면 마음이 차분하게 가라앉을 것이다.

우리 몸이 움직이는 것은 〈뇌〉의 지시를 받기 때문이다. 그렇다면 반대로 몸을 움직이면 〈뇌〉가 자극을 받게 된다. 그래서 몸을 통해 뇌를 자극하며, 좌우 뇌의 밸런스를 잡아주는 방법이 이 체조다. 깊은 숨을 쉬고 나서 편안한 마음 상태가 되면 엄지손가락부터 차례로 밖에서 안으로

10회씩 〈둥글둥글〉하듯 돌린다. 이렇게 새끼손가락까지 각각 10회를 돌려준다. 처음엔 어설퍼서 잘 안 될 수도 있지만 자꾸 하다 보면 자연스럽게 잘하게 된다. 이것은 마음을 차분하게 해주고 집중력을 높여주며, 좌우 뇌의 균형을 잡아주는 효과가 있다. 좌뇌와 우뇌가 골고루 발달하게 도와주는 것이다.

4. [기혈순환 체조] 어깨넓이로 발을 벌린 뒤 양 손바닥이 뜨거워지도록 빨리 비볐다가 순간 탁 하고 뗀다. 그리고 ①얼굴을 밖에서 안쪽으로 10회 정도 쓸어 준다. 반드시 밖에서 안쪽으로만 쓸어주어야 한다. 왕복으로 하면 절대 안 된다. 그리고 다시 손바닥을 비볐다 떼면서 ②얼굴 위에서 아래로 10회를 쓸어 내린다. 마찬가지로 위에서 아래로만 한다. 다시 또 비빈 뒤 ③머리 위에서 앞으로 10회를 쓸어 내린다. 다시 한 번 비볐다 떼면서 이번에는 ④머리 뒤를 밑에서 위로 10회를 쓸어 올린다. 숫자는 모두 처음 정한 대로 한다. 그리고 이하 모든 동작을 한쪽 방향으로만 쓸어준다.

계속해서 손을 비볐다 떼면서 왼쪽 팔을 앞으로 뻗으며 손바닥이 아래로 향하게 쳐든다. 이때 오른쪽 손바닥은 가슴에서부터 어깨를 거쳐 왼손 끝까지 팔 위를 10회 정도 쓸어 내린다. 그리고 반대로 10회 정도 팔 아래 부분을 손끝에서 어깨 쪽으로 쓸어 올린다. 또 손바닥을 비빈 뒤 탁 떼면서 반대로 왼쪽

손바닥으로 오른팔을 쓸어준다. 그리고 또 손을 비벼 떼면서 몸통을 위에서 아래로 10회 정도 양손바닥으로 쓸어 내린다. 그리고는 또다시 손을 비벼 떼면서 다리 부분을 위에서 아래로 10회 정도 쓸어 내린다. 그리고 또 한 번 더 비벼서 뗀 뒤 이번에는 엉덩이에서 발목까지 뒷부분을 10회 정도 쓸어 내린다.

5. [음파 진동술] 〈음파 진동술〉은 도교 수행자들이 소리의 진동을 이용해 위, 허파, 간장, 심장 그리고 신장의 오장을 움직여 건강한 몸을 만들기 위한 장생법이다. 한마디로 오장을 움직여 오장을 치유하기 위한 건강법이다. 또 소리를 통해 송과체를 움직이는 진동술도 있다. 이것을 〈송과체 활성법〉이라고 한다.

위장이 불편할 때는 밥을 먹은 즉시 위장을 위한 〈후〉를 실행해도 좋지만 그렇지 않으면 식후 한 시간 뒤에 실행하는 것이 좋다. 위장은 아무 때나 해도 상관이 없다.

[위장-후] 다리를 어깨넓이 정도로 벌린 뒤 발 앞쪽을 살짝 벌리고 똑바로 선다. 그리고 시선은 앞을 바라보며 양손의 엄지를 뺀 나머지 네 손가락을 위장에 대고 누르면서 〈후~〉 하는 소리를 내며 숨을 내뿜는다. 보통은 10회 정도 하는데 속이 좋지 않으면 괜찮을 때까지 계속해도 좋다. 단 〈후~〉 하고 소리를 낼 때 위장이 떨리는 것을 느껴야 한다.

[허파–스] 위장이 끝나면 고개를 위로 향하고 시선은 하늘을 바라본다. 그리고 허파에 정신을 집중하며 〈스~〉 소리를 낸다. 가능한 한 모든 호흡은 단전을 통해 하되 이때만큼은 흉식을 통해 마음껏 마시며 뱉는다. 이때 손은 손바닥을 하늘로 향하고 〈스~〉 소리를 내면서 위로 올린다. 손을 내리면서 호흡을 마시고 다시 위로 뻗으면서 〈스~〉 소리를 내며 숨을 내쉰다. 이렇게 10회 정도를 반복한다.

[간–시] 같은 자세로 시선은 앞과 같이 하늘을 향해 보되 손은 깍지를 껴서 손바닥이 하늘을 향하도록 들어올린다. 그리고 간에 정신을 집중하며 입으로 〈시~〉 소리를 낸다. 역시 횟수는 보통 10회 정도를 하되 간이 나쁜 사람은 24회 혹은 그 이상 반복해서 한다. 생각은 간에 집중되어 있어야 한다.

[심장-호] 〈간〉과 마찬가지 방법으로 심장을 생각하며 〈호~〉 소리를 낸다. 이때 주의해야 할 점은 입 모양을 〈하〉에서 시작하는 것이다. 쉽게 말하면 〈하호~〉라고 하면 된다. 손동작과 횟수는 간과 같다.

[신장-우] 다음은 신장인데 신장을 할 때는 양발의 무릎을 맞대고 양팔로 무릎을 끌어안은 자세로 앉는다. 이때 시선은 앞을 향하고 무릎을 끌어안은 상태에서 〈우~〉 소리를 낸다. 그러면 등 아래 엉덩이 윗부분에서 신장이 떨리는 것을 느낄 수가 있다. 이렇게 10회를 하되 신장에 이

 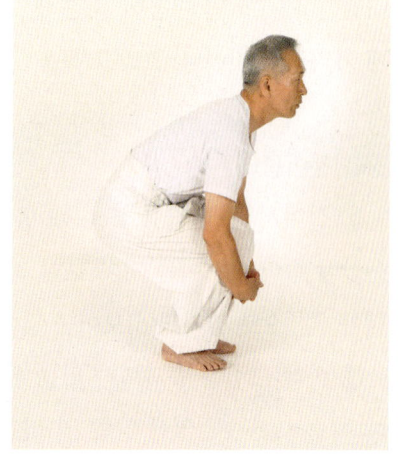

상이 있는 사람은 24회 혹은 그 이상을 한다. 힘든 사람은 8회씩 중간에 쉬었다 해도 좋다.

6. [송과체 활성법] 앉아서 할 때는 가부좌도 좋고, 아니면 누워서 해도 좋다. 누워서 할 때는 옆으로 누워서 하는 것이 처음에는 더 잘된다. 맨땅요법을 할 때는 숨이 차지 않은 평평한 길에서 하면 된다. 밤낮은 상관없으나 처음 할 때는 가능한 한 잠들기 전에 연습하는 것이 좋다. 두통이 있을 때나 졸음이 올 때, 아니면 집중이 잘 안 되고 정신이 산만할 때 하면 즉시 효과가 나타나기도 한다. 머리가 개운하고 마치 머릿속을 샤워한 듯한 기분이 될 것이다.

① 앉아서 하거나 누워서 해도 마찬가지지만 먼저 온몸의 힘을 쭉 뺀다. 입으로부터 한 뼘 정도 되는 거리에 양손을 모아 엄지와 엄지 그리고 나머지 손가락을 마주보게 댄다. 그러면 중간에 삼각형 모양의 공간이 나타날 것이다. 먼저 입을 통해 깊은 호흡을 삼각형 공간 안으로 3~4회 〈푸후~〉 하고 길게 내뱉는다. 그러면 마음이 차분하게 가라앉을 것이다. 그리고 목을 좌우로 가볍게 돌리며 온몸의 긴장을 풀어준다.

② 살며시 눈을 감고 한 손을 멀리 뻗어 미간 앞에서 흔든다. 그러면 눈앞에 손이 움직이는 것이 보일 것이다. 눈은 감았지만 손 흔들림의 형태가 〈빛〉으로 감지되어 보이는 것이다.

③ 아래 그림은 송과체가 있는 위치이다. 앞 쪽은 〈신성목神性目, 부처의 이마에 점이 있는 곳〉, 옆은 양쪽 귀 약간 위에 손으로 만지면 아픈 부위, 그

리고 위쪽은 백회가 있는 곳, 이렇게 세 곳이 만나는 부위에 송과체가 있다고 생각하면 된다. 이 위치를 잘 파악해 둔다.

④ 송과체를 움직일 수 있는 방법은 딱 한 가지! 이 방법뿐이다. 그것은 소리의 진동을 이용하여 송과체를 흔드는 것이다. 이것을 〈송과체 활성법〉이라고 한다. 먼저 눈을 살며시 감고 눕거나 앉는다. 그리고 입술을 살며시 다문다. 이때 어금니가 맞닿으면 절대 안 된다. 그렇다고 입을 벌려도 안 된다. 그냥 자연스럽게 입술을 다문 채 놔둔다.

⑤ 입을 다문 상태에서 혀끝을 입천장에 대고 〈음~〉 소리를 낸다. 입천장 위에 혀끝을 이리저리 옮겨가며 하다보면 소리의 떨림이 송과체와 딱 맞닿는 것을 느낄 수 있다. 이렇게 진동이 느껴지도록 〈저음〉 소리를 낸다. 입천장이 가려울 정도로 콧소리를 낸다. 그리고 감은 눈앞에 여러 가지 무늬 중 허연 부분에 정신을 집중한다. 그러면 진동에 맞춰 흰 부분이 넓게 확산된다. 그리고 진동에 맞춰 떨리는 모습이 보일 것이다. 〈음~〉 소리는 송과체를 아래로 흔드는 효과가 있다.

⑥ 여기까지 완벽하게 수련이 되면 다음은 〈옴~〉 소리를 낸다. 그러면 진동이 강력하게 머리 위로 전달되는 것이 느껴질 것이다. 이때 입천장에 댄 혀끝을 앞뒤로 옮기며 송과체에 초점을 맞춘다. 그러면 송과체가 울리는 것을 느낄 수 있다. 이렇게 〈옴~〉 소리는 송과체를 위로 흔드는 효과가 있다.

⑦ 여기까지 능숙하게 수련이 되면 다음은 〈옴~음~〉을 함께 한다. 〈옴〉으로 시작하여 〈음〉으로 끝맺음을 하는 것이다. 〈옴~음〉은 진동하는 송과체를 위아래로 흔들어 주는 효과가 있다.

⑧ 기氣, 즉 에너지는 〈신경〉을 따라 움직인다. 호흡은 단전을 통해 코

로 마시고 코로 뱉되 가늘고 길게 한다. 그리고 입 속의 진동을 송과체로 끌어올린다. 머릿속 송과체가 있는 부위에 정신을 집중하는 것이다.

⑨ 숙달이 되면 혀를 입천장에 대고 정확한 위치에 진동을 집중시킬 수가 있다. 혀의 위치에 따라 진동이 집중되는 위치가 바뀌는 것이다. 그러면서 소리를 중음, 고음으로 올려 본다. 고음으로 갈수록 초점이 정확해질 것이다. 정확하게 송과체에 진동이 집중되면 그 부위가 시원한 느낌이 든다. 마치 가려운 곳을 긁듯이 말이다. 이와 같이 소리를 통해 신체를 움직이는 방법을 〈음파 진동술〉이라고 한다.

⑩ 틈틈이 자주 하되 한번 할 때마다 6분 이상을 하면 좋다. 잠자기 전에 하면 잠이 깨거나 아니면 깊은 잠에 빠지거나 둘 중에 하나를 스스로 선택할 수도 있다.

⑪ 평소에 엄지발가락을 움직여 운동을 시켜준다. 주무르며 마사지를 해주면 더욱 좋다. 엄지발가락의 운동은 간접적으로 송과체를 자극해 멜라토닌 분비를 촉진시킨다. 맨땅요법을 할 때는 엄지발가락에 힘을 주어 힘껏 땅을 밟으며 앞으로 나간다.

⑫ 시험공부나 정신노동으로 피곤할 때 이 방법을 실행하면 맑은 정신과 강력한 집중력 그리고 시원하고 상쾌한 기분으로 일의 능률을 한 층 업up시킬 수 있다. 송과체 활성법은 머릿속을 목욕시키는 효과가 있는 것이다.

7. [딱딱 주무르기] 음파 진동술이 끝나면 천천히 일어나면서 입을 크게 벌리고 이빨을 〈딱딱〉 소리가 나도록 부딪치며 귓불을 당기기도 하고 주무르기를 20회 정도 한다. 이것은 치아와 귀의 건강을 위한 방법이다.

영국의 리즈 대학 연구팀은 귀 마사지가 심장 건강에 도움이 된다는 연구 결과를 발표하였다. 이는 경피신경 전기 자극 치료기기를 이용하여

딱딱 주무르기

귓바퀴나 돌기 등을 자극한 결과와 마찬가지로, 심장 박동수가 20% 이상 증가했거나 교감 신경계가 억제되는 효과가 나타났다고 한다. 이와 같은 결과는 귀를 마사지하는 것만으로도 스트레스나 긴장, 노화 등으로 인해 심장질환이 우려되는 위험을 낮출 수 있다는 뜻이기도 하다. 그래서 귀를 주무르며 귓불이 있는 부위를 지긋이 20회 정도 눌러준다.

8. [접시돌리기] 다음은 오른손부터 접시돌리기를 10회 정도 한다. 오른손이 끝나면 왼손을 다시 10회 정도 하고, 왼손이 끝나면 다시 양손을 함께 10회 정도 한다. 단, 관절염이나 디스크 혹은 근육통 등으로 몸이 아픈 사람은 한번에 30회 정도를 한다. 처음에 힘들면 할 수 있는 만큼만 하기 시작해서 점점 횟수를 늘려나간다.

방법은, 손바닥에 진짜 접시가 있다고 생각하고 접시 위의 물건이 쏟아지지 않도록 손을 크게 말아 한 바퀴 돌리는 것이다. 자세는, 오른손을 돌릴 때는 오른쪽 다리를 앞으로 내밀고 90도 각도로 구부린 뒤 손바닥을 밖에서 안쪽으로 접시를 돌리듯 휘감으며 위로 크게 돌린다. 이때 몸의 중심을 뒤로 하며 앞무릎을 펴 준다. 시선은 돌리는 손을 따라가면 된

다. 이렇게 10회를 실시한다. 돌아가는 손을 시선이 따라가면 자연히 목 운동이 되어 목 디스크 등이 좋아질 것이다. 반대로 왼손을 할 때도 같은 방법으로 똑같이 한다. 그리고 양손을 할 때는 남자는 기마자세, 여자는 양무릎을 맞댄 상태에서 실시한다. 주의해야 할 점은, 팔은 감아 돌리되 허리는 곧추 세워 등을 바로 펴줘야 하고, 빠른 속도보다는 정확한 자세로 천천히 실시해야 한다.

05 싸이파워Psy-Power 체조

이것은 옆구리를 비롯해 온몸의 긴장을 풀어주는 효과와 각 뼈마디를 움직여 관절염, 류마티스 등에 큰 효과가 있다. 또 많은 사람들이 이 방법을 통해 허리 디스크와 목 디스크 그리고 손목, 발목, 팔꿈치, 무릎, 어깨 등 아픈 뼈마디의 통증 모두가 사라졌다는 보고도 있다.

9. [뱃살 빼기 체조] 다음은 다리를 어깨넓이보다 반 보 정도 더 벌린 뒤 손을 합장한 상태에서 최대한 허리를 앞으로 숙이면서 쭉 뻗은 다음 다시 가운데 위치로 오고 다시 몸을 뒤로 최대한 젖힌다. 이렇게 기도하듯이 10회를 반복한다. 호흡은 단전을 통해 하되 배에 영향이 가도록 신경을 쓰면서 한다. 뱃살을 빼기 위해 하는 방법이니만큼 반드시 배에 신

경을 집중해서 자극이 느껴지도록 해야 한다. 다음은 합장한 손을 머리 위로 뻗은 다음 왼쪽으로 최대한 기울였다가 가운데 위치로 오고 다시 오른쪽으로 최대한 기울였다가 가운데 위치로 온다. 이렇게 10회를 반복한다. 이것은 뱃살을 빼주는 효과가 있다.

10. **[스쿼트 체조]** 인생에 5분이라는 시간을 주며 운동을 하라고 하면 꼭 해야 할 운동이 바로 이 운동이다. 왜냐하면 이 운동은 허벅지와 척추에 미토콘드리아 수를 엄청나게 증가시키며 몸의 균형을 바로잡아 주기 때문이다. 먼저 다리를 어깨넓이의 1.5배 정도 벌리고 앞쪽 발끝을 살짝 벌린 뒤 기마자세처럼 앉아 스쿼트squat 자세를 취한다. 이때 호흡은, 밑으로 내려갈 때는 단전으로 마시고 위로 올라올 때는 코로 뱉는다. 스쿼트 자세는 기마자세보다 더 밑으로 내려가 허벅지가 대지와 평행이 되도록 무릎을 90도로 굽히고 엉덩이를 뒤로 쭉 빼는 자세다. 이때 주의해야 할 점은, 무릎이 반드시 발가락 끝보다 안쪽에 있어야 한다. 만약 발가락보다 앞으로 나가게 되면 무릎에 이상이 올 수도 있다. 그래서 주의해서 자세를 똑바로 취해야 한다. 물론 엉덩이는 뒤로 쭉 빼고 허리는 곧추 세우며 시선은 앞을 향한다. 손은 젖가슴이 있는 중앙에 오른손은 펴고 왼손은 주먹을 쥐어 그림과 같이 놓는다. 그리고 팔꿈치를 일자로 평행이

되게 올린 뒤, 주먹이 몸과 반 뼘 정도 벌어지게 자연스럽게 놓는다.

스쿼트 체조는 처음에 30회 정도로 시작해서 차츰 늘려 50회 이상 실시한다. 처음에는 힘들어서 오래할 수 없지만 계속하다 보면 우리 몸이 힘들지 않게 〈미토콘드리아〉 수를 증가시켜 오랜 시간 할 수 있다. 그래서 스쿼트 체조는 〈장수 비결〉에 속하는 매우 중요한 운동이다.

11. [학다리 체조] 학다리 체조는 정신을 집중하고 치매나 기억력 상실을 막는 효과가 있다. 방법은, 서서 한쪽 발을 살짝 들어주는 것이다. 이렇게 교대로 최소한 1분 이상 3분 정도를 한다. 마음속으로 빠르게 100에서 300까지 세면 된다. 이 학다리 자세는 평소에도 틈틈이 자주 해주면 좋다. TV를 보거나 차를 기다릴 때 그리고 심심할 때마다 틈틈이 자주 하면 좋다.

06
맨땅요법의 효능

〈맨땅요법〉은 의사 선생님이 병을 치료하기 위해 처방을 내리는 식의 그런 치료법이 아니다. 오히려 〈예방의학〉으로 치료 이전에 병이 생길 수 있는 원인을 해소하고, 또 설사 병이 있다 하더라도 그 증세가 없어질 수 있는 근본 원인을 해결하는 것일 뿐 결코 치료행위가 아니다. 그래서 뚜렷하게 어떤 병은 어떻게 하고 또 어떤 병은 어떻게 한다는 식의 치료법이 없다. 일부 운동선수들이 상처가 났거나 통증이 있을 때 그 상처 주변에 〈G-패치〉를 만들어 땅과 연결하여 붙여주는 방법이 있을 뿐이다. 그러나 앞에서 설명한 내용을 통해 알겠지만, 맨땅요법은 우리 몸의 질병을 일으키는 원인의 90%를 차지하고 있는 활성산소를 제거하고, 또 여러 가지 증상을 일으키는 정전기를 제거하며, 그로 인해 생기는 암, 당뇨병, 어지럼증, 혈압장애, 체중감소, 신장장애, 백내장 등 작게는 별것 아닌 병에서부터 크게는 암에 이르기까지 무수히 많은 질병에 호전적 성과를 보이고 있다.

인간의 집념과 노력은 집요해서 1900년대 활성산소가 발견된 뒤로 이것을 제거하기 위한 수많은 노력이 진행되고 있다. 2014년 4월에는 일본 도호크 대학 환경 보건학 대학원에서 활성산소를 제거할 수 있는 화학 물질을 발견했다고 발표했으며, 이 물질을 통해 산화 스트레스 관련 질병인 감염, 염증, 암, 동맥경화증, 대사 증후군 등 성인병과, 알츠하이머 병 등 신경 난치병의 새로운 치료법 확립에 크게 기여할 것으로 기대하고 있다. 또 미국과 이태리 등에서는 고전압 테슬라 코일 주파수 변조 전자기장 장치와 같은 다양한 방식으로 우리 몸에 음이온 등을 주입시켜 활성산소를 제거하기 위한 노력을 진행 중에 있다. 반면에 유럽이나 미국 등에서는 인위적으로 만든 활성산소 제거법보다 땅속 〈자연전자〉를 이용하여 상처가 난 부분이나 활성산소로 인해 생긴 환부에 〈G-패치patch〉를 붙여 빨리 상처가 아물거나 환부가 사라지게 하는 〈맨땅요법〉도 활발하게 진행 중에 있다. 쉽게 말하면 〈G-매트〉 위에 아픈 상처를 대고 자는 대신 〈자연전자〉가 흐를 수 있는 〈G-패치〉를 직접 아픈 부위 주변에 붙이는 것이다. 그러면 의외로 상처가 빨리 회복되는 효과가 있다고 한다.

맨땅요법은 우리 몸이 땅에 닿는 순간 정전기를 제거함으로써 〈혈액순환 개선〉을 통해 혈압을 낮추고, 단백질이 엉키는 현상을 해소하여 주름살이 생기는 원인을 해결하기도 한다. 그래서 결국 쭈글쭈글하고 처진 피부를 탱탱하고 윤기 있게 만들어 주는 피부미용 효과 또한 뛰어나다. 그리고 대지로부터 〈자연전자〉를 유입하여 활성산소가 일으키는 DNA의 변형을 예방하며 〈암〉이 생길 수 있는 것을 미리 막아준다. 또 활성산소의 〈부수적 피해〉인 〈염증〉을 해결하고, 그로 인해 생긴 쑤시고 아픈 통증도 말끔히 없애주기도 한다. 더불어 산만하고 나른한 정신상태의 청소년들에게 20분간 맨발로 맨땅을 달리도록 시켰더니 집중력이 향상되고 운동량도 증가했다는 일본의 보고도 있다. 이렇게 맨땅요법은, 우리 몸이 산화되는 것을 막아주는 〈항산화 방어 시스템〉이며, 모든 질병이 몸속에 자리 잡기 전에 사라지게 하는 최고의 〈예방의학〉이다.

우주는 스스로 자신을 보존하려고 하는 〈보존본능〉이 있다. 맨땅요법은, 단순히 우리의 몸을 땅과 접촉시키는 것만으로, 우주의 〈보존본능〉에 의해 면역력을 증진시키며 건강을 보장 받는다. 그래서 2층 이하에 사는 사람은 일주일에 4일 정도, 하루에 1시간 반씩 맨땅 위를 걷는 것 외에는 특별한 노력을 할 필요가 없다. 그러나 7층 이상에 사는 사람은 거의 매일같이 일주일에 5일 이상 하루에 1시간 반 정도를 〈맨땅요법〉을 해주어야 한다. 왜냐하면 7층 이상에 살게 되면 우리 몸의 전압은 상승하고 그로 인한 전위차 때문에 활성산소가 대거 증가하여 여러 가지 암이나 당뇨병, 어지럼증, 혈압장애, 신장장애 등을 일으킬 수 있기 때문이다. 그래서 반드시 맨땅요법을 통해 전위차를 줄여주어야 한다. 물론 맨땅요법은 혼자서 무턱대고 하기보다는 자연전자 유입에 관한 세심한 방법을 알고 있는 〈맨땅지도사〉의 지도를 받아 시작하는 것이 좋다. 또 맨땅용품 역시 마찬가지로 전도율이 낮은 선이나 나노제품, 음이온 첨가제, 저항, 자석 따위로 인한 〈해〉가 없는 확실한 제품을 선정하여 불이익이 생기지 않도록 조심해야 한다.

이렇게 자연전자가 확실하게 우리 몸에 들어오면 그때는 우주의 보존본능이 알아서 모든 것을 조절해 준다. 그런데 현대인은 이렇게 저절로 이루어지는 건강법에는 별로 익숙하지 않아 무언가 특별히 해야만 성과가 있는 것처럼 생각한다. 그래서 혼자 하면 자꾸 무리를 하여 또 다른 문제를 일으킨다. 때문에 처음 시작할 때는 〈맨땅지도사〉의 지도를 받아 전반적으로 맨땅요법의 실체를 알고 실행하면 우주 최고의 건강법을 누릴 수 있다.

탱탱하고 윤기 나는 꿀피부를 갖길 원하면 〈맨땅요법〉을 하라.
탄력 있고 생기발랄한 모습으로 살고 싶으면 〈맨땅요법〉을 하라.
또 늙지 않는 젊음을 유지하고 싶으면 그 또한 〈맨땅요법〉을 하라.

기미, 주근깨 등이 생기지 않기 위해서는 20분 이상 햇빛에 노출하지 말 것이며, 고혈압 등이 있을 때는 의사 선생님과 상의해서 실시하라.

그리고 당뇨가 있어 지혈이 문제 되면 〈G-슈즈〉를 신고 하고, 참을 수 없게 추우면 〈맨땅양말〉을 신고 하라. 또 깊은 잠을 자고 싶으면 〈G-베개〉를 베고 자라.

몸이 나른하고 정신이 산만할 때 〈맨땅요법〉을 하면 정신집중이 잘 되고 머리 또한 개운해진다. 그래서 하고자 하는 마음만 있으면 〈맨땅요법〉은 공짜로 얼마든지 할 수 있다.

집이나 사무실 등 실내에서 할 때는 〈G-매트〉를 사용하고, 잠을 잘 때도 항상 〈G-매트〉를 깔고 〈G-베개〉를 베고 자자. 맨땅요법은 아무리 많이 해도 부작용이 없으니 친구나 연인끼리 만날 때도 맨땅요법을 통해 건강하게 살아보자. 인생은 택한 대로 되는 것이다.

앞으로는 이와 같은 〈맨땅요법〉을 하는 사람들이 점점 더 많아질 것이다. 그런데 지금까지 〈맨땅요법〉이 많은 사람들한테 잘 알려지지 않은 이유는 무엇일까? 그 첫 번째는 귀찮아서이다. 날마다 시간을 내어 땅을 밟는다는 것이 귀찮은 것이다. 두 번째는 건강하기 때문이다. 〈암〉은 대체로 7~8년이 지나야 병원에서 발견된다. 그리고 사실 우리 몸은 매일같이 몇 백 개씩 암세포가 생기고 있다. 단지 면역력이 강하면 그 암세포를 이겨낼 수 있을 뿐이다. 그래서 건강할 때 계속 해주면 사전에 미리 병을 예방하는 등 여러 가지 이득이 있는데 그 효능을 잘 알지 못하기 때문에 아픈 사람만 그 효과를 보는 것이다. 세 번째는 〈자연전자〉를 잘 모르기 때문이다. 자연전자를 물리학적 자유전자와 착각하여 그 실체를 잘 모르기 때문에 무수히 많은 시행착오를 일으킨다. 그러면 자신의 무지 때문에 효과가 없는 것을 모르고 별 효과가 없다고 생각하여 집어치우는 것이다.

이 세상에 무엇인가가 존재하기 위해서는 반드시 〈존재의 원칙〉을 지켜야 한다. 꼭 오래 살기 위해서라기보다 건강하고 활기차게 살기 위해서는 귀찮음 따위를 생각하지 말고 꾸준히 〈맨땅요법〉을 하여야 한다. 왜냐하면 맨땅요법을 꾸준히 계속함으로써 기분도 좋고 몸도 가벼우며 건강과 활력이 넘치기 때문이다. 이렇게 계속해서 맨땅요법을 꾸준히 하면 무엇보다 암이나 당뇨병, 어지럼증, 고혈압, 체중감소, 신장장애, 백내장 등 여러 가지 증세들이 자기도 모르게 사라져 버린다. 이렇게 영혼에 〈건강〉이 각인되는 것이다. 그리고 계속해서 꾸준히 맨땅요법을 하면 다음과 같은 효능을 맛볼 수 있다.

❶ 몸속의 독소를 빼낸다.
❷ 혈액순환을 원활하게 해 준다.
❸ 미토콘드리아 수를 늘려 기력이 강해진다.
❹ 발바닥 경혈을 자극하여 온몸을 치유한다.
❺ 자연전자를 유입하여 활성산소를 제거한다.
❻ 몸속의 정전기를 제거하여 잡념과 번민을 줄여주며 집중력을 높여 준다.
❼ 잘못된 몸속의 이상부위를 원상회복 시켜준다.
❽ 통증을 없애주며 깊은 잠을 잘 수 있다.
❾ 소화가 잘 되며 밥맛이 좋다.
❿ 마음이 편안하고 몸이 가벼워진다.
⓫ 송과체의 지방질이 제거되어 기감능력이 향상된다.
⓬ 정전기 제거를 통해 활성산소의 증가를 막아준다.
⓭ 운동량을 30% 이상 증가시킨다.

07 맨땅요법을 시작해야 할 때

맨땅요법을 하기에 가장 좋은 시기는 태어나서부터다.

물론 유아기니까 일반 땅을 기어 다니게 할 수는 없고 황토를 물과 잘 섞어서 평지도 만들고 언덕도 만들어 기어 다니게 하는 것이다. 기어 다닐 때는 반드시 양발 엄지발가락으로 밀어서 앞으로 가도록 교육을 시킨다. 그러면 송과체가 자극을 받아 기감능력이 뛰어나진다. 이렇게 태어나자마자 시작하면 평생 젊음을 유지하며 활기차고 건강하게 100세 이상을 살게 될 것이다. 무병장수의 근본이 되는 것이다.

두 번째로 좋은 시기는 7살 때부터다.

7살 이전에는 송과체의 활동이 커서 기감능력이 뛰어난데 이때부터 꾸준히 맨땅요법을 계속하면 그 〈기감〉능력을 계속 유지할 수가 있다. 더구나 앞으로는 파동문명 시대이기 때문에 영혼이 주도하는 기감능력이 떨어지면 모든 면에서 크게 성공하기 힘들다. 그래서 7살 때부터 맨땅요법을 꾸준히 계속하면 이 또한 건강과 학습능력이 남들보다 월등히 좋아진다. 〈정신이 산만하고 피곤하면 맨발로 맨땅을 뛰어라〉. 이렇게 20분 정도 뛰고 들어와서 공부하면 학습효과는 몇 배 이상 배가되어 놀

5단 똑똑이

라움을 금치 못할 것이다. 그리고 공부할 때나 업무를 볼 때는 〈똑똑이〉를 사용하면 훨씬 더 효과적이다. 〈똑똑이〉는 헥사곤의 일종으로 이것을 머리에 쓰고 하면 집중력이 엄청 강해지며 스칼라 파장으로 머리가 시원해진다. 특히 수험생들이 이 〈똑똑이〉를 쓰고 공부하면 학습효과가 엄청 좋아진다고 한다.

세 번째로 맨땅요법이 필요한 시기는 사춘기가 시작되는 13세경부터다.

이때부터 맨땅요법을 시작하면 잡념 없이 공부에 몰두할 수 있으며, 깊은 잠과 함께 멜라토닌 분비가 많아져 지치지 않는 활력을 발휘할 수 있다. 또 회복력도 매우 빨라 쉽게 적응하고 한곳에 몰두할 수 있게 된다. 단, 여학생들은 생리 중에는 맨땅요법을 쉬는 것이 좋다. 이때는 도리어 활성산소가 필요하기 때문이다.

네 번째로 좋은 시기는 21세 때부터다.

앞의 시기를 놓쳤다면 이때부터는 꼭 시작하는 것이 좋다. 왜냐하면 이때부터 송과체 주변은 지방변성정상조직이 위축되면서 지방이 축적되거나 지방으로 바뀌는 현상이 시작되기 때문이다. 그래서 이때부터 맨땅요법을 꾸준히 계속하면 송과체에 지방질이 쌓이는 것을 방지하고, 뛰어난 기감능력의 향상과 빠른 두뇌활동 등으로 영특함을 유지할 수 있다.

다섯 번째로 좋은 시기는 40세 때부터다.

물론 G-매트는 아기가 탄생했을 때부터 사용하는 것이 좋다. 평소에 잠을 잘 때도 G-매트를 사용하면 가장 긴 시간 동안 맨땅요법을 하는 것과 같은 효과가 있기 때문이다. 특히 G-매트는 항균과 냄새제거 기능까지 있어 항상 쾌적한 잠을 잘 수 있게 해준다. 그래서 앞에 열거한 시기를 놓쳤다면 끝으로 40세 때부터는 꼭 해야만 한다. 왜냐하면 이때부터 우리 몸은 〈항산화 효소〉가 급격히 줄어들어 이유 없이 쉬 피로해지며, 암이나 당뇨병 같은 성인병이 생기기 쉽기 때문이다. 그래서 이때부터 활성산소로 인한 직접적 피해가 발생하지 않도록 〈자연전자〉를 충분히 땅으로부터 유입해야 한다. 젊고 건강한 인생을 유지하려면 늦어도 이때부터는 꼭 시작해야만 하는 것이다. 쉽게 피로감을 느끼면 〈코엔자임큐텐〉을 복용하면서 함께 하면 더욱 효과적이다. 그래서 늦어도 40세에는 꼭 시작해야 한다고 말하는 이유가 바로 여기에 있다.

그나마 이 시기를 놓쳤다면 오늘부터 당장 시작하는 것이 좋다.
주변에 맨땅이 있고 숲이 있으면 서슴지 말고 그리로 가라. 결코 긴 〈길〉이 아니어도 된다. 짧은 길은 반복해서 왔다갔다하면 되고, 그것조차 여의치 않으면 맨발과 맨손을 땅에 접촉하기라도 하라. 그리고 차츰 주변을 살펴보면 틀림없이 할 수 있는 장소가 있을 것이다. 맨땅요법은 이렇게 하루라도 빨리 시작하는 것이 좋다.

전류가 흐른다는 것은 곧 〈자유전자〉가 흐른다는 뜻이다. 그러나 이 책이 말하는 〈자연전자〉는 집에서 사용하는 전기의 〈자유전자〉와는 다른 것이다. 집에서 사용하는 전기는 대지와 같은 자연전자가 아니다. 대지의 〈자연전자〉는 〈자연면역 기능〉이 작동하지만 집에서 사용하는 전기의 자유전자는 인위적으로 만들어진 것이기 때문에 〈자연면역 기능〉이 없다. 그래서 TV선이나 안테나선에 연결해서 사용하면 별 효과가 없다. 오히려 우리 몸을 해칠 수 있기 때문에 절대 사용하면 안 된다. 이 점을 각별히 유념해서 착오 없으시길 바란다. 또 어떤 사람은 수도나 가스 파이프에 연결하는데 이 또한 효과가 없다. 특히 가스 파이프는 폭발 등의 위험성이 있으니 절대 사용하면 안 된다. 이 책이 말하는 〈자연전자〉는 대지의 제로볼트 자유전자나 자연 속의 음이온만을 말하는 것이다.

에코힐링을 통해 맑은 정신으로 〈싸이파워 체조〉도 하고, 이렇게 1시간 이상 2시간 정도를 하면 밥맛도 좋고 어딘가 남모르는 기운이 몸속에 자리 잡고 있는 것을 느낄 수 있다. 주의해야 할 점은, 맨땅요법은 몸속의 활성산소를 제거하는 위력이 있기 때문에 사춘기 이상의 여성은 생리 중에는 쉬는 것이 좋다. 생리 중에 맨땅요법을 하거나 G-매트를 사용하면 생리현상이 멈추지 않고 길어질 수도 있기 때문이다. 또 임신 중에는 안 하는 것이 원칙이나, 임신말기에는 주 1회 정도 걷기운동을 겸해 맨땅요법을 할 것을 권한다. 단 G-매트는 접지코드를 빼고 사용하면 된다. 그리고 수술 후에는 체력이 회복되는 일정기간 동안 맨땅요법과 G-매트 사용을 금해야 한다. 왜냐하면 이때는 몸속의 활성산소가 살균작용과 세포증식을 위해 꼭 필요하기 때문이다.

맨땅요법은 맨발을 직접 땅에 대고 걷는 것이기 때문에 이른바 지압효과가 있다. 우리 발은 7800여 개의 경혈이 있어서 온몸과 연결이 되어 있다. 결과적으로 맨땅요법은 발의 경혈을 자극하여 혈액순환과 더불어 몸의 치유를 겸하고 있는 것이다. 또 신발을 신고 걸을 때보다 운동량도 30% 이상 많아져 운동효과도 크다. 그리고 무엇보다 송과체의 지방변성을 줄여주고 송과체를 활성화시키며 기감능력을 향상시켜 넘치는 총기를 발휘할 수 있게 한다. 이렇게 땅은 우리의 인생에 매우 중요한 것이다.

맨땅에서 하는 〈맨땅요법〉은 경혈을 자극하는 효과가 뛰어나고, 황토에서 하는 〈맨땅요법〉은 스칼라 에너지가 방출되어 피로회복 및 원상복구 효과가 뛰어나며, 또 원적외선을 통해 몸속 깊숙이 파고드는 장점이 있다. 그리고 바닷가에서 하는 맨땅요법은 미네랄 함유량이 많아 지방질을 제거하고 머리숱이 많아지는 것은 물론, 정신을 맑게 하고 몸을 가볍게 하여 활기찬 인생을 만들어 주는 효과가 있다. 헥사곤에서 하는 맨땅요법은 운동효과는 없지만 우주 최초의 생명 에너지와 스칼라 파장, 그리고 원적외선이 엄청 강하다. 때문에 아프고 변질된 몸의 세포가 원상복구 되는 효과가 있으며, 원적외선은 체온을 올려주어 면역력이 한층 〈업〉 된다. 그리고 지구 자장의 영향을 받지 않아 쭈그러진 피부가 팽팽해지는 효과가 있으며, 더불어 지구 고유 주파수와 동조되어 편안하고 행복한 감정에 젖게 한다. 그래서 이곳에서 바라는 미래를 생각하면 실현되는 성과 또한 크다. 이렇게 이곳은 늙지 않고 싱싱하게 잘 살 수 있는 비밀이 숨겨진 곳이다. 그러므로 자신의 여건에 맞는 장소에서 맨땅요법을 하되, 필요에 따라서는 필요한 곳을 선정하여 하는 것이 좋다.

맨땅요법은 겉에서 보면 별로 대수롭지 않는 것처럼 보이지만 사실 우리 몸을 근본적으로 건강하게 해주는 수많은 〈도우미〉들을 갖고 있다. 이것을 〈치유인자〉라고 한다. 자연전자, 맑은 공기, 음이온, 피톤치드, 맨땅과 돌, 지구 고유 주파수, 헥사곤, 햇빛, 땀, 황토, 바닷물, 생명에너지 등 수많은 치유인자를 포함하고 있는 것이다. 때문에 수많은 사람들이 불치병을 안고 산속에 들어가 맨땅과 함께 생활하면 기적처럼 건강을 되찾을 수 있는 것이다. 이것이 바로 〈맨땅요법〉이다.

6부 문제

01 다음 설명 중에서 틀린 것은?
① 건강과 미토콘드리아는 밀접한 관계가 있다.
② 우리가 건강하기 위해서는 몸속의 활성산소를 전부 없애야 한다.
③ 천연 음이온과 자연전자는 우리 몸이 필요한 만큼만 유입된다.
④ 미토콘드리아의 가장 중요한 기능은 에너지를 만들어내는 일이다.

02 에코힐링을 통해 음이온과 자연전자를 유입했을 때 나타나는 효과가 아닌 것은?
① 혈당량 감소
② 혈액의 산성화
③ 신체의 외부 병균 저항력 증가
④ 교감신경의 안정

03 한국에서 맨땅요법을 하기에 가장 좋은 시간은 저녁 6시나 7시쯤이다. 그 이유는?
① 태양과 달의 인력이 거의 작용하지 않아 그것들의 영향을 가장 덜 받기 때문이다.
② 태양의 자외선의 영향을 가장 적게 받을 수 있기 때문이다.
③ 땅의 자연전자가 우리 몸에 가장 많이 유입되기 때문이다.
④ 숲과 땅의 음이온과 자연전자가 가장 왕성하게 생성되기 때문이다.

04 다음 설명 중에서 <u>틀린</u> 것은?

① 고양이 걸음법은 혈액순환에 매우 좋다.

② 땅으로부터의 자연전자는 용천혈을 통해서만 유입된다.

③ 발의 용천혈과 같은 기능은 손에도 있는데 그것을 노궁혈이라 한다.

④ 우리 몸에 미토콘드리아를 많이 만들기 위해서는 완만한 경사 길을 오르락내리락 하면서 걷는 것이 좋다.

05 다음은 맨땅용품 사용을 위한 접지공사에 대한 설명이다. <u>틀린</u> 것은?

① 고압선이 있는 경우에는 최소한 1킬로 이상 떨어진 곳에 접지판을 묻어야 한다.

② 접지판은 땅속 70cm 이상 깊숙이 묻어야 한다.

③ 벽에 있는 콘센트의 접지단자에는 누설전류가 흘러들어올 폐단이 있기 때문에 직접 접지판을 땅에 묻어 연결하는 것이 좋다.

④ TV 안테나선이나 수도파이프, 가스파이프와 같은 곳에 접지하는 방법은 사용하지 않는 것이 좋다.

06 맨땅용품 사용을 위한 접지공사시 사용해서는 <u>안</u> 되는 접지선은?

① 녹이 슨 철사 줄

② 구리선

③ 무산소 은도금선

④ 자석이나 저항이 안 들어 있는 선

07 자유전자가 빨라질 수 있는 조건이 <u>아닌</u> 것은?

① 짧은 거리　　　　　② 땅으로부터 높은 곳

③ 전도율이 높은 선　　④ 자석 등 자장이 없는 선

08 다음 중 접지가 안 되는 땅은?

① 바닷가 모래 ② 황토 땅 ③ 아스팔트 땅 ④ 시멘트 땅

09 다음 설명 중 틀린 것은?

① 싸이파워 체조 중에서 〈둥글둥글 체조〉는 부교감신경을 이완시키는 방법이다.
② 〈밸런스 체조〉는 좌우 뇌의 균형을 잡아주는 방법이다.
③ 〈음파진동술〉은 소리의 진동을 이용해 위, 허파, 간장, 심장, 신장의 오장을 움직여 건강한 몸을 만들기 위한 장생법이다.
④ 〈딱딱 주무르기〉는 치아와 심장의 건강을 위한 방법이다.

10 다음 설명 중 틀린 것은?

① 〈접시돌리기 체조〉는 디스크, 관절염 등에 큰 효과가 있다.
② 〈스쿼트 체조〉는 가슴과 허벅지에 미토콘드리아 수를 엄청나게 증가시킨다.
③ 〈학다리 체조〉는 정신을 집중하고 치매나 기억력 상실을 막는 효과가 있다.
④ 〈송과체 활성법〉은 소리의 진동을 이용하여 송과체를 움직이는 방법이다.

11 〈송과체 활성법〉에 대한 설명 중 틀린 것은?

① 송과체 활성법을 할 때 어금니는 닿아도 되지만 입을 벌려서는 안 된다.
② 송과체를 흔드는 방법은 〈음~〉 진동법과 〈옴~〉 진동법이 있다.
③ 시험공부나 정신노동으로 피곤할 때 이 방법을 실행하면 정신이 맑아지고 집중력이 좋아진다.
④ 송과체를 움직일 수 있는 방법은 단 하나, 소리의 진동뿐이다.

12 송과체를 활성화시키는 방법이 아닌 것은?

① 맨땅요법   ② 음파진동술
③ 머리에 폭포수 맞기   ④ 스쿼트 운동

13 다음 중에서 파동요법과 관계 없는 것은?

① 플라시보 효과
② 싸이파워 건강법
③ 단전호흡법
④ 제로보드에 각인된 병을 즐거움으로 대치시키는 방법

14 다음 중 맨땅요법의 주의할 점에 대한 설명으로 적절하지 않은 것은?

① 사춘기 이상의 여성은 생리 중에는 맨땅요법을 쉬는 것이 좋다.
② 생리 중에 맨땅요법을 하면 생리현상이 길어질 수도 있다.
③ 임신 중에는 안 하는 것이 원칙이다.
④ 수술 후 체력이 회복되기 위해서는 맨땅요법을 적극적으로 하는 것이 좋다.

15 다음 중 맨땅요법의 치유인자가 아닌 것은?

① 황토   ② 헥사곤   ③ 자연전자   ④ 항산화 식품

16 다음 중 맨땅요법을 하기에 가장 좋은 시기는?

① 태어나서부터
② 7살 때부터
③ 사춘기가 시작되는 13세경부터
④ 40대초부터

17 다음 설명 중 틀린 것은?

① 맨땅에서 하는 〈맨땅요법〉은 경혈을 자극하는 효과가 뛰어나다.

② 황토에서 하는 〈맨땅요법〉은 스칼라 에너지가 방출되어 피로회복 및 원상복구 효과가 뛰어나며, 또 원적외선을 통해 몸속 깊숙이 파고드는 장점이 있다.

③ 바닷가에서 하는 맨땅요법은 미네랄 함유량이 많아 지방질을 제거하는 것은 물론, 정신을 맑게 하고 몸을 가볍게 하여 활기찬 인생을 만들어 주는 효과가 있다.

④ 핵사곤에서 하는 맨땅요법은 운동효과도 있고, 우주 최초의 생명 에너지와 스칼라 파장, 그리고 원적외선이 엄청 강하다. 때문에 아프고 변질된 몸의 세포가 원상복구 되는 효과가 있으며, 원적외선은 체온을 올려주어 면역력이 한층 좋아진다.

6부 정답 및 해설

01 ② 몸속의 활성산소는 세균을 죽이거나 세포를 증식하는 좋은 작용도 한다.
02 ② 혈액의 알칼리성화
03 ①
04 ② 땅으로부터의 자연전자는 용천혈에 관계없이 우리 몸에 유입된다.
05 ② 접지판은 땅속 40cm 정도에 묻는 것이 좋다. 그 깊이에 자연전자가 가장 많기 때문이다.
06 ① 녹이 슨 철사 줄은 저항이 많아 자연전자 유입이 힘들다.
07 ②
08 ③ 아스팔트는 절연체이다.
09 ① 〈둥글둥글 체조〉는 교감신경을 이완시키는 방법이다.
10 ② 〈스쿼트 체조〉는 가슴과는 관계가 없다.
11 ① 송과체 활성법을 할 때 어금니가 닿아서는 안 된다.
12 ④ 스쿼트 운동은 미토콘드리아를 생성시키는 운동법이다.
13 ③ 즐거움을 추구하면 싸이파워는 건강을 끌어온다.
14 ④ 수술 후 체력이 회복되는 기간에는 맨땅요법을 삼가는 것이 좋다. 활성산소는 세포를 증식시키는 작용도 하기 때문이다.
15 ④
16 ①
17 ④ 헥사곤에서 하는 맨땅요법은 운동효과는 없다.

7부
건강한 몸이 되기 위한 명현 반응

슬픈 노래를 좋아하는 사람은 영혼이 〈슬픔〉을 즐기는 것이다.
경쾌한 노래를 좋아하는 사람은 영혼이 〈즐거움〉을 좋아하는 것이다.
〈악〉을 거부하는 사람은 영혼이 〈선〉하기 때문이며,
〈부〉를 꿈꾸는 사람은 영혼이 부자이기 때문이다.
영혼이 공부하고 싶지 않은 아이는
〈공부해라! 공부해라!〉 하고 다그쳐도 성적이 오르지 않는다.
〈맨땅요법이 몸에 좋으니 하시오!〉 해도 사람들은 쉽게 따라하지 않는다.
그래서 지금 이렇게 여러분의 영혼이
해야 할 필요를 느끼게 하기 위해 설명하는 것이다.
그리고 영혼은 움직이는 〈나〉이기 때문에
그렇게 정해진 대로 인생은 흘러간다.
불치병에 걸린 사람은 영혼 속에 병이 있기 때문이며,
아무리 심한 병에 걸렸다 하더라도 낫는 사람은
영혼 속에 병이 없기 때문이다.
그래서 영혼은 곧 우리의 인생인 것이다.

건강한 몸이 되기 위한 명현 반응

01 질병이 호전되는 디톡스Detox명현 반응

02 건강의 안전지대

03 영혼을 움직이는 5대로

7부 문제

01 질병이 호전되는 디톡스Detox명현 반응

사람의 몸 안에는 신진대사 과정에서 만들어지는 각종 독소 물질을 해독하는 방법으로 〈대변, 소변, 땀, 호흡, 방귀〉 등을 통해 체외로 배출하는 기능이 있다. 그러나 허약체질이나 만성병을 가지고 있는 사람은 이런 독소 배출 능력이 약하여 〈유독한 물질〉을 몸 안에 간직하고 있게 된다.

이러한 사람들의 몸에 대사 기능을 활성화시켜 주는 〈맨땅요법〉이나 〈G-매트〉를 적용하면 〈체질 개선〉과 더불어 〈자연 치유능력〉이 회복되기 시작한다. 그러면 이때 체내에 남아 있던 다량의 〈독소 물질〉을 일시에 몸 밖으로 배출하게 된다. 이때, 일시적으로 일어나는 변조현상통증, 발열, 발한, 설사, 발진 등이 바로 디톡스detox반응이다. 이런 디톡스 반응이 지나면 몸은 빠른 속도로 치유된다.

디톡스 반응을 우리말로 번역하면 〈명현현상〉이라고 한다. 이것은 한의학 용어로 〈호전 반응〉 또는 〈해독 반응〉 이라고도 하며, 허약하거나 질병으로 인해 균형을 잃었던 몸이 정상화되는 과정에서 일시적으로 증상이 악화되거나 엉뚱한 반응이 나타나는 것을 말한다. 그것은 마치 녹슨 수도관을 뚫을 때 막혀 있던 녹가루 덩어리가 제거되는 것과 같은 일종의 진통 과정이다. 동양의학에서는 〈명현이 없으면 병이 낫지 않는다〉고 할 정도로 오랫동안 앓아 왔던 병이 낫기 위해 지나가야 하는 당연한 과정으로 이해하고 있다.

명현현상의 대부분은 좋지 않았던 몸이 새롭게 질서를 잡으면서 몸속의 나쁜 독소가 나올 때 나타나는 증상이다. 그러나 이것은 과학적으로 증명되지 않았기 때문에 한동안 한방에서만 주장해 온 학설에 지나지 않는다고 비하해 왔다. 그런데 최근 들어 구미의 자연 의학계에서는 이러한 명현현상을 〈치유의 위기 crisis for healing〉라고 부르며 새로운 시각으로 바라보고 있다. 이 말의 뜻은 치유 과정에서 중단하게 될지도 모르는 〈위기의 순간〉을 말하는 것으로 실제로 이 위기를 잘 견뎌야만 질병으로부터 건강을 지킬 수 있다는 뜻이다.

명현현상의 네 가지 종류

1. 이완반응

기운이 없고 몸이 늘어지는 현상으로, 명현현상을 호소하는 사람 중 약 35%가 이와 같은 증상을 말한다. 이것은 문제가 있었던 장기가 원래의 기능을 회복해 가면서 생기는 증상이다. 왜냐하면 다른 기관들이 문제가 있는 장기를 보완하기 위해 그간 불균형을 이루고 있다가, 장기의 문제가 해결되자 다시금 원상태로 돌아가기 위한 약간의 혼란 상태라고 말할 수 있다. 기운이 없고 어지럽고 무력감을 느끼지만 일시적인 것이므로 크게 걱정할 필요는 없다.

2. 과민반응

장기에 문제가 생겼을 때, 급성증상을 보이다가 어느 정도 안정세에 접어들면 만성으로 자리를 잡는다. 이때 〈맨땅요법〉을 하면 일시적으로 다시금 급성 상태로 되돌아와 악화 증세를 보인다. 명현현상을 나타내는 환자의 18%가 이러한 증상을 경험하며 변비, 설사, 통증, 부종, 발한 등의 증세를 보인다. 전에 사고 등으로 다쳐서 아팠던 부위가 또 다시 아픈 경우도 마찬가지다. 이러한 과민반응은 비교적 빠른 시간에 나타났다가 2~3일 만에 가라앉으며 몸이 원상태로 돌아온다.

3. 배설반응

체내에 쌓여 있던 노폐물과 독소, 중금속 등이 분해되어 땀이나 소변, 피부 등으로 배출되면서 생기는 증상이다. 피부에 울긋불긋한 발진이 돋거나 눈곱이 끼고, 여드름이 심해지고, 습진이 생기며 온몸이 가렵기도 하다. 약 10%에서 이러한 증상이 나타나는데, 어떤 사람은 배설 작용의 일환으로 변비가 해소되면서 갑자기 식욕이 왕성해지기도 한다.

4. 회복반응

혈액순환이 좋지 않았던 곳에 다시금 혈액이 왕성하게 돌면서 생길 수 있는 증세다. 그간 혈관 벽에 붙어 있거나 혈액 내에 있던 혈전이 일시적으로 체내를 순환할 때 생기는 반응이다. 열이 나거나 구토 증세를 보이고 통증이 나타나며 손발이 저리기도 한다. 이러한 증상은 갑자기 나타났다가 3~4일 만에 저절로 사라지는 특징이 있다.

이처럼 명현현상은 장기가 정상적인 활동을 하기 시작하면서 발생할 수 있는 일시적인 증상으로 크게 염려할 필요는 없다. 기간 또한 길어야 3~5일이고 대개는 2~3일 이내에 점차 수그러들다가 곧 사라진다. 그러나 드물게는 명현현상이 1~2주 동안 지속되는 사람도 있다.

명현현상이 있은 후에는 몸이 급격히 호전되므로 명현현상은 반가워해야 할 증상이다. 그러나 사람에 따라서는 이런 명현현상을 견디기 힘들어할 수도 있다. 그럴 때는 〈G-매트〉 사용 시간을 단축하여 하루 1시간부터 점차 사용 시간을 늘리는 것이 바람직하다. 그러다 보면 명현 증세가 저절로 사라지면서 〈메디칼 싸이파워〉를 하기 전과 후를 비교했을 때 상당히 건강해진 것을 느낄 수 있다.

대체로 〈에코힐링〉을 통해 〈맨땅요법〉을 경험한 사람들 중에는 극소수가 다음과 같은 명현 반응이 있었다고 한다.

1. 만성 염증
섬유 근육통, 피로, 불안, 우울증이 있거나 약을 다량으로 복용하는 사람은 처음 〈G-매트〉에서 잠을 잘 때 〈불쾌감〉이나 〈감기〉 같은 증상을 느낄 수 있다. 이것은 〈맨땅요법〉으로 인한 명현 반응으로 〈독소 배출〉이 활발해졌기 때문이다. 또 감기 증상, 메스꺼움, 설사, 코피 등도 모두 명현 반응이다.

이때, 음식을 먹으면 〈명현현상〉은 저절로 없어진다. 그러므로 병이 아닌 것이다. 명현현상이 있을 경우에는 접지 시간을 줄여 하루 1시간부터 차츰 늘려 나가도록 한다.

2. 찌릿찌릿한 느낌

밤에 〈G-매트〉로 접지하면서 자면 처음 며칠 동안은 찌릿찌릿한 느낌이 있을 수 있다. 이것은 감전 사고가 아니라 땅 속에 있는 〈자연전자〉가 몸 안으로 유입되는 것을 몸이 느끼는 현상이다. 자연전자가 유입되면 정상화 작동, 재동기화 작동, 재활성화 작용이 시작된다. 〈G-매트〉는 접지만 할 뿐 전기와는 아무 상관이 없다. 그래서 이 느낌은 보통 몇 차례 이상 경험하고 나면 줄어들다 없어진다. 또, 한동안 〈G-매트〉 사용을 중단했다가 다시 시작하면 이런 느낌이 다시 올 수도 있다. 그리고 혈액순환이 나쁜 당뇨병 환자 등은 다리와 발 부위에 자연전자가 유입되면서 통증이 생길 수도 있다. 사지 말단이 아프거나 쥐가 나는 것처럼 느껴질 수도 있는 것이다.

또, 휴대폰이나 아이패드 등 전자제품을 손에 쥐고 〈G-매트〉를 사용할 경우나, 전기장판 위에 〈G-매트〉를 깔고 잘 때 따갑도록 따끔따끔한 느낌이 있을 때가 있다. 물론 〈G-매트〉 제품은 전기와는 무관하므로 감전현상은 절대 아니다. 단지 이때는 전자파나 정전기가 방전되는 현상이니 손에서 전자제품을 내려놓든지 아니면 전기장판을 사용하지 말아야 한다. 그래도 계속되면 전기 코드를 바꾸든지 아니면 다른 콘센트를 사용해 보라.

3. 남성은 혈액순환의 개선에 따라 발기가 잘될 수 있다

나이 많은 남성은 〈전립선 염증의 감소〉로 밤중에 소변보는 횟수가 줄어든다. 또 〈G-매트〉를 사용하면 아침에는 기분도 좋고 아픔도 덜하지만, 낮이 되면 아침보다 못한 경우가 있다. 이것은 〈맨땅요법〉이 불충분한 것으로 낮에도 접지를 하여 접지 시간을 늘려야 한다.

증세별 명현

명현현상	이유
열이 난다. 감기 증상과 비슷	내 몸의 노폐물이 연소될 때 열이 난다.
근육통이 심하다.	면역력이 약하거나 간 기능이 약하다.
잠이 쏟아진다. 운전 조심	신경이 약하거나 간 기능이 약하다.
눈곱이 끼거나 눈이 튀어 나올 것만 같다.	간, 신장이 약하다.
피부에 각질이 일어나거나 뾰루지가 난다.	독소들이 피부로 배출되고 있다.
머리가 멍하거나 아프다.	스트레스를 많이 받았거나 신경이 약하다.
방귀 냄새가 많이 나고 독하다.	대장의 독소가 나오고 있다.
소변이 자주 마렵다.	혈액의 찌꺼기가 나오고 있다.
말간 콧물이 나온다.	호흡기의 찌꺼기가 쏟아지고 있다.

증세별 세부반응

내 몸이 안 좋은 곳	명현 반응	내 몸이 안 좋은 곳	명현 반응
산성 체질	졸림, 목과 혀의 건조증, 빈뇨, 방귀 등	폐기능 쇠약	가래의 양이 증가하고, 노란색을 띤다.
고혈압	머리가 무겁고, 어지러운 증세가 1주일간 지속됨. 무기력함	축농증	콧물의 양이 많아지고 진해진다.
빈혈	경미하게 코피가 나기도 한다.	피부 과민	초기에는 피부 가려움증이 있다.
위기능 쇠약	가슴 부위가 답답하고 미열이 남. 음식을 잘 먹을 수 없다.	신경 과민	잠도 이룰 수 없고, 흥분되는 경우도 있다.
위궤양	위 부위가 아프고 답답한 느낌	적혈구 부족	코피가 나는 경우가 있다.
위하수	위 부위가 답답하고, 토하고 싶은 느낌이 든다.	백혈구 감소	입이 마르는 것 같고 꿈을 많이 꾸며 위가 불편하다.
장질환	설사를 하는 현상이 생긴다.	신경통	환부가 더 아플 수 있다.
간기능 쇠약	토하고 싶고, 피부가 가려우며, 발진이 생기는 경우도 있다.	통풍	무력감이나 통증이 올 수 있다.
간경화증	대변에 피 또는 핏덩어리가 섞여 나오는 경우가 있다.	요산 과다	전신이 아프고 증상의 정도에 따라 예전과 다른 반응이 나올 수 있다.
신장병	단백질이 감소하며, 얼굴이 붓고 다리 부분에 경미한 부종 현상이 생긴다.	생리통	전신 무력감, 또는 통증이 올 수 있으며, 2-3일 만에 사라진다.
당뇨	배설되는 당분의 농도가 일시적으로 증가하고 수족이 부어오르며 무기력한 증세가 있다.	치질	변에 피가 섞여 나올 수 있다.
여드름	초기에는 조금 더 증가하나 곧 사라진다.	만성 기관지염증	입안이 마르고 구토가 나며 어지럽고 가래를 쉽게 뱉을 수 없다.

01 질병이 호전되는 디톡스Detox명현 반응

02
건강의 안전지대

바람이 빠진 공을 따뜻한 곳에 놓아두면 공은 곧 팽팽하게 불어난다. 그러다 다시 차가운 곳에 놔두면 또다시 쭈글쭈글하게 줄어든다. 결국 공은 계속 따뜻한 곳에 놔두면 터져버리고, 계속 차가운 곳에 놔두면 쭈그러져 못쓰게 된다. 이렇게 터지기 직전의 상태에서 쭈그러져 공의 가치가 없어지기 직전의 상태까지를 〈우주의 안전 범위〉라고 한다. 그리고 사실 우주는 지금도 그와 같은 수축과 팽창을 계속하고 있다. 어쩌면 수축과 팽창이라는 작용을 통해 자신을 보존하고 있는지도 모른다.

그렇다고 에너지의 양이 늘거나 줄어드는 것은 절대 아니다. 공이 커졌다 줄어들어도 그 안의 공기는 일정한 것이다. 이것을 〈질량불변의 법칙〉이라고 한다. 그래서 우주가 커지거나 줄어들어도 그 내용물의 세계는 변함없이 일정한 것이다. 이 말을 넓게 해석하면, 우리는 결코 죽어 없어지는 것이 아니라는 뜻이다.

수축과 팽창은 사실 아프락사스의 작용이다. 서로 다른 성질이 함께 있기 때문에 벌어지는 작용이다. 밀어내는 척력을 통해 팽창하고, 끌어당기는 인력을 통해 수축한다. 그래서 이와 같은 〈우주의 안전 범위〉를 〈아프락사스의 공〉이라고 부른다. 그리고 그 범주는 황금률의 팽창 7 : 수축 3이다. 피조물의 경우는 수축 7 : 팽창 3이다. 결국 〈아프락사스의 공〉은 곧 안전지대이며 이 범주를 넘어서면 〈무리〉가 따른다. 그리고 무리는 활성산소를 증가시킨다. 때문에 무엇을 할 때는 항상 〈아프락사스의 공〉을 넘지 않나 유념해서 무리가 되지 않도록 조심해야 한다.

〈맨땅요법〉을 통해 몸속의 정전기를 빼내고 또 땅으로부터 자연전자를 공급 받는 이유는 우리 몸속의 질병을 예방하고 또 치유하기 위함이다. 망가질 수 있는 몸을 사전에 예방하고 또 망가진 몸은 망가지기 이전 상태로 되돌려 놓는 것이 〈에코힐링〉이지만, 그렇다고 〈에코힐링〉이 〈건강〉의 주역은 아니다. 그렇다면 우리 몸의 건강을 주도하고 있는 주인공은 과연 무엇일까? 〈불로장생〉의 〈마스터키〉는 누가 쥐고 있는 것일까?

그렇다! 그 첫 번째 주인공은 바로 〈영혼〉이다. 〈자의식〉이 〈나〉의 주인이라면 〈영혼〉은 〈인생〉의 주인인 것이다. 그리고 〈영혼〉은 〈칠성좌〉의 핵심이다. 자의식은 〈있는 마음〉이니까 〈이렇다, 저렇다〉 말을 할 수 있지만 영혼은 〈움직이는 마음〉이라 〈어떻다〉고 말을 할 수가 없다. 쉽게 말하면 자의식은 〈나는 취미가 무엇이고 무엇을 좋아하며 성격이 어떻다〉는 등 설명을 할 수가 있지만 영혼은 7성좌에 의해 반응하고 행동할 뿐 뭐라고 할 말이 없는 것이다. 중요한 것은, 자의식은 주변 환경에 의해 스스로 변할 수가 있지만, 영혼은 한번 인식하면 영원토록 변함없이, 그리고 철저히 그 상태를 지킨다. 이 말을 바꿔 말하면, 자의식은 세상이 변하면 내가 바뀌는 〈수동역〉이라면, 영혼은 내가 하면 세상이 바뀌는 〈능동역〉이라는 뜻이다. 예를 들면, 자의식은 현재 기분이 좋더라도 갑자기 좋지 않은 소식을 들으면 우울해질 수 있지만, 영혼은 외부 환경의 영향과 상관없이 스스로 설정된 값만 꾸준히 해나가는 것이다. 이른바 기분이 없다. 기분이란, 주변 환경에 따라 변하는 기운을 말한다. 이것을 물리학적으로 표현하면 자의식은 수평적 입자의 세계에 살지만, 영혼은 수직적 파동의 세계에 사는 것이다.

슬픈 노래를 좋아하는 사람은 영혼이 〈슬픔〉을 즐기는 것이다. 경쾌한 노래를 좋아하는 사람은 영혼이 〈즐거움〉을 좋아하는 것이다. 〈악〉을 거부하는 사람은 영혼이 〈선〉하기 때문이며, 〈부〉를 꿈꾸는 사람은 영혼이 부자이기 때문이다. 영혼이 공부하고 싶지 않은 아이는 〈공부해라! 공부해라!〉 하고 다그쳐도 성적이 오르지 않는다. 〈맨땅요법이 몸에 좋으니 하시오!〉 해도 사람들은 쉽게 따라 하지 않는다. 그래서 지금 이렇게 여러분의 영혼이 해야 할 필요를 느끼게 하기 위해 설명을 하는 것이다. 그리고 영혼은 움직이는 〈나〉이기 때문에 그렇게 정해진 대로 인생은 흘러간다. 불치병에 걸린 사람은 영혼 속에 병이 있기 때문이며, 아무리 심한 병에 걸렸다 하더라도 낫는 사람은 영혼 속에 병이 없기 때문이다. 그래서 영혼은 곧 우리의 인생인 것이다.

〈사람 팔자 알 수 없다〉고 말하는 것은 바꿔 말하면 영혼이 수직적 파동이라 보이지 않아 파악하기 힘들다는 뜻이다. 그래서 훌륭한 인생을 만들기 위해서는 영혼을 교육시키고 영혼을 움직일 수 있는 능력이 필요하다. 영혼을 움직이는 자의식의 방법을 〈5대로〉라고 한다. 영혼이 풍요로우면 부자가 되고, 영혼이 즐거우면 건강하고, 영혼이 전체적이면 지도자가 되고, 영혼이 활동적이면 성공할 수 있지만 그렇지 않으면 결과 또한 그 반대가 된다. 이렇게 인생은 영혼에 의해 나타나는 것이다.

자의식은 할 일이 있어도 게으름을 피우든가 핑계를 내세워 흐지부지 끝내지만, 영혼은 해야 할 일이 있으면 즉시 처리하고 현실적으로 완벽하게 끝낸다. 그리고 그렇게 완성된 것을 확인하고 난 뒤에야 마음을 놓는다. 영혼이 한번 믿으면 믿는 대로 되고, 남이 뭐라 하든 그 믿음이 흔들리지 않는다. 또 자의식은 이득을 위해 눈치를 보거나 망설이며 변할 수 있지만, 영혼은 스스로 결정한 결과를 위해 선택하기 때문에 〈현시안現視眼〉을 통해 있는 현실을 냉철하게 살핀다. 자의식은 분위기에 따라 기분도 〈이랬다, 저랬다〉 변하지만, 영혼은 외부 환경의 영향과 상관없이 스스로 설정된 값만 꾸준히 해나간다.

〈즐거운 영혼〉은 건강하게 진취적인 삶을 살고 〈슬픈 영혼〉은 일찍 죽는다. 그래서 병든 몸은 치료할 수 있으나 병든 영혼은 치료하기 힘든 것이다. 영혼이 병들면 우주는 〈락〉의 원칙에 의해 그 영혼의 인생을 아프게 만드는 것이다. 반면에 영혼이 즐겁게 희망을 갖고 있으면 우주는 그 대가로 〈건강〉과 〈성취〉를 안겨준다. 그러므로 영혼은 항상 우주처럼 즐겁게 파동 쳐야 한다. 왜냐하면 그 즐거움의 대가가 곧 건강이기 때문이다.

슬픈 노래는 부르지도 말고, 듣지도 말고, 만들지도 말라. 영혼 속에 슬픔이 자리 잡으면 미래는 반드시 슬픈 일이 생기게 된다. 왜냐하면 우주는 〈락의 원칙〉이 있어서 그 파장과 똑같은 현실을 〈공명현상〉을 통해 불러들이기 때문이다. 그러므로 항상 즐겁고 경쾌한 파동만을 즐겨라. 그러면 그 파장대로 인생이 나타날 것이다. 〈간~다, 간~다〉 하며 슬픈 노래를 부르는 가수는, 지금 우주가 그리로 보내고 있다는 사실을 알지 못한다. 단지 그렇게 죽을 뿐이다. 〈죽음〉이 있기에 슬픔이 있고 슬픔이 있기에 죽는다. 그래서 슬픔은 〈죽음〉의 씨앗인 것이다.

진정으로 〈건강〉하게 〈행복〉을 누리면서 살기 위해서는 영혼이 먼저 건강해야 한다. 그러나 대부분의 사람들은 그렇게 살지 못하고 있다. 그

이유는 바로 〈자의식〉 때문이다. 〈자의식〉이 영혼을 병들게 하는 것이다. 혹시 주변에 병으로 앓고 있는 사람을 보더라도 그 사람을 도와줄망정 그 사람의 〈병〉과 자신은 아무런 상관이 없다고 믿으라. 〈영혼〉의 건강! 이것이 바로 모든 병을 물리칠 수 있는 최고의 〈마스터키〉인 것이다.

03
영혼을 움직이는 5대로

영혼은 자의식이 아니기 때문에 쉽게 그 상태를 바꿀 수가 없다. 쉽게 말할 수 있는 〈마음〉은 곧 자의식이기 때문에 보고 들으며 배울 수 있지만, 영혼은 〈칠성좌〉의 기능에 의해 받아들이느냐 거부하느냐만 있을 뿐 쉽게 바뀌지 않는다. 그래서 자의식은 변덕쟁이, 영혼은 고집불통이라고 한다. 그러나 입자는 곧 파동이며, 자의식과 영혼은 아프락사스의 한 몸이기 때문에 〈자의식〉을 통해 영혼을 움직일 수는 있다. 이 통로를 〈5대로〉라고 한다.

일단 영혼이 쉽게 움직이지 않는 원인을 살펴보자. 그것은 자의식이 방해를 하고 있기 때문이다. 자의식은 할 생각은 하지 않고 과거의 지식을 토대로 하여 〈과연 될 수 있을까〉 하는 식으로 영혼이 움직일 수 없도록 부정적 견해를 내놓는 것이다. 그래서 흔한 말로 〈긍정적 사고방식〉 따위의 말들이 나오는 것이다. 긍정적 사고방식이란, 쉽게 말하면 영혼을 움직여 활동할 수 있게 하는 생각이란 뜻이다. 그래서 일단 자의식이 부정할 수 없도록 충분히 이해를 시켜야 한다. 이것이 곧 〈학습〉이다. 계속해서 학습을 하면 자의식은 〈존재의 원칙〉을 통해 그것을 받아들인다. 지금 여러분이 이 글을 읽고 〈그래, 맞는 말이야!〉 하면서 이해를 했다면, 다음번 생각은 〈그렇다면 나도 한 번 해봐야지.〉 하는 행동을 하게 된다. 이렇게 자의식이 인식을 하면 영혼은 곧 행동을 취한다. 이것이 자의식을 통해 영혼을 움직이는 기본 원리이다.

〈맨땅요법〉이 아무리 좋아도 사람들이 따라 하지 않는다면 그것은 아직 자의식 속에 맨땅요법이 좋은 이유가 입력되지 않았기 때문이다. 그러나 여러분에 의해 맨땅요법이 좋다는 것이 알려지면 그때는 너 나 할 것 없이 모두 따라 하게 될 것이다. 이렇게 하고 안 하는 것은 〈자의식〉이 수긍을 하느냐, 안 하느냐에 따른 영혼의 움직임인 것이다. 매스컴이 주는 위력도 이와 같다. 그것이 사실과 다르더라도 계속해서 방송을 통해 보고 들으면 그렇다고 인정하게 된다. 아직도 이북에서는 남한이 못 사는 나라라고 알고 있는 사람들이 많이 있듯이 말이다. 일종의 존재의 원칙이다.

사실 맨땅요법은 건강할 때 하는 것이 제일 좋다. 아무리 건강한 사람도 알고 보면 여기저기 문제점이 많이 있다. 아직 드러나지 않아서 건강해 보일 뿐이지 그렇지 않은 경우가 대부분이다. 그래서 맨땅요법을 해야 한다. 그러면 아플 수 있는 증세가 하나 둘씩 사라지는 것이다. 그러나 사람들은 이런 말에 귀 기울이지 않는다. 어떤 사람은 청소년 때 산에 들어가 무술 수련을 할 때는 아픈 몸이 오히려 자랑스러웠다고 한다. 그러다 나이를 먹어 진짜 아픔이 오면, 그때는 〈맨땅요법〉이 구세주처럼 다가오는 것이다.

〈제로보드〉란, 자의식과 우주심의 힘이 비슷한 상태를 말한다. 생각이 없고 어찌 보면 〈멍〉한 상태와 비슷한 경지다. 많은 명상가들이 찾고자 하는 마음 상태가 바로 이것이다. 이때의 뇌파는 〈세타파 θ波〉 상태에 가깝다. 세타파는 쉽게 말하면 제로선상에 있는 파장이다. 그렇다고 이 상태를 너무 어렵게 생각하지는 말라. 그러면 정말 어렵게 된다. 명상가들이 높은 경지라고 해서 어렵게 받아들이면 결코 쉽게 되지 않는다. 사실 세타파 상태는 우리가 잠을 잘 때마다 항상 경험하고 있는 세계다. 또 호흡을 할 때도 마시고 뱉는 중간에 나타나는 호흡정지 상태가 곧 〈제로보드〉 상태다. 그러니 대수롭지 않게 생각하라. 그러면 순간 자의식의 희망이 우주심 쪽으로 넘어간다. 이렇게 〈자신감〉은 자의식의 거부를 물리치고 『싸이파워』를 일으키는 영혼의 힘인 것이다. 자신감은 제3성좌에 의해 일어난다.

학습에 의해 자의식이 충분히 인식하면 그 순간 곧 영혼을 움직인다. 이것은 이미 〈세타파〉를 통해 자의식의 뜻이 영혼으로 전달되었기 때문이다. 이미 〈제로보드〉를 통과한 것이다. 이렇게 자의식 안에서 일어나는 생각이 자기도 모르게 〈제로보드〉를 통과해 영혼에 전달되는 통로는 다섯 가지가 있다. 그 다섯 가지 통로를 〈5대로〉라고 한다.

〈5대로〉는 자의식 안에 마음먹은 뜻을 영혼에 전달하기 위한 다섯 가지 통로이다. 이 다섯 가지 통로는 〈정한 대로 된다〉, 〈택한 대로 된다〉, 〈믿는 대로 된다〉, 〈말한 대로 된다〉 그리고 〈욕한 대로 된다〉가 바로 그것이다. 이렇게 정하고, 택하며, 믿고, 말하거나 욕하면, 그것이 숨을 쉬는 순간이나 잠을 자는 동안에 순간적으로 영혼에 전달되는 것이다. 그러면 그 사람의 미래는 그리로 가게 된다. 미래란 이렇게 영혼이 가고자 하는 세계인 것이다. 지금 여러분의 처지는 곧 여러분의 영혼이 택해서 온 것이다.

〈정한 대로 된다〉
먼저, 〈정한 대로〉는 프로가 아니면 쉽게 할 수 없다. 그렇다고 어렵게 생각하지 말라. 왜냐하면 프로란 결국 여러 번 하다 보면 〈존재의 원칙〉에 의해 영혼이 저절로 하는 것이기 때문이다. 만차인 주차장에 들어갈 때 〈나는 꼭 주차를 한다〉고 마음에 정하고 들어가는 순간 차가 한 대 빠져 나왔다면 그것이 바로 〈정한 대로〉 된 것이다. 또 만원 지하철을 탈 때, 〈꼭 앉는다〉고 마음에 정하고 들어가는 순간 앞 사람이 벌떡 일어났다면, 그것 또한 정한 대로 된 것이다. 그러므로 정하라! 〈나는 항상 즐겁고 활력이 넘친다!〉라고. 그러면 건강해질 것이다.

그러나 〈건강해야지〉 하고 건강을 염려하지는 말라. 왜냐하면 〈건강〉이란 사실 이 세상에 없는 것이다. 이 말은 아주 쉬운 말인데 얼핏 들으면 이해가 잘 되지 않는다. 마음을 비우고 생각해 보라. 이 세상에 건강은 없다. 단지 질병이 있을 뿐이다. 그래서 건강이란 바꿔 말하면 질병이 없는 상태인 것이다. 결국 건강은 질병이 있기 때문에 〈그렇지 않다〉는 뜻으로 만들어진 말이지 그 자체는 없는 것이다. 질병이 있을 뿐 건강은 없는 것이다. 그래서 건강을 원하면 영혼은 우주에 없는 건강을 가져와야 하기 때문에 〈염려〉를 하게 된다. 그러면 결과적으로 〈염려〉가 또 다른 근심을 불러들여 새로운 질병을 가져오게 된다. 그래서 결과적으로 진짜 건강을 원한다면 마음은 〈즐거움〉을 선택해야 한다. 왜냐하면 즐겁게 활동하면 그것이 바로 〈건강〉이기 때문이다.

〈택한 대로 된다〉

〈택한 대로〉는 자신과의 약속이다. 결코 눈치를 보거나 상황을 살펴 택하지 말라. 세상은 수없이 많은 여러 가지가 존재하는 것 같지만, 사실 내 영혼이 선택하지 않으면 나와는 아무런 상관이 없는 것이다. 그저 바탕화면에 깔려 있는 배경화면에 불과하다. 그래서 일일이 배경화면에 신경 쓸 필요가 없다. 관심을 갖고 신경을 쓰면 그 순간 영혼이 개입하여 나의 인생에 들어온다. 그러나 관심을 갖지 않으면 그 세계는 나와 아무런 상관이 없는 것이다. 그래서 대통령이 되고 싶으면 처음부터 대통령을 선택하라. 누가 뭐라고 하든 신경 쓰지 말라. 그리고 대통령이 되기 위해 할 수 있는 일을 최선을 다해 하라. 자신이 대통령이 되는 것에 대해 마음의 쑥스러움이 전혀 없으면 그때 대통령이 될 것이다. 이렇게 배경화면과 상관없이 자신의 내면세계에서 일어나는 파장을 〈수직적 사고방식〉이라 한다. 그러나 마음 약해서 배경화면에 깔려 있는 9급 공무원부터 시작하는 사람은 대통령이 될 수 없다. 길은 밖에 있는 것이 아니라 자신의 내면에 있는 것이다. 영혼이 대통령이 되길 원하면 대통령이 되는 것이다. 자의식이 원하면 남의 눈치를 보게 되고 〈안 되면 어쩌나〉 하는 불안감 때문에 자기 수준에 맞는 밑바닥부터 시작하게 된다. 그러면 영혼은 밑바닥 세계를 선택하여 인생을 바닥에서 살게 하는 것이다. 자의식은 되려는 마음보다 두려움이 먼저 앞서기 때문이다.

〈택한 대로〉는 인생에 매우 중요한 〈각오〉이기도 하다. 스스로 자신의 인생을 선택하는 길이기 때문이다. 커피를 좋아하다 못해 사랑하는 사람이 있는 반면, 커피를 쓰다고 하며 꼴도 보기 싫어하는 사람도 있다. 커피를 싫어하는 사람이 커피에 대해 연구를 하면 틀림없이 그 결론은 〈커피가 인체에 끼치는 해〉라고 하는, 몸에 해로운 이유를 찾아낼 것이다. 반면에 커피를 좋아하는 사람이 커피에 대해 연구를 하면 그 결과는 틀림없이 〈커피를 꼭 마셔야 하는 이유〉라고 하는, 몸에 이로운 점을 발견할 것이다. 어차피 세상은 〈아프락사스〉로 모든 존재는 서로 상대적이기 때문이다. 여기서 중요한 것은 〈이롭다〉와 〈해롭다〉는 결과가 아니라 선택이라는 점이다. 스스로 택한 대로 결론에 도달하는 것이다. 성공과 실패 역시 결과가 아니고 선택이며, 건강과 질병 역시 선택인 것이다. 물론 커피가 몸에 이롭다고 하여 무턱대고 많이 마시면 〈아프락사스의 공〉을 넘어 그때도 역시 마찬가지로 〈해〉가 된다. 〈택한 대로〉는 그것이 옳건 그르건 상관없이 그렇게 스스로 택한 방향으로 이루어지는 것이다. 마

03 영혼을 움직이는 5대로

음이 택한 곳으로 〈제로지대〉의 우주심이 흘러가면 결과는 그렇게 택한 대로 나타난다. 그래서 〈아프지 말아야지〉 하는 〈염려〉를 하게 되면 그 사람의 인생에는 〈병〉이 나타난다. 〈5대로〉는 인생을 만들어 내는 메커니즘이기 때문에 설사 〈맨땅요법〉을 열심히 한다 하더라도 건강에 대한 염려를 갖고 있으면 어쩔 수 없이 환자가 되어야 하는 것이다. 그러므로 항상 즐겁고 유쾌하게 사는 모습을 선택하라. 건강하게 뛰어 놀면서 즐겁게 사는 미래를 그려라. 그러면 〈제로지대〉의 우주심은 그와 같은 인생을 창조할 것이다. 건강한 인생 또한 〈택한 대로〉 되는 것이다. 그리고 이렇게 즐거운 인생을 지켜주는 것이 바로 〈맨땅요법〉이다.

늙어서도 특별한 불편함이 없이 건강하게 사는 분들이 있다. 이 분들의 공통점은 대부분 내일 할 일이 있는 사람들이라는 것이다. 스스로 선택한 계획이 있는 것이다. 이렇게 영혼이 해야 할 일이 있으면 결코 그 기운이 쇠하는 법이 없다. 왜냐하면 영혼은 그 자체가 우주의 힘이기 때문이다. 그리고 이때 하는 맨땅요법은 신체에 막강한 기력을 불어넣어 준다. 건강한 영혼이 건강한 신체 활동을 하는 것이다.

〈정한 대로〉와 〈택한 대로〉는 주의할 점이 있다. 나머지 세 〈대로〉는 자의식의 방해가 없지만, 이 두 〈대로〉는 자의식이 함께 작용하여 자꾸 자의식의 욕심으로 하려고 하기 때문이다. 예를 들면, 주차장에 차를 세워놓기 위해서는 마음 안에 차를 주차시키는 〈이미지〉를 떠올려야 한다. 진짜 원하는 것은 차를 주차시키는 것이다. 들어갈 때 차가 나오는 것은 원하는 최종 목표가 아니다. 최종 목표는 주차장에 차를 〈주차〉시키는 것이다. 때문에 마음에 정할 때는 최종 목표인 차를 주차시키는 그림을 떠올려야 한다. 만원 지하철에 탈 때도 좌석에 앉는 그림을 그려야 한다. 누군가 일어서주길 바라는 마음은 최종 목표가 아니다. 영혼 속에 넣어야 할 것은 이렇게 최종 목표여야 한다. 그래야 영혼은 미래에 그 목표를 실현하는 것이다. 대통령이 되길 원하면 청와대 안에서 집무 보는 장면이나 경호를 받으며 청와대에 들어가는 장면 등을 떠올려야 한다. 투표하는 장면이나 공무원으로 진급하는 생각을 꿈꾸면 절대로 대통령이 될 수 없다. 이미 대통령인 영혼이 결국 대통령이 되는 것이다. 때문에 되고자 하면 반드시 〈끝에서 시작하라〉. 도달해야 할 최종 목표를 미리 영혼 속에 〈정〉하거나 〈택〉하는 것! 이것이 바로 〈정한 대로〉와 〈택한 대로〉인 것이다.

〈말한 대로 된다〉

〈말이 씨가 된다〉는 말이 있다. 이때의 말은 곧 영혼이 한 말이다. 영혼은 생각이 없다. 그래서 무심결에 내뱉듯이 하는 것이다. 그러면 그렇게 된다. 이유는 이미 여러분이 잘 알고 있을 것이다. 중요한 것은 이처럼 무심결에 하지 않더라도 의도적으로 자꾸 반복해서 하면 실제로 그렇게 된다는 것이다. 계속해서 자꾸 원하는 최종 목표를 말하면 〈존재의 원칙〉에 의해 최종 목표가 영혼 속에 자리 잡게 된다. 그러면 이미 그곳으로 가고 있는 중이다. 단 원하는 목표가 중간에 자꾸 바뀌면 그것은 영혼 속에 각인되어 있지 않다는 뜻이다. 그러면 되지 않는다. 이것이 〈말한 대로 된다〉이다.

〈믿는 대로 된다〉

아무런 의심 없이 간절히 바랐거나, 왠지 될 것 같은 기분이 드는 것은 반드시 그렇게 된다. 이것을 〈믿는 대로 된다〉고 한다. 훌륭하다고 믿고 있는 의사가 내려준 처방은 그것이 가짜라 하더라도 시키는 대로 하면 반드시 낫는다. 이것을 플라시보placebo 효과라고 한다. 믿는 자기 심정이 그와 같은 효과를 만들어낸 것이다. 그래서 종교도 〈믿음〉을 강조하는 것이다. 이 말은 당연히 될 일도 의심을 하면 안 된다는 말이기도 하다. 의심하는 자의식이 방해를 하고 있기 때문이다. 이렇게 자의식과 영혼의 작용은 어마어마하게 서로 다른 결과를 만들어낸다. 그래서 믿는 대로 되기 위해서는 당연히 바라는 목표가 이미 이루어졌다고 믿고 기대감을 갖고 최선을 다해야 한다. 믿음은 곧 된다는 자신감과 같기 때문이다. 자신감은 곧 부정하는 자의식을 억누르는 힘이다. 그리고 진정한 믿음은 될 것 같은 기분일 뿐 믿음조차 없는 것이다. 그래야만 영혼이 편안하게 원하는 것을 해낸다. 믿음은 이미 최종 결론이다. 죽어라 하는 노력도 믿음을 이길 수는 없다. 왜냐하면 믿음은 이미 결과이기 때문이다.

단, 될 것 같다 하여 미리 다른 사람에게 말하거나 기뻐하지 말라. 왜냐하면 말하는 순간 끌어오는 힘이 빠져버려 무산되기 때문이다. 이것을 〈천기누설〉이라고 한다. 결국 〈믿는 대로〉는 시작에서 결과로 가는 것이 아니라 결과에서 시작하는 것이다. 한마디로 끝에서 시작하는 것이다. 이렇게 영혼이 결과를 품고 현실에서 시작하는 것, 그것이 바로 〈믿는 대로 된다〉이다.

자의식을 통해 『싸이파워』가 이루어지기 위한 최선의 방법도 바로 이 〈믿는 대로〉이다. 설명을 듣고, 그 내용을 이해하여 알면, 믿음이 생겨서, 된다는 기대를 하게 되고, 기대하는 마음을 갖고 아는 대로 행하면 그 결과는 기대하는 대로 이루어지는 것이다. 이것을 〈돈스텝6Done step six〉라고 한다. ① 보거나 듣고, ② 이해하여 알며, ③ 믿고, ④ 기대하며, ⑤ 하면, ⑥ 된다는 자의식의 여섯 단계 『싸이파워』 원칙이다. 예를 들면 『싸이파워』 체조에서 접시돌리기를 하면 관절염이 ① 나을 수 있다는 설명을 듣고, 그럴 수 있겠다는 ② 내용을 이해한 뒤, ③ 그렇게 된다는 믿음을 갖고, ④ 낫는 상태를 기대하며 ⑤ 접시돌리기를 하면 ⑥ 실제로 낫는 것이다. 또, 맨땅요법 강의를 듣고 자연전자와 정전기, 전자파의 관계를 이해한 뒤, 모든 병이 저절로 없어진다는 믿음을 갖고, 건강한 몸과 마음을 기대하며 책에 나와 있는 대로 하루에 1시간 반씩 전도율이 좋은 장소를 찾아 맨땅요법을 하면 실제로 온갖 병이 저절로 사라져서 건강을 찾게 되는 것이다. 이것을 〈돈스텝식스〉라고 하며 〈믿는 대로 된다〉의 매우 중요한 단계인 것이다. 의사들 중에는 이렇게 낫기 위한 작용을 하는 DNA가 막연하나마 〈영혼이 일으키는 것은 아닌가?〉 하고 생각하는 사람도 있다. 그렇지 않으면 달리 설명할 수 없기 때문이다.

〈욕한 대로 된다〉

끝으로 〈욕한 대로〉가 있다. 이 〈욕한 대로〉는, 〈말한 대로〉와 〈믿는 대로〉가 합쳐진 아주 막강한 위력을 행사하는 파동이다. 특히 〈욕한 대로〉는, 상대방 역시 피해를 입을 수도 있지만 그보다 먼저 자신이 큰 피해를 입게 된다. 왜냐하면 상대방은 그 욕을 모를 수도 있기 때문이다. 예를 들면, 자동차를 운전할 때 차 안에서 하는 욕은 자기가 하고 자기가 들을 뿐 상대방은 전혀 알지 못한다. 그리고 욕의 발단이 자의식이기 때문에 영혼이 쏟아내는 최종 목표를 자의식은 전혀 방해하지 않고 그리 되도록 방치해 둔다. 만약 자식 중에 부모의 DNA와 전혀 관계없는 특별한 특성이 있다면 한번쯤 부모의 과거를 되돌아봐야 한다. 부모 중 누군가가 욕했던 남의 특성이 나타난 것일 수도 있기 때문이다. 이렇게 영혼이 쏟아내는 욕은 언젠가 자신한테 되돌아온다는 것을 잊지 말자.

7부

03 영혼을 움직이는 5대로

7부 문제

01 다음 중 디톡스detox 반응에 대한 설명으로 적당하지 <u>않은</u> 것은?
   ① 디톡스 반응을 명현현상이라고도 한다.
   ② 몸속의 나쁜 독소가 나올 때 나타나는 증상이다.
   ③ 디톡스 반응은 몸이 정상화되는 과정에서 일시적으로 나타난다.
   ④ 디톡스 반응에는 통증, 발열, 발한, 설사, 발진 등은 포함되지 않는다.

02 병이 낫고 안 낫는 까닭과 죽고 사는 문제는 무엇과 가장 관계가 깊은가?
   ① 운동   ② 영혼
   ③ 자의식   ④ 아프락사스의 공

03 제로보드에 대한 설명 중 <u>틀린</u> 것은?
   ① 제로보드는 자의식과 우주심의 힘이 비슷한 상태를 말한다.
   ② 제로보드 상태는 임의로 만들 수 없다.
   ③ 제로보드 상태는 뇌파가 세타파 상태일 때와 같다.
   ④ 우리가 호흡을 할 때 들숨과 날숨 사이의 정지 상태일 때 제로보드 상태가 된다.

04 다음 설명 중 틀린 것은?

① 자의식은 생각을 하거나 판단을 하고, 영혼은 반응을 하거나 작용을 한다.
② 원하는 것이 나의 인생에 나타나기 위해서는 영혼이 그것을 받아들이는 수신주파수대에 있어야 한다.
③ 자의식은 파동적 세계만을 인지한다.
④ 영혼 속의 병은 몸을 치료한다 해서 없어지는 것이 아니다.

05 다음 중 무병장수를 위한 방법으로 적당하지 않은 것은?

① 「제로보드」에 병이 없어야 한다.
② 몸속의 활성산소를 제거한다.
③ 졸리면 참지 말고 잠을 푹 잔다.
④ 육류를 섭취하지 않는다.

06 다음 중 아프락사스의 관계가 아닌 것은?

① 원심력과 구심력　　② N극과 S극
③ 영혼과 자의식　　　④ 남자와 여자

07 다음 중 몸속의 활성산소를 제거하는 방법으로 적절하지 않은 것은?

① 항산화 식품을 섭취한다.
② 음이온을 많이 마신다.
③ 나노공법으로 은을 코팅한 「은나노 제품」을 사용한다.
④ 자연전자를 받아들인다.

08 다음 중 자연전자에 대한 설명으로 가장 적절하지 않은 것은?
① 맨땅요법으로 대지의 자연전자를 유입한다.
② 자연전자는 몸속의 활성산소를 제거한다.
③ 자연전자는 집중력 증가, 컨디션 향상, 면역력을 강화한다.
④ 자연전자는 전달 속도가 매우 빠르다.

09 우주는 단 하나의 본능을 가지고 있다. 그것은, 우주 스스로가 자신을 지키고자 하는 보존본능이다. 다음 중 〈보존본능〉과 관련이 없는 것은?
① 아프락사스　　　　② 자의식
③ 우주의 6대원칙　　④ 면역기능

10 영혼과 자의식에 관한 설명 중 틀린 것은?
① 〈아스트랄보디〉란 일곱 가지 기능을 갖춘 〈칠성좌〉이며 이 칠성좌의 핵심이 곧 영혼이다.
② 영혼은 우주심의 에너지를 통해 느낄 수는 있지만 말 할 수 있는 자료가 없다. 이렇게 영혼이 느끼는 느낌을 〈기감〉이라 한다.
③ 〈자의식〉은 생각만 하고 끝내는 〈~ 때문에 안 된다〉고 말하는 경우가 대부분이다.
④ 이상적인 〈생활〉을 하기 위해서는 영혼이 계획하고 자의식이 적극적으로 행동해야 한다.

11 다음 중 〈아프락사스의 공〉과 상관이 없는 것은?
① 무리　　　　　　② 한계
③ 스트레스　　　　④ 기억

12 다음 설명 중에서 틀린 것은?

① 땅도, 우리 몸도 전기가 흐를 수 있는 도체다.
② 땅의 전압은 0v이기 때문에 우리 몸의 정전기를 제거해준다.
③ 음이온은 우리 몸의 활성산소를 제거한다.
④ 맨발로 일반 맨땅을 걷는 것과 황토 땅을 걷는 것은 그 효과가 비슷하다.

13 다음 중 온도와 건강에 관한 설명 중 틀린 것은?

① 체온이 1도 낮아지면 면역력은 50% 이상 떨어지고, 체온을 1도 올리면 면역력은 5배 이상 상승하기도 한다.
② 체온이 섭씨 32도 이하이거나 44도 이상이면 사망에 이를 수도 있다.
③ 온도의 〈제로지대〉는 섭씨 4도이다.
④ 우리 몸이 건강하기 위해서는 몸 밖의 온도가 변하더라도 항상 체온을 일정하게 섭씨 36.5도로 유지해야 한다. 그래서 추우면 입고 더우면 벗기를 게을리 하지 말아야 한다.

14 다음 설명 중에서 틀린 것은?

① 우리 몸이 높은 곳에 있을수록 몸의 전압이 높아지고, 전압이 높아지면 머릿속에서 번개가 쳐 활성산소가 엄청 많이 발생한다.
② 우리 몸의 정전기는 잡념과 걱정 그리고 활성산소를 만든다.
③ 몸의 전압을 낮추기 위해서는 지하에 사는 것이 좋다.
④ 우리 몸의 정전기는 아무리 먼 거리라 하더라도 접지만 되어 있으면 ― 지방에 쌓여 있는 것은 제외 ― 즉시 빠져나간다.

15 다음 중 「자의식」과 「영혼」에 대한 설명 중 타당하지 않은 것은?
　① 자의식은 세상이 변하면 내가 바뀌는 「수동역」이라면, 영혼은 내가 하면 세상이 바뀌는 「능동역」이다.
　② 자의식은 수직적 파동의 세계에 살지만, 영혼은 수평적 입자의 세계에 산다.
　③ 영혼을 움직이는 자의식의 방법을 「5대로」라고 한다.
　④ 영혼은 7성좌에 의해 행동하고 반응한다.

16 다음 중 자의식과 영혼에 대한 설명중 적절하지 않은 것은?
　① 자의식과 영혼은 아프락사스의 한 몸이다.
　② 영혼을 통해 자의식을 움직일 수 있는 통로를 「5대로」라고 한다.
　③ 영혼이 쉽게 움직이지 않는 원인은 자의식이 방해를 하고 있기 때문이다.
　④ 「긍정적 사고방식」이란 영혼을 움직여 활동할 수 있게 하는 생각이라는 뜻이다.

17 믿는 의사가 처방해준 가짜 약을 먹고 나았다는 심리효과는?
　① 안정 효과　　　　　② 플라시보 효과
　③ 아프락사스 효과　　④ 플래밍 효과

18 다음 중 「제로보드」에 대한 설명으로 적절하지 않은 것은?
　① 자의식과 우주심의 힘이 비슷한 상태이다.
　② 이 때의 뇌파는 알파파 상태에 가깝다.
　③ 호흡할 때 마시고 뱉는 중간에 나타나는 상태도 제로보드 상태이다.
　④ 자의식 안에서 일어나는 생각이 자기도 모르게 제로보드를 통과해 영혼에 전달되는 다섯 가지 통로를 「5대로」라고 한다.

7부　건강한 몸이 되기 위한 명현 반응

19 다음 중 「5대로」에 해당되지 않는 것은?

① 본 대로 된다.   ② 믿는 대로 된다.
③ 말한 대로 된다. ④ 욕한 대로 된다.

20 다음 중 플라시보 효과와 가장 관련이 있는 「5대로」의 항목은?

① 말한 대로 된다. ② 택한 대로 된다.
③ 정한 대로 된다. ④ 믿는 대로 된다.

21 다음 중 「5대로」에 관한 설명으로 가장 적절하지 않은 것은?

① 영혼이 결과를 품고 현실에서 시작하는 것은 「믿는 대로 된다」이다.
② 마음이 택한 곳으로 제로지대의 우주심이 흘러가면 결과는 그렇게 택한 대로 나타난다.
③ 「욕한 대로」는 상대방한테만 관계가 있고, 본인은 관계가 없다.
④ 5대로는 자의식 안에 마음먹은 뜻을 영혼에 전달하기 위한 다섯 가지 통로이다.

22 다음 설명 중에서 틀린 것은?

① 맨땅요법을 열심히 한다 하더라도 건강에 대한 염려를 갖고 있으면 건강할 수 없다.
② 5대로 중에서 〈정한 대로〉와 〈택한 대로〉는 자의식의 방해가 없다.
③ 될 것 같다 하여 미리 다른 사람에게 말하면 그 일은 무산된다. 이것을 천기누설이라 한다.
④ 〈욕한 대로〉는 상대방도 피해를 입을 수 있지만, 그보다 먼저 자신이 피해를 보게 된다.

23 돈스텝6Done step six는 5대로 중 무엇과 관계가 깊은가?

① 택한 대로 된다.

② 믿는 대로 된다.

③ 말한 대로 된다.

④ 욕한 대로 된다.

24 다음 중에서 영혼을 움직일 수 있는 방법으로 가장 거리가 먼 것은?

① 자의식이 납득하는 경우

② 충격에 의해 놀라는 경우

③ 습관에 의해 인식된 경우

④ 자의식이 원하는 경우

25 다음 중 파동요법과 관계 없는 것은?

① 제로보드

② 아프락사스의 공

③ 싸이파워

④ 영혼

26 다음 설명 중 틀린 것은?

① 자의식을 통해 영혼을 움직일 수 있다.

② 맨땅요법은 건강할 때 하는 것이 제일 좋다.

③ 제로보드 상태는 우리가 잠을 잘 때나 호흡을 할 때 나타나는 현상이다.

④ 모든 병을 물리칠 수 있는 최고의 마스터키는 미토콘드리아다.

27 다음 중 돈스텝6Done step six에 해당되지 않는 것은?

① 이해하여 안다

② 믿는다

③ 기대한다

④ 추측한다

28 맨땅요법을 통하여 아픈 몸은 아프기 이전 상태로 되돌아간다. 이때 변질된 몸이 원래 상태로 되돌아가기 위해 다시 한 번 변형을 일으킨다. 그러면 다시 한 번 아프거나 그에 따른 증세가 나타난다. 이것을 무엇이라고 하는가?

① 거부반응　　　　　② 적응반응

③ 명현반응　　　　　④ 회복반응

7부 정답 및 해설

01 ④ 디톡스 반응에는 통증, 발열, 발한, 설사, 발진 등이 포함된다.
02 ② 영혼이 즐거우면 병은 사라진다. 이것을 파동요법이라 한다.
03 ② 제로보드 상태는 임의로 만들 수 있다.
04 ③ 자의식은 입자적 세계만을 인지한다.
05 ④ 채소류와 육류를 번갈아가며 섭취하는 것이 건강에 좋다.
06 ④ 남자와 여자는 관념상 반대말이지 아프락사스의 한 몸이 아니다. 그러나 남성과 여성은 아프락사스의 한 몸이다.
07 ③ 나노공법으로 은을 코팅한 「은나노 제품」에서는 방사능이 나와 우리 몸에 활성산소를 발생시킨다.
08 ④ 자연전자는 전달 속도가 매우 느리다.
09 ②
10 ④ 이상적인 〈생활〉을 하기 위해서는 자의식이 계획하고 영혼이 적극적으로 행동해야 한다.
11 ④
12 ④ 맨발로 황토 땅을 걷는 것이 일반 맨땅을 걷는 것보다 효과가 훨씬 크다.
13 ① 체온이 1도 낮아지면 면역력은 30% 이상 떨어진다.
14 ③ 지하에 사는 것 또한 좋지 않다. 지하에는 지전류나 수맥이 흘러 건강을 해칠 수가 있다.
15 ② 자의식은 수평적 입자의 세계에, 영혼은 수직적 파동의 세계에 산다.
16 ② 「5대로」는 자의식을 통해 영혼을 움직일 수 있는 통로다.

17 ②

18 ② 이때의 뇌파는 세타파 상태에 가깝다.

19 ①

20 ④

21 ③ 「욕한 대로」는 상대방과 본인 둘 다와 관계가 있다.

22 ② 5대로 중에서 〈정한 대로〉와 〈택한 대로〉는 자의식의 방해가 있다.

23 ②

24 ④

25 ②

26 ④ 모든 병을 물리칠 수 있는 최고의 마스터키는 영혼이다.

27 ④ 돈스텝6Done step six: ①보거나 듣고, ②이해하여 알며, ③믿고, ④기대하며, ⑤하면, ⑥된다.

28 ③

맨땅지도사 출제예상문제집

초판 1쇄 인쇄일 2016년 9월 27일
초판 1쇄 발행일 2016년 10월 1일

지은이 사단법인 유나이티드 헥사곤
출제위원 배재국, 남궁성, 김정호, 길영훈
펴낸이 한기석
기획 코스모스센타 송원철

출판팀장 신민범
편집장 배재국
교정 황명원 정경철
사진 김기호
마케팅 배정희
펴낸곳 육각시대
출판등록 1987년 11월 28일 제 1987-000004호
주소 서울시 강남구 개포로31길 25
전화 대표 1899-4285
홈페이지 맨땅요법 치유센타 www.menddang.com
사단법인 유나이티드 헥사곤 www.uh.or.kr
네이버 카페 cafe.naver.com/psypower

ISBN 978-89-968818-9-6 13510

값 25,000원

지은이와 출판사의 서면 동의 없이 이 책의 내용 중 전체 또는 일부를
인용하거나 발췌하는 것을 금합니다.